Coleção

SOFIA Belas Artes

Encontro de Saberes:
Artes, Arquitetura, Saúde,
Ciências Sociais e Humanas

Vol.1

Copyright© 2015 by Editora Ser Mais Ltda.
Todos os direitos desta edição são reservados à Editora Ser Mais Ltda.

Presidente:
Mauricio Sita

Conselho editorial
Arnaldo Niskier (ABL)
Dov Shinar (Hadassah Academic College – Israel)
Enio Moro Junior (Belas Artes)
Francisco Carlos Tadeu Starke Rodrigues (Belas Artes)
Gino Giacomini (ECA/USP e USCS)
Ismar de Oliveira Soares (ECA/USP)
José Roberto Heloani (UNICAMP)
Juliano Domingues-da-Silva (UNICAP)
Júlio César Barbosa (Belas Artes)
Liana Gottlieb (Belas Artes)
Luiz Alberto de Farias (ECA/USP e Anhembi Morumbi)
Marcos Rizolli (Belas Artes e UPM – Mackenzie)
Maria Elisabete Antonioli (ESPM)
Marília Ancona Lopez (UNIP)
Mitsuru Higuchi Yanaze (ECA/USP)
Monica Aiub (Instituto Interseção)
Paulo Saldiva (IEA - USP)
Pedro Ortiz (Cásper Líbero e Belas Artes)
Regina Giora (UPM – Mackenzie)
Regina Igel (University of Maryland, College Park, USA)
Renan Albuquerque (UFAM)
Sidney Ferreira Leite (Belas Artes)
Tania Fator (USCS)
Turguenev Roberto de Oliveira (Belas Artes)
Waldomiro Vergueiro (ECA/USP)
Wilson da Costa Bueno (UMESP)

Organização: Sidney Ferreira Leite e Liana Gottlieb
Divisões Temáticas: Margarete de Moraes

Capa e Diagramação
Candido Ferreira Jr.

Revisão:
Etiene Arruda

Impressão
Gráfica Pallotti

Para participar dos próximos volumes entre em contato com o e-mail:
liana.gottlieb@uol.com.br

```
Dados Internacionais de Catalogação na Publicação (CIP)
(Câmara Brasileira do Livro, SP, Brasil)

    Encontro de saberes : artes, arquitetura, saúde,
ciencias sociais e humanas / organizadores Sidney
Ferreira Leite e Liana Gottlieb. -- São Paulo :
Editora Ser Mais, 2015. -- (Coleção Sofia Belas
Artes ; v. 1)

    Vários autores.
    Bibliografia.
    ISBN 978-85-63178-91-6

    1. Arte e cinema 2. Arte e dança 3. Arte e
literatura 4. Comunicação e cultura 5. Cultura -
Brasil 6. Signos e símbolos na arte I. Leite,
Sidney Ferreira. II. Gottlieb, Liana. III. Série.

15-10245                                   CDD-306.47

          Índices para catálogo sistemático:

    1. Encontro de saberes : Aspectos sociais :
       Sociologia    306.47
```

Editora Ser Mais Ltda
rua Antônio Augusto Covello, 472 – Vila Mariana – São Paulo, SP – CEP 01550-060
Fone/fax: (0**11) 2659-0968
Site: www.editorasermais.com.br e-mail: contato@revistasermais.com.br

Apresentação
Coleção SOFIA Belas Artes. Encontro de Saberes: Artes, Arquitetura, Saúde, Ciências Sociais e Humanas.

Justificativa

Em pleno ano de 2015, qual a justificativa para o nascimento de uma nova coleção de livros?

O jornal *O Globo* (10/01/2015) divulgou os resultados da análise das pesquisas sobre o desempenho dos livros-papel (livros impressos, livros físicos ou cópias em papel), em 2014, feita pelo Finantial Times. O FT chegou à conclusão de que as vendas de livros-papel subiram, enquanto que os livros-digitais perderam popularidade, contrariando as expectativas do mercado, nas principais livrarias dos EUA, Reino Unido e Austrália.

O FT procurou especialistas para ouvi-los sobre os motivos e a tendência para os próximos anos. Segundo eles, essa tendência deve se manter, tendo em vista que o crescimento da venda dos livros-papel tem sido fortemente influenciado pelo público mais jovem.

Para Paul Lee (analista da Deloitte), os "Jornais impressos são resistentes entre aqueles que cresceram com jornais impressos. Livros impressos são resistentes entre todas as idades", e ele projeta que 80% das vendas de livros em 2015 serão de cópias físicas.

Uma recente pesquisa da Nielsen indica que a maioria dos adolescentes entre 13 e 17 anos preferem os livros de papel. Segundo essa consultoria, o resultado do estudo pode estar relacionado à falta de cartões de crédito entre os mais jovens, mas também afirma que a possibilidade de compartilhar os títulos preferidos conta pontos: é mais fácil compartilhar e emprestar livros impressos.

Para o FT o setor ainda enfrenta desafios, principalmente em relação à Amazon, que domina o mercado de livros digitais.

No ano passado a Amazon e a editora francesa Hachette travaram uma longa batalha sobre o patamar dos preços dos livros. Em novembro as duas entraram em um acordo, para que a editora determine os preços.

Para o FT, frente ao domínio da Amazon, as negociações de preços continuarão a ser fontes de tensão. Por outro lado, a publicação independente continua a crescer, e as editoras ainda estão esperando para ver se os modelos de assinatura – que transformaram a indústria da música – vão funcionar entre leitores.

Voltando um pouco no tempo – 2010 -, O Estadão publicou uma entrevista exclusiva com Umberto Eco, sobre seu então novo livro *Não contem com o fim do livro* (Editora Record, 2010). Eco aceitou o convite do jornalista francês Jean-Phillippe de Tonnac para, ao lado de outro bibliófilo, escritor e roteirista Jean-Claude Carrière, discutir a perenidade do livro tradicional. Foram encontros "muito informais, à beira da piscina e regados com bons uísques", que deram origem ao livro *Não contem com o fim do livro*. Para eles,

> (...) o e-book não matará o livro — como Gutenberg e sua genial invenção não suprimiram de um dia para o outro o uso dos códices, nem este o comércio dos rolos de papiros ou volumina. Os usos e costumes coexistem e nada nos apetece mais do que alargar o leque dos possíveis. O filme matou o quadro? A televisão o cinema? Boas-vindas então às pranchetas e periféricos de leitura que nos dão acesso, através de uma única tela, à biblioteca universal doravante digitalizada.

Do papiro ao arquivo eletrônico, Umberto Eco e Jean-Claude Carrière atravessam cinco mil anos de história do livro em uma discussão erudita e bem-humorada, sábia e subjetiva, dialética e anedótica, curiosa e de bom gosto.

Na conversa entre os autores, intermediada pelo jornalista Jean-Philippe de Tonnac, a intenção não é apenas entender as transformações anunciadas pela adoção do livro eletrônico, mas dar início a um debate instigante e atual a partir da premissa de que a história dos livros e o amor a eles os salvarão do desaparecimento.

A experiência dos bibliófilos, colecionadores de exemplares antigos e raros, pesquisadores e farejadores de incunábulos, os faz considerar o livro, como a roda, uma invenção perfeita e insuperável. O livro aparece aqui como uma instituição sólida, anatômica e funcionalmente adequada que as revoluções tecnológicas, anunciadas ou temidas, não exterminarão.

Os autores se divertem mostrando como o livro atravessou a história da humanidade, para o melhor e às vezes para o pior — Eco reuniu uma coleção de livros raríssimos sobre o erro humano, na medida em que, para ele, eles condicionam toda tentativa de fundar uma teoria da verdade. Diante do desafio representado pela digitalização universal dos escritos e da adoção das novas ferramentas de leitura eletrônica, essa evocação de venturas e desventuras do livro permite relativizar as mudanças que estão por vir.

Para a editora Record, trata-se de uma homenagem divertida a Gutenberg, e essas conversas arrebatam todos os leitores e apaixonados pelo objeto livro. E não é impossível que também alimentem a nostalgia dos detentores de *e-books*.

Quando perguntado pelo OESP se "o livro não está condenado, como apregoam os adoradores das novas tecnologias", Eco responde:

O desaparecimento do livro é uma obsessão de jornalistas, que me perguntam isso há 15 anos(isso em 2010). Mesmo eu tendo escrito um artigo sobre o tema, continua o questionamento.

> O livro, para mim, é como uma colher, um machado, uma tesoura, esse tipo de objeto que, uma vez inventado, não muda jamais. Continua o mesmo e é difícil de ser substituído. O livro ainda é o meio mais fácil de transportar informação. Os eletrônicos chegaram, mas percebemos que sua vida útil não passa de dez anos. Afinal, ciência significa fazer novas experiências. Assim, quem poderia afirmar, anos atrás, que não teríamos hoje computadores capazes de ler os antigos disquetes? E que, ao contrário, temos livros que sobrevivem há mais de cinco séculos? Conversei recentemente com o diretor da Biblioteca Nacional de Paris, que me disse ter escaneado praticamente todo o seu acervo, mas manteve o original em papel, como medida de segurança.

Ao ser questionado sobre "Qual a diferença entre o conteúdo disponível na internet e o de uma enorme biblioteca", Eco explicou que:

> A diferença básica é que uma biblioteca é como a memória humana, cuja função não é apenas a de conservar, mas também a de filtrar – muito embora Jorge Luis Borges, em seu livro Ficções, tenha criado uma personagem, Funes, cuja capacidade de memória era infinita. Já a internet é como essa personagem do escritor argentino, incapaz de selecionar o que interessa – é possível encontrar lá tanto a Bíblia como Mein Kampf, de Hitler. Esse é o problema básico da internet: depende da capacidade de quem a consulta. Sou capaz de distinguir os sites confiáveis de filosofia, mas não os de física. Imagine então um estudante fazendo uma pesquisa sobre a 2ª Guerra Mundial: será ele capaz de escolher o site correto? É trágico, um problema para o futuro, pois não existe ainda uma ciência para resolver isso. Depende apenas da vivência pessoal. Esse será o problema crucial da educação nos próximos anos.

Em outro momento da entrevista, o OESP perguntou: "Em um determinado trecho de *Não contem com o fim do livro*, o senhor e Jean-Claude Carrière discutem a função e preservação da memória – que, como se fosse um músculo, precisa ser exercitada para não atrofiar".

Sobre "como a falta de leitura de alguns líderes influenciou suas errôneas decisões", Eco disse:

> Sim, escrevi muito sobre informação cultural, algo que vem marcando a atual cultura americana que parece questionar a validade de se conhecer o passado. Veja um exemplo: se você ler a história sobre as guerras da Rússia contra o Afeganistão no século 19, vai descobrir que já era difícil combater uma civilização que conhece todos os segredos de se esconder nas montanhas. Bem, o presidente George Bush, o pai, provavelmente não leu nenhuma obra dessa natureza antes de iniciar a guerra nos anos 1990. Da mesma forma que Hitler devia desconhecer os relatos de Napoleão sobre a impossibilidade de se viajar para Moscou por terra, vindo da Europa Ocidental, antes da chegada do inverno. Por outro lado, o também presidente Roosevelt, durante a 2ª Guerra, encomendou um detalhado estudo sobre o comportamento dos japoneses para Ruth Benedict, que escreveu um brilhante livro de antropo-

logia cultural, *O Crisântemo e a Espada*. De uma certa forma, esse livro ajudou os americanos a evitar erros imperdoáveis de conduta com os japoneses, antes e depois da guerra. Conhecer o passado é importante para traçar o futuro.

Umberto Eco é tanto conhecido e reconhecido pela trajetória e obra acadêmica (é professor aposentado de semiótica, mas permanece na ativa na Universidade de Bolonha), como pelos romances. É também um colecionador, gosta muito de cinema (em todos os gêneros), colabora com jornais, revistas, viaja para dar conferências e em 2009 viveu uma experiência diferente. Foi convidado para ser o curador de uma exposição no Museu do Louvre, de Paris.

Ao ser perguntado sobre como foi essa experiência ele explicou que, desde 2006,

> o museu reserva um mês para um convidado (Toni Morrison foi escolhida certa vez) organizar o que bem entender. Então me convidaram e eu respondi que queria fazer algo sobre listas. "Por quê?", perguntaram. Ora, sempre usei muitas listas em meus romances – até pensei em escrever um ensaio sobre esse hábito. Bem, quando se fala em listas na cultura, normalmente se pensa em literatura. Mas, como se trata de um museu, decidi elaborar uma lista visual e musical, essa sugerida pela direção do Louvre. Assim, tive o privilégio (que não foi oferecido a Dan Brown) de visitar o museu vazio, às terças-feiras, quando está fechado. E pude tocar a bunda da Vênus de Milo (risos) e admirar a Mona Lisa a apenas 20 centímetros de distância.

O Centro Universitário Belas Artes, motivado pela comemoração dos seus 90 anos de existência, com base nesses dados e endossando as ideias de Umberto Eco e Carrière, entre vários eventos que estão sendo realizados, considerou significativo lançar uma coleção de livros, organizada por nós Liana Gottlieb (autora, coautora e organizadora de vários livros) e Sidney Ferreira Leite (pró-reitor acadêmico da BA), que conta com um conselho editorial com nomes de expressão em várias áreas do conhecimento, representando instituições de ensino superior brasileiras e estrangeiras.

Um pouco da história da "Belas Artes"

Em 23 de setembro de 1925 foi oficialmente fundada com o primitivo nome de Academia de Belas Artes de São Paulo, por Pedro Augusto Gomes Cardim.

Pedro Augusto era filho do artista português João Pedro Gomes Cardim e participou ativamente da vida artístico-cultural de São Paulo, antes de fundar a Academia de Belas Artes. Envolveu-se ativamente na criação do Teatro Municipal, do Conservatório Dramático e Musical de São Paulo, da Academia Paulista de Letras e da Companhia Dramática de São Paulo. Fundar uma instituição para o ensino das artes era um movimento natural e, assim, surgiu um espaço de diálogo, troca de conhecimentos e desenvolvimento da criatividade e expressão pessoal. Talvez por isto o nome da Escola de Belas Artes esteja tão ligado à história da cidade de São Paulo.

Na década de 30, poucos anos depois de sua fundação, a Escola criou um forte laço com a Pinacoteca do Estado de São Paulo, ficando responsável por seu acervo durante sete anos. As duas instituições, inclusive, dividiram o mesmo prédio durante anos, até que a então Faculdade de Belas Artes mudou-se na década de 80 para a Vila Mariana, onde permanece até hoje.

Ao longo dos anos, importantes figuras conviveram com a instituição Belas Artes. Amigos de Pedro Augusto Gomes Cardim, Mario de Andrade e Menotti Del Picchia, estiveram presentes na fundação. Do primeiro Salão Paulista, em 1934, participaram Anitta Malfati, Tarsila do Amaral e Alfredo Volpi, por exemplo.

Responsável pelo projeto da Basílica Nacional de Nossa Senhora Aparecida, Benedito Calixto Neto foi formado pela Academia de Belas Artes no curso de Arquitetura, o primeiro da cidade.

Foi assim que a instituição Belas Artes construiu uma sólida base para desenvolver sua história – proporcionando um espaço de troca e diálogo onde a criatividade de cada um é respeitada e incentivada. Criar é um aspecto essencial de expressar-se. É nisto que acreditamos até hoje: na criatividade, persistência e iniciativa de cada um para continuarmos esta história que está fazendo 90 anos e está cada vez mais jovem.

O Centro Universitário Belas Artes tem como Missão: criar, produzir e difundir conhecimento por meio das artes, da cultura e das ciências humanas e sociais, visando a formação humanística e despertando em seus alunos o desejo permanente de aperfeiçoamento cultural e profissional nessas áreas.

A Entidade Mantida é composta por:

> Reitor – Prof. Dr. Paulo Antonio Gomes Cardim
> Assessora de Planejamento – Profa. Maria Lúcia de Oliveira Gomes Cardim
> Assessora-Institucional – Patrícia Gomes Cardim
> Pró-Reitor Administrativo – Prof. Dr. Francisco Carlos Tadeu Starke Rodrigues
> Pró-Reitor Acadêmico – Prof. Dr. Sidney Ferreira Leite
> Pró-Reitor Institucional – Prof. Me. Turguenev Roberto de Oliveira

O Centro Universitário Belas Artes oferece 14 cursos de graduação, cursos de pós-graduação lato sensu e cursos de extensão.

Desde a sua fundação, a BA (como é chamada por todos) atua como um polo de Economia Criativa, muito antes dessa expressão ser cunhada.

São 90 anos de História passando por um século de intensas mudanças e desafios, que mudaram os rumos do mundo da educação.

A BA promove um ensino com personalidade, estimulando seus alunos, professores e funcionários a revelarem sua identidade criativa.

A Coleção SOFIA Belas Artes. Encontro de Saberes: Artes, Arquitetura, Saúde, Ciências Sociais e Humanas

O nome Sofia surgiu a partir do grego sophia, que significa literalmente "sabedoria". Pode ser traduzido também como "o Verbo" (santidade) em sua forma feminina.

A filosofia religiosa judaica se ocupou muito com o conceito da divina Sophia, como uma revelação do pensamento interno de Deus e atribuiu a ela não somente a formação e ordenação do universo natural como também a comunicação de toda percepção e conhecimento à humanidade. Em Provérbios 8:1 e seguintes, Sabedoria (substantivo feminino) é descrita como conselheira de Deus que habitava dentro dele antes da Criação do mundo e que faz muitas coisas diante Dele.

Encontro é utilizado aqui no sentido a ele atribuído tanto por Martin Buber (Filosofia Social) quanto por Jacob Levy Moreno (Psicologia Social/Psicodrama). Embora eles tenham usado termos e explicações um pouco diferentes, fica clara a correlação entre muitos dos conceitos por eles formulados.

Para Buber, encontro é algo atual. A relação engloba o encontro. O diálogo explica o inter-humano que implica no encontro mútuo. Na relação dialógica, "Torno-me EU na relação com o TU".

Para Moreno, o Psicodrama é diálogo vivo; nele tudo é atual. O EU só poderá encontrar-se através de um outro, do TU.

Para ambos, a vivência do momento atual, do aqui e agora, é um convite para uma comunicação humana transformadora; é a tentativa de desintelectualizar o ser humano para um contato mais verdadeiro, mais emocional, mais pessoal, o encontro, a relação dialógica.

Nesse encontro EU-TU, o EU passa a ser TU; o TU se transforma em EU. O intercâmbio através do diálogo adquire sua plenitude; é a comunicação perfeita através da inversão de papéis – inclusão, experienciação do outro – EU-TU, TU-EU, na busca de um encontro, da relação dialógica, autêntica, verdadeira. A plena capacidade de inversão de papéis significa a maturidade psicológica de um indivíduo.

Esperamos que nossos coautores encampem a proposta do conceito de Encontro de Buber e Moreno, estendendo esse conceito para seus estudos e forma de escrever, e que a nova coleção que ora surge seja realmente um espaço de encontros de saberes.

Objetivos da Coleção

- Promover verdadeiros encontros de saberes, entre as áreas de Artes, Arquitetura, Saúde, Ciências Sociais e Humanas;
- Estimular jovens e maduros pesquisadores a publicar os resultados de suas pesquisas e estudos;
- Ser mais um espaço, diferenciado, aberto aos acadêmicos que desejam ter suas pesquisas publicadas;
- Ter Divisões Temáticas compostas de acordo com os textos que serão publicados, ou seja, não se imporá uma temática fechada para cada volume, mas os textos são recebidos e a partir dos mesmos é que serão elaboradas as Divisões Temáticas, e

- Estimular a integração de todos os estados da União, por meio da participação de seus pesquisadores, assim como a parceria com universidades do exterior.

Conselho Editorial

1. Arnaldo Niskier (ABL)
2. Dov Shinar (Hadassah Academic College – Israel)
3. Enio Moro Junior (Belas Artes)
4. Francisco Carlos Tadeu Starke Rodrigues (Belas Artes)
5. Gino Giacomini (ECA/USP e USCS)
6. Ismar de Oliveira Soares (ECA/USP)
7. José Roberto Heloani (UNICAMP)
8. Juliano Domingues-da-Silva (UNICAP)
9. Júlio César Barbosa (Belas Artes)
10. Liana Gottlieb (Belas Artes)
11. Luiz Alberto de Farias (ECA/USP e Anhembi Morumbi)
12. Marcos Rizolli (Belas Artes e UPM – Mackenzie)
13. Maria Elisabete Antonioli (ESPM)
14. Marília Ancona Lopez (UNIP)
15. Mitsuru Higuchi Yanaze (ECA/USP)
16. Monica Aiub (Instituto Interseção)
17. Paulo Saldiva (Medicina e IEA USP)
18. Pedro Ortiz (Belas Artes e Cásper Líbero)
19. Regina Giora (UPM – Mackenzie)
20. Regina Igel (University of Maryland, College Park, USA)
21. Renan Albuquerque (UFAM)
22. Sidney Ferreira Leite (Belas Artes)
23. Tania Fator (USCS)
24. Turguenev Roberto de Oliveira (Belas Artes)
25. Waldomiro Vergueiro (ECA/USP)
26. Wilson da Costa Bueno (UMESP)

Saudações Acadêmico-Literárias!!!
Liana Gottlieb e Sidney Ferreira Leite

Sumário

ENTREVISTA COM ARNALDO NISKIER

1. Entrevista
Arnaldo Niskier ... p. 17

DANÇA - ARTE DO MOVIMENTO

2. Força delicada: a mise en scène do cinema e os pequenos milagres da dança
Dodi Leal ... p. 25

3. Comunicação: Discurso, Signos, Estereótipos e Arquétipos — A Retórica e a Identidade Feminina na Dança do Ventre
Edilaine Aparecida Moreira ... p. 33

TEATRO E LITERATURA - IMPRESSÕES DO BRASIL

4. Os Múltiplos Caminhos da Dramaturgia Contemporânea
Alexandre Mauro Toledo ... p. 45

5. A geração literária em prosa dos anos 70 e 80 no Brasil: não-conformista e sonhadora
Regina Igel ... p. 57

MÚSICA - SONS DA CULTURA

6. União de Erudito e Popular no enredo "A Música Venceu" — Homenagem ao pianista e maestro João Carlos Martins
Aurora Seles ... p. 67

7. Toadas de boi-bumbá de Parintins/AM sob perspectiva foucaultiana do discurso
Renan Albuquerque Rodrigues & Jocifran Ramos Martins ... p. 79

SAÚDE - REFLETIR A VIDA

8. Como as cidades moldam a saúde de seus moradores?
Paulo Saldiva & Laís Fajersztajn ... p. 93

MUNDO E PODER - CONHECIMENTO PARA TRANSFORMAR

9. Estamos começando a viver a quinta onda do terrorismo internacional?
Sidney Ferreira Leite ... p. 107

JORNALISMO E MÍDIA - CONHECIMENTO DO COTIDIANO

10. Ser Jornalista – o eterno retorno
Margarete de Moraes ... p. 117

11. Imagens midiáticas da maternidade
Titi Vidal & Pedro Ortiz ... p. 125

12. Pacotes Modalizadores & Discursos de Convocação oferecidos pelas Revistas Segmentadas
Rafael Buchalla ... p. 133

13. Era Digital: A Dicotomia da Interação Social e da Solidão do Homem nas Redes Sociais
Reynaldo Issao Endo ... p. 143

Sumário

14 O segmento de mídias sociais e o trabalho na Economia Criativa: uma análise setorial
Wilson Emanuel Fernandes dos Santos — p. 153

15 O mercado consumidor e sua segmentação para atuação estratégica de marketing
Cristiano Lynn Villas Morley — p. 163

16 Identidade Corporativa e a Gestão da Marca
Flávio Tófani & Lígia Fascioni — p. 173

17 Estratégias para reconhecimento de marca por meio de programas jornalísticos, como o Mundo S/A, da Globonews
Juliana Verboonen — p. 183

18 Alcoolismo e comunicação, possíveis influências nos hábitos de consumo da cerveja Devassa por universitários
Luciano Silva — p. 193

19 Branded entertainment como solução de propaganda em meios audiovisuais on demand
Mateus Bastos — p. 207

EDUCAÇÃO E EDUCOMUNICAÇÃO DESENHANDO UM NOVO FUTURO

20 Comunicação, Qualidade na Educação e Interdisciplinaridade
Ana Rita da Cunha Melo — p. 223

21 Modelo de Educação Escolar Potiguara
Hellen Cristina Picanço Simas & Regina Celi Mendes Pereira — p. 237

22 JANUSZ KORCZAK - O Educomunicador
Ismar de Oliveira Soares & Liana Gottlieb — p. 251

23 Trajetória, Desenvolvimento e Perspectivas do Vestibular e dos Cursos Pré-vestibulares no Brasil
Pedro Sérgio Pereira — p. 273

24 Práticas Educomunicativas no Estudo de Sociologia com a Produção de REAs
Zildete Maria de Araujo — p. 283

PRODUÇÃO AUDIOVISUAL - O BRASIL NA TELA

25 Samba, jongo, religião e hip hop: o hibridismo cultural no curta-metragem Tia Dita - no raiar da aurora
Alessandra Rios & Andrea Paula dos Santos Oliveira Kamensky — p. 295

26 Mude de canal: Telejornais e os benefícios da felicidade
Gaya Machado — p. 303

27 Na Moral – Programas de Entretenimento e o Processo de Construção do Imaginário Religioso
Marcelo da Silva Figueiredo — p. 313

ENTREVISTA COM ARNALDO NISKIER

1

Entrevista

Arnaldo Niskier

Arnaldo Niskier

Formado em Matemática e Pedagogia pela Universidade do Estado do Rio de Janeiro, onde lecionou durante 37 anos. Suas matérias: Geometria Analítica, Administração Escolar e História e Filosofia da Educação. Foi Secretário de Estado do Rio de Janeiro em quatro ocasiões: Educação e Cultura, Ciência e Tecnologia, Cultura e Educação. Exerceu as funções de membro do Conselho Federal de Educação e do Conselho Nacional de Educação. Está há 30 anos na Academia Brasileira de Letras, da qual foi presidente. Hoje, é presidente do CIEE/RJ e vice-presidente do CIEE/Nacional. Autor de mais de 100 livros. É jornalista e professor.

SBA. O que deve ser feito efetivamente para melhorar a atuação dos professores dentro de sala de aula?

Arnaldo Niskier: A questão do magistério (tenho escrito muito a respeito disso, inclusive lançado livros a respeito) é a mais séria de todas dentro do Ministério da Educação ou dentro do escopo de tratar da educação brasileira de modo geral. Os professores são malformados, mal remunerados, estão desestimulados. Socialmente, a autoestima dos professores ainda é baixa. É preciso mexer nesse caldeirão de maneira muito decidida.

SBA. Não é uma coisa pontual?

Arnaldo Niskier: Não, não é simples também. Temos que mexer na formação dos professores, os cursos de pedagogia são os mesmos há cem anos. O que é dado nessas faculdades, quando é novidade, é tudo lá de fora. Quando se entra numa biblioteca de uma escola de formação de professores, a bibliografia é toda ultrapassada.

SBA. A bibliografia estrangeira não é satisfatória?

Arnaldo Niskier: As pessoas acham que fazendo o farol de citar esses grandes nomes, na verdade estão agradando. Acho que não agrada, não. Temos que valorizar a pedagogia brasileira. Temos grandes nomes, grandes autores que não estão sendo devidamente considerados e temos que, enfim, mexer no currículo de formação de professores para depois, ou concomitantemente, pensar também na remuneração dos professores. Há muitos municípios que não respeitam sequer a lei, o mínimo que se deve pagar a cada professor. Então é preciso que isso seja reformulado completamente para que qualquer reforma na educação dê resultado.

SBA. O novo ministro da Educação, Renato Janine, disse que a prioridade do seu governo seria a educação básica. O senhor concorda?

Arnaldo Niskier: Essa é uma velha história, não é de hoje que se diz que a prioridade é a educação básica. Mas educação básica pressupõe o ensino fundamental e o ensino médio. No ensino fundamental, já tivemos grande avanço, praticamente universalizando o atendimento ao ensino fundamental. Já o ensino médio não apenas não se universalizou; ao contrário, está pelo meio do caminho, como também é caótico para desagrado dos educadores. Muitas leis, portarias, deliberações se sucedendo umas às outras, o próprio MEC em desacordo com normas do Conselho Nacional de Educação (fui do Conselho, sei o que é isso). Então há um longo caminho a percorrer pelo novo ministro em relação à educação básica, se considerados o ensino fundamental e o ensino médio. Mas ele tem outra prioridade, que é correta: a educação infantil. A própria presidente da República anunciou que faria seis mil creches no Brasil inteiro e, infelizmente, por problemas de recurso, isso não está andando bem, não há nem duas mil creches em construção, o que frustra muito as pessoas porque também não se vai começar a educação aos 6 anos; é preciso pensar na educação infantil, na creche, no pré-escolar de modo geral. O ministro Janine é do ramo, foi recebido com muita simpatia pela comunidade pedagógica brasileira, é grande filósofo, grande escritor e esperamos que dê certo. É claro que há preocupações porque o ministro entrou praticamente com o MEC anunciando o corte de 14 bilhões de reais. A pessoa pode ter muita vontade, mas se os recursos falharem, claro que vai ser difícil cumprir sequer parte dos sonhos que esse ministro possa ter. Essa é a nossa preocupação. O ministro é bem intencionado, é do ramo, foi recebido de braços abertos, mas é preciso também que o governo lhe dê amplas condições através de recursos generosos para que possa cumprir a sua tarefa, senão vai ser uma frustração, mais uma, em relação ao setor que deveria ser a prioridade do país, mas infelizmente não tem sido.

SBA. O que o senhor acha do ensino a distância? Que público agrega essa modalidade de ensino?

Arnaldo Niskier: Hoje temos mais de um milhão de alunos no ensino a distância no Brasil. É um número apreciável. Não é tão apreciável porque temos 200 milhões de habitantes, então você vê que um milhão em 200 milhões de habitantes não é grande coisa, mas é crescente o interesse pela educação a distância, e é uma modalidade que merece toda consideração porque no mundo desenvolvido hoje é uma realidade incontestável. Já fui à Inglaterra três vezes para estudar educação a distância. Fui ao Japão também, a Portugal, e existe uma universidade aberta em pleno funcionamento. Então temos que acordar, embora tarde, para essa realidade. O ensino a distância é uma possibilidade extraordinária de darmos educação a um número maior ainda de brasileiros. É uma tendência.

SBA. A um custo mais baixo, democrático. O senhor não é a favor para todas as carreiras. Que carreiras o senhor acha que melhor aproveitam essa modalidade?

Arnaldo Niskier: Tem gente que acha que ensino a distância é para tudo: Medicina, Enfermagem, etc. Já não acho isso não. Acho que o ensino a distância predominantemente deve ser utilizado nas ciências humanas porque a Inglaterra começou sua universidade aberta formando professores e administradores. Acho que deveríamos caminhar predominantemente por aí. Engenharia, Medicina não, porque acho que numa outra etapa talvez se possa conseguir. Com o avanço da informática cada vez maior, talvez se possa chegar a isso, mas não predominantemente nesse início de operação. Devia ser para as humanidades e especialmente para o magistério.

SBA. Vamos falar um pouquinho de cultura. O senhor disse que a cultura e a educação são irmãs siamesas. O que é isso?

Arnaldo Niskier: É um erro, isso é um erro que cometi. Quer dizer o seguinte: que educação e cultura andam juntas como se fossem irmãs siamesas, mas tecnicamente a cultura é mãe da educação. A educação é parte da cultura, e não o contrário. Se isso fosse bem compreendido pelas autoridades de modo geral, as coisas no Brasil talvez estivessem bem melhor porque faltam recursos para a cultura de maneira sistemática. Fui secretário de Cultura do Rio de Janeiro, sei bem como essas coisas funcionam, há alguns recursos orçamentários para a educação. Hoje a Constituição determina que 25% dos recursos do Estado sejam destinados à educação, mas a Constituição não prevê nenhum percentual para a cultura, então a cultura vive sempre com zero vírgula qualquer coisa, no Estado, no município, na federação. A cultura precisa de mais recursos, e que esses recursos sejam também bem aplicados. Quando se vê a Lei Rouanet ser utilizada para projetos que nada têm a ver com a cultura brasileira, fico desolado. O Rock in Rio é um sucesso, não tenho nada contra quem goste de rock, acho que é um ritmo importante na cultura universal, mas por que a Lei Rouanet tem que dar recursos para fazer o Rock in Rio? Não entendo. Deveríamos estar valorizando a música brasileira, o artista brasileiro, fazer festivais nossos.

SBA. Trazendo para a nossa realidade, o que o senhor acha das empresas públicas que investem em cultura? Hoje temos o exemplo da Imprensa Oficial do Estado do Rio de Janeiro, que tem a Sala de Cultura Leila Diniz...

Arnaldo Niskier: Que faz um belíssimo trabalho, que acompanho desde o primeiro momento. Essa sala já existe há quatro anos. Essas coisas é que devem ser estimuladas.

SBA. Vamos falar um pouquinho de livros. Como escritor, o senhor acha que faltam bibliotecas nas escolas?

Arnaldo Niskier: Comprovadamente. Há uma lei que obriga a existência de uma biblioteca em cada escola. O Brasil tem, aproximadamente, 200 mil escolas no país inteiro e não tem nem 30% dessas escolas com uma biblioteca regularmente constituída. Não é uma salinha ao lado do banheiro ou dentro do próprio banheiro, como depósito de livros. Não é isso. A própria sala de leitura não é uma biblioteca, é um arremedo que se contempla porque é melhor ter uma sala de leitura do que nada, mas é melhor ter uma biblioteca que uma sala de leitura. O Brasil precisa muito valorizar as bibliotecas, assim como precisa valorizar os laboratórios no ensino profissionalizante. A gente quer ter um ensino profissional, um ensino profissionalizante e não quer ter laboratórios. É incompatível essa vontade com a realidade, é preciso ter laboratórios bem equipados.

SBA. O senhor é otimista com relação ao futuro da educação brasileira?

Arnaldo Niskier: Completamente. Durmo e acordo sonhando com um Brasil melhor. Acho que vamos melhorar a educação, a cultura. O novo ministro está cercado de muita esperança, muita expectativa favorável. Quando a gente tem um pensamento positivo, as coisas em geral acontecem para melhor. Se a gente é pessimista, aí mesmo é que não vai acontecer nada que nos favoreça, e nós merecemos, somos um povo alegre, bem-disposto, animado, temos belezas naturais extraordinárias. Deus caprichou quando fez o Brasil. Por que o Brasil não vai dar certo? Tem que dar, e depende de nós, dos educadores, dos professores, depende dos especialistas. Então, essas são as grandes prioridades com as quais o Brasil tem que trabalhar.

nota: Entrevista realizada durante o mandato do Ministro da Educação Renato Janine Ribeiro.

DANÇA
ARTE DO
MOVIMENTO

2

Força delicada: a *mise en scène* do cinema e os pequenos milagres da dança

Dodi Leal

Dodi Leal

Doutorando em Psicologia Social pelo Instituto de Psicologia da Universidade de São Paulo (IP-USP). Licenciado em Artes Cênicas pela Universidade de São Paulo (CAC/ECA/USP). Cursou um ano da habilitação em Cinema e vídeo do Baccalauréat interdisciplinaire en arts da Université du Québec à Chicoutimi (UQAC, Québec-Canadá). Estudou Teatro do Oprimido com Augusto Boal e CTO-Rio, participando de diversos festivais nacionais e internacionais. Realizou pesquisa experimental e acadêmica sobre a criação cinematográfica em processos pedagógicos de teatro. Pós-graduando em Produção Audiovisual: projeto e negócio pelo Centro Universitário Senac São Paulo e diretor executivo da Produtora Audiovisual DOArouche. Foi artista-educador de teatro e coordenador de pesquisa-ação do Piá - Programa de Iniciação Artística da Secretaria Municipal de Cultura de São Paulo. Dançou no espetáculo Erosão - de Andréia Yonashiro e Robson Ferraz, e atualmente está dedicado à criação do solo de dança 'Frouxos cortes de uma bixa foucaultiana'. Tem interesse em criações e processos artísticos de teatro, dança e cinema e exerce as funções de ator, produtor, professor, diretor e videomaker.

Contato
dodi.leal@gmail.com

Nesta reflexão pretendo articular alguns conceitos e reflexões dos campos do cinema e da dança com o intuito de trazer novos elementos e questões que permitam mais que cotejar essas linguagens expressivas, metaforizar seu estado de hibridização. No entanto, me dedico aqui a um recorte muito específico desta relação, aquele que convencionamos chamar de "Cinema como dança", ou seja, o caráter coreográfico da criação fílmica.

Assim, as obras que compõem este quadro são aquelas em que a manipulação dos elementos de cena (dos seres e das coisas) bem como dos elementos técnicos (como da câmera e dos cortes) traduzem uma expressividade cinegênica ou mágica. Para articular o termo cinegenia, cabe indicar reflexões acerca da imagem fotográfica em relação ao conteúdo cinematográfico.

Considere-se a seguinte observação de Borges (2011:155):

> Da mesma forma que a pose marca o fundamento do retrato fotográfico, no caso do cinema, trata-se sobretudo de uma passagem: um fluxo de 'poses' desfazendo-se e refazendo-se, uma 'suspensão' em cascata, não se colocando mais em questão um 'isso foi', nem um 'isso é', mas um 'isso passou' ou um 'isso passa' - deslocando, assim, a ênfase do objeto para o evento ou a experiência.

Se a pose da fotografia corresponde à passagem no cinema, é a ideia de movimento que fundamenta a imagem em fluxo da segunda. O paradigma que está em questão é o de que a fotografia revela uma situação estática, enquanto que o cinema possibilita a expressão do trânsito, do devir dos seres e das coisas. Nesse sentido, Fabris (2004:61) argumenta que "querendo representar todo o gesto, o instantâneo acaba por contraí-lo e imobilizá-lo num de seus estados possíveis. Nega, desse modo a dinâmica do movimento, ao reproduzir valores do verdadeiro imóvel ou parado".

No entanto, o problema da captação do gesto, que há na fotografia (o status de imóvel) e no cinema (o lugar de móvel), traz consigo outra questão que diz respeito à qualidade de representação. Trata-se da procura por aquilo que pertence às imagens, fixas ou dinâmicas. O que está na ordem do evento deveria, então, ser evidenciado no registro, constituindo sua forma e conteúdo. É decorrência deste questionamento a invenção do termo cinegenia, a partir de fotogenia. Grosso modo, se "fotogênica" é a pessoa ou a coisa que ficam bem na foto, cinegênica por sua vez, é a pessoa ou a coisa que ficam bem no filme.

Mas aqui procuro adicionar algo a mais neste cinegênico. Algo de mágico que se assemelha ao efeito da expressão da dança. Ou seja, não basta, então, ficar bem no plano, mas promover algo arrebatador com os elementos fílmicos. Fazê-los dançar é mais do que uma questão de beleza – é uma necessidade. Coreografar um filme, então, talvez seja a melhor forma de fazer com que a composição traduza a natureza própria do movimento. Afinal de contas, é ele a força motriz mais pulsante, sutil e arrebatadora, que liga o cinema à dança.

Nesse sentido, a pergunta que proponho é: Como a organização fílmica dos elementos cênicos da ação no espaço gera a expressão de uma dança cinegênica? Ao contrário do que possa parecer, não acredito que a ausência de narrativa seja condição única para a dança cinegênica. Ao contrário, parto da hipótese de que a presença ou não de uma narrativa é indiferente para que a criação fílmica gere a dança cinegênica.

Para compreender o que significa a *mise en scène* de cinema, parto da observação escrita por Jacques Aumont em seu livro O olho interminável: "A *mise en scène* de cinema é o que não se pode ver. Tratamento dos corpos no espaço, sem gesticulação" (2004:163). O termo *mise en scène*, trazido das artes cênicas, remete aqui a um ordenamento do real, a uma credibilidade dos acontecimentos postos em cena tal qual seriam passíveis de ser encontrados no mundo. O pressuposto do autor é que, diferentemente de outras linguagens artísticas, o cinema não é obrigado a deformar o real para expressá-lo.

Ora, se a cenicidade fílmica se constitui em compor com os elementos do real, está no espaço o suporte de tratamento dos elementos de cena. De fato, a *mise en scène*, em proceder de tal feita, tendo o real como matéria, opera a tensão entre gesto e espaço à procura de um acordo ou, exatamente, de revelar os atritos desta relação. O cinema como cenografia: organização no espaço dos elementos de cena tendo em vista os movimentos de câmera, dos atores, objetos e cenários, bem como o ritmo e cadência da montagem. E, se retomamos a discussão da cinegenia, estamos tratando do cinema como coreografia: articulação dos elementos de cena a partir da relação entre os seus movimentos no espaço.

O entendimento dessa definição de *mise en scène* de Aumont se aplica com contundência na medida em que se destaca dentre as perspectivas estéticas nas quais se encontra a criação cinematográfica – hoje aquelas que apontam a tendência cinegênica da organização dos elementos.

O termo estética de fluxo, consagrado entre críticos do *Cahier du Cinema*, trata de uma narrativa cinematográfica construída a partir de sensações, que exploram a relação do corpo com os espaços, desdobrando-se em um trabalho fluido de câmera que possibilitam experiências de espaço-tempo como atmosfera. Tendo essa abordagem como categoria fundamental de seu trabalho, Luiz Carlos Gonçalves de Oliveira Júnior em sua dissertação de mestrado defendida em 2010 no CTR-ECA-USP sob orientação de Ismail Xavier, coloca em questão o conceito de *mise en scène* analisando a obra de cineastas contemporâneos tidos como filiados ao cinema de fluxo – a saber, Claire Denis, Philippe Grandrieux, Hou Hsiau-hsien e Gus Van Sant.

Uma das conclusões do autor é que a *mise en scène*

> implicaria uma ação de deslocamento do sujeito, de interpelação do outro, de conflito entre materiais heterogêneos, de transporte do olhar que carrega consigo o corpo, este eixo onde se articula a primeira questão de ordem política no cinema: a partilha do sensível no espaço. (OLIVEIRA JÚNIOR, 2010:144)

Destaca-se que o corpo aparece no discurso do autor como lugar de realização da sensorialidade do cinema. E continua Oliveira Júnior: "um cinema sem *mise en scène* seria, no limite, um cinema que se nega ao afrontamento, se nega a interpelar o outro, seja para buscar um acordo ou um conflito" (*Idem*:144).

Então questiona-se agora os próprios elementos e sua composição para entender de que forma a *mise en scène* dá conta de articulá-los e constituir uma dança cinegênica. De que corpo se está falando? Como o pensamento sobre a dança ajuda a refletir sobre a operação da criação cinematográfica que pretende traduzir essa sensorialidade do fluxo?

Segundo Martha Graham, pode-se chamar de dança verdadeira aquela que está intrinsecamente ligada ao clima da alma, que revela o essencial do bailarino ou bailarina. E é no trabalho constante de se aproximar do interior que se ganha a consistência expressiva relacional e objetiva do mundo exterior. Diz Martha Graham que "o bailarino deve reverenciar as coisas tão esquecidas quanto os pequenos milagres alegres e sua força delicada" (2011:154).

Então está havendo aproximação da magia, quando se busca descrever o resultado da obra na qual bailarinos e bailarinas expressam sua força de vida? Mas e quando se quer indicar que é epifânico e fantástico, o que pode promover o cineasta que traduz verdadeiramente os movimentos?

Marta Graham afirma também que "Formamos o corpo, disciplinamos ele, o reverenciamos, e com o tempo damos confiança a ele. E em um dado momento, o movimento se torna limpo, preciso, eloquente e verídico" (*Idem*:154). Bem entendida, essa abordagem focaliza a matéria, das coisas e dos seres, como a essência da criação. Ou seja, primeiro lapidar, depois compor. A prática e a disciplina instauram, assim, corpo-potência.

Desta feita, movimento em dança e movimento em cinema, ambos operam na categoria da transformação de matérias que, por sua vez está em constante devir. No entanto, não está na efemeridade a mágica cinegênica de criação. A ação performática de corpos que dançam na tela é derramamento em audiovisual dos encontros e sincronicidades das coisas em fluxo. A escrita de fluxos na tela, por sua vez, caminha com o desenho da experiência, que tem no cinema a plástica para as distorções, fantasias e recortes da memória realizados em dança. Estamos diante de um cinema que só é possível com a dança. E, para abraçarem-se mais intimamente, cinema e dança, enquanto áreas da tradição artística já culturalmente consolidadas, precisam sair do confortável, arriscar promover trânsitos de conceitos, *profundir* (promover e fundir) seus saberes técnicos, metodológicos e filosóficos.

A problemática da expressão do corpo na dança está em equacionar as respostas que o corpo dá às questões que talvez nem mesmo chegue a formular. Gestualizar é dar uma solução cognitiva para uma questão. Os processos inconscientes operam o corpo trazendo à tona os desejos que são ora apagados, ora supervalorizados pela mente. O gesto é a inscrição corporal que se assemelha à escrita fílmica: preencher vazios com desejos sedimentados.

No campo do pré-movimento, o gesto é a ponte que procura dar forma às pulsões inconscientes. Corpo e tela, por sua vez, não são meros recipientes de escrita, mas a própria pulsão de se escrever. Se seu movimento constitui a vida própria de expressão, acham-se quase palpáveis no corpo e na tela os rastros da subjetividade e do pensamento. Já o inconsciente é toda a materialização do gesto em seu caráter de pré-expressividade. Se tomamos a definição de gesto de Agamben, "aquilo que, em cada expressão, fica sem expressão" (2011:192), a pré-elaboração do gesto já contém seu significado inconsciente.

Mas o gesto demanda elaboração para que as plataformas do cinema e dança o apresentem. É neste sentido que o gesto pode ser realizado pelas categorias do fazer e do agir. Segundo Agamben (*Idem*:189), fazer é um processamento ligado a uma finalidade, enquanto que o agir opera sem finalidade, com ênfase nos meios de ação. Fazer tem um fim outro além dele mesmo, enquanto que agir é seu próprio fim. No entanto, para o autor, a expressão do gesto estaria mais ligada a assumir ou sustentar algo, uma vez que "o gesto rompe a falsa alternativa entre fins e meios que paralisam a moral, e apresenta meios que se subtraem como tais entre os meios, sem, no entanto, tornar-se fins." (*Idem*:189).

Segundo Bergson (1964:192), "a extraordinária desproporção entre as consequências de uma invenção e a própria invenção é fato digno de nota". Para o filósofo, o ato de informar a matéria que consiste em toda a suma da inteligência criadora humana não se restringe à finalidade de dominá-la e extrair sua potência, mas se define por suscitar caminhos de expressão. Assim, inventar uma perspectiva fílmica para os objetos não significa ter o domínio sobre eles, mas indicar sentidos ao flexibilizar e dobrar os movimentos.

Quais seriam então os motivos entre a medida da intenção e do acaso quando se trata de um cinema que dança? A criação não se basta com o planejamento, porém é preciso planejar. O querer em direção cinematográfica aponta os caminhos para o tratamento do corpo e de outras manifestações que são gravadas e em seguida montadas.

Mas a principal razão de inventar estaria mesmo em "deixar passar alguma coisa que a matéria detém" (*Idem*:192). Se, como foi argumentado antes com referência a Borges (2011), o fundamento da imagem cinematográfica diz respeito às categorias do "isso passa" ou "isso passou", é, portanto, no que se deixou passar na intenção de registrar o movimento dos seres e das coisas que reside a mágica natureza do cinema como dança.

A cinegenia estaria, então, justamente no que escapa à *mise en scène*: a força pensada de se inventar e os desdobramentos de uma força delicada daquilo que a própria matéria contém. Inventar um filme que dança a partir de um texto poético, por exemplo, diz respeito a como dar forma às várias pulsações que se fazem presentes no criador-autor e na criatura-filme no ato de criar-dançar. De fato, o cinema só pode dançar se à *mise en scène* escapar algum gesto delicado que, por um milagre inerente ao ato de criar, aparecerá dançando espontaneamente no resultado fílmico.

Referências
AGAMBEN, Giorgio. *Le Geste e la danse*. In: MACEL, Christine; LAVIGNE, Emma (ed.). *Danser sa vie: écrits sur la danse*. Paris: Centre Pompidou, 2011.
AUMONT, Jacques. *O olho interminável - cinema e pintura*. São Paulo: Cosac Naify, 2004.
BAUDELAIRE, Charles. *As flores do mal*. Tradução de Ivan Junqueira. Rio de Janeiro: Nova Fronteira, 1985.
BERGSON, Henri. *A Evolução Criadora*. Delta: Rio de Janeiro, 1964.
BORGES, Cristian. *Da pose fotográfica à passagem cinematográfica: fundamentos da imagem fotossensível*. Significação: Revista de Cultura Audiovisual, v. 35:153-167, 2011.
FABRIS, Annateresa. *A captação do movimento: do instantâneo ao fotodinamismo*. In: Ars, v.2, n.4, São Paulo, 2004:50-57.
GRAHAM, Martha. *Mémoire de la danse*. In: MACEL, Christine; LAVIGNE, Emma (ed.). *Danser sa vie: écrits sur la danse*. Paris: Centre Pompidou, 2011.
LEAL, Douglas Tavares Borges. *Resolvi experimentar um colaborativo com meus alunos: a referência de uma prática cênica de criação no contexto pedagógico de realização cinematográfica*. Trabalho de Conclusão de Curso de Graduação (Licenciatura em Artes Cênicas). Escola de Comunicações e Artes da Universidade de São Paulo. São Paulo: 2012.
LEAL, Douglas Tavares Borges. *A Linguagem Cinematográfica e a Cena Teatral*. Revista de Cinema, São Paulo, 24 out. 2013.
MORAES, Juliana Martins Rodrigues de. *Dança, frente e verso*. São Paulo: nVersos, 2013.
OLIVEIRA JÚNIOR, Luiz Carlos de. *O cinema de fluxo e a mise en scène*. Dissertação (Mestrado em Meios e Processos Audiovisuais). Escola de Comunicações e Artes da Universidade de São Paulo. São Paulo: 2010.
PAVIS, Patrice. *A análise dos espetáculos*. São Paulo: Perspectiva, 2003.

3

Comunicação: Discurso, Signos, Estereótipos e Arquétipos – A Retórica e a Identidade Feminina na Dança do Ventre

Edilaine Aparecida Moreira

Edilaine Aparecida Moreira

Pós-graduada em Comunicação Social pela Faculdade Cásper Líbero; licenciada em Letras pela PUC Campinas e formada nos cursos de Teatro para Executivos pelo Núcleo de Artes Cênicas do Teatro FAAP e de Expressão Verbal por Reinaldo Polito. Conheceu a dança do ventre em 1999 quando assistiu a uma apresentação no jantar de noivado de um casal de amigos. Desde então, a paixão por esta dança faz parte de sua vida por meio da prática, que representou uma experiência reveladora e enriquecedora. Em virtude das transformações físicas e emocionais que a dança do ventre lhe proporcionou, o interesse não se restringiu apenas à sua pratica, mas se expandiu para um entendimento mais amplo do tema, até que teve a oportunidade de pesquisar e escrever sobre o tema no Trabalho de Conclusão de Curso da Pós graduação em Comunicação Social. A ideia de unir dança do ventre com retórica e identidade se deu pelo entendimento de que a dança do ventre pode ser uma forma de influenciar a mulher a se conhecer melhor, por meio de uma consciência corporal e emocional maior, que lhe possibilite uma manifestação integral na sociedade da qual faz parte, em qualquer situação de vida. A dança do ventre foi um divisor de águas – as mesmas águas que contornam os obstáculos com facilidade e flexibilidade, e que fluem, levando vida por onde passam.

Contatos
ediapmoreira@ig.com.br
(19) 99100-2672

Introdução

O objetivo deste estudo foi analisar como se processam a retórica e a identidade feminina na dança do ventre, em mídias impressas (revistas femininas brasileiras). Foi usada a metodologia de pesquisa e revisão bibliográfica, leitura de artigos e dissertações e pesquisa qualitativa estruturada.

Para o entendimento da retórica e da identidade feminina na prática da dança do ventre, o estudo dos elementos a seguir tem importância significativa: signos, estereótipos, gêneros, arquétipos e retórica. Há poucos estudos sobre dança do ventre, talvez por envolver um assunto carregado de preconceito como é a sexualidade feminina. As pesquisas encontradas são nas áreas de Dança, Psicologia e Educação Física, mas na área da Comunicação não foram encontrados estudos.

Conceitos

Signos: Existe um consenso entre os linguistas que estudam o signo – de que ele possui dupla face: significante e significado. Conforme Citelli (2000:23), "O significante é o aspecto concreto do signo, é a sua realidade material. (...) O que constitui o significante é o conjunto sonoro, fônico, que torna o signo audível ou legível".

Estereótipos: No dicionário, estereótipo é uma "imagem mental padronizada, tida coletivamente por um grupo, refletindo uma opinião demasiadamente simplificada, atitude afetiva ou juízo sem critério a respeito de uma situação, acontecimento, pessoa, raça, classe ou grupo social". Deriva das palavras gregas *stereos* e *tipos* que significam "rígido e traço"; portanto, "traço rígido".

Arquétipos: Segundo Jung, os complexos são formados a partir de experiências da história pessoal do indivíduo. Os símbolos arquetípicos, quando compreendidos, têm efeito terapêutico, podendo agir como forças criadoras ao inspirar ideias novas, ou destruidoras quando tais ideias se consolidam em preconceitos conscientes que impossibilitarão futuras descobertas.

Retórica: A preocupação com o domínio da boa fala nasceu entre os gregos que compareciam às grandes tribunas para alterar pontos de vistas, alterar conceitos pré-formados da época, ou inflamar multidões para que o povo decidisse sobre algo. A questão era falar de forma convincente e elegante.

Discurso e identidade: "O discurso é uma prática, formada por regras anônimas, históricas, determinadas no tempo e no espaço, que definem para uma dada época e área social, econômica, geográfica ou linguística, as condições de exercício da função enunciativa" (ARAUJO, 2004:215).

Já a identidade social é construída discursivamente durante as interações sociais. A construção da identidade social está sempre em processo, pelo constante reposicionamento. Ela é múltipla, fragmentada, complexa, contraditória e sujeita às mudanças.

Visão do feminino na Comunicação: mídia impressa e revistas femininas brasileiras

Signos: Batom vermelho, salto alto, *lingerie sexy*, perfumes, acessórios, roupas provocantes ou da moda, cabelos longos, joias, casas bonitas. Estes signos femininos circulam na comunicação em revistas e associam a feminilidade à futilidade. Remetem a uma mulher que pode ter facetas de delicada, dona de casa, luxúria, provocante, consumista; além de mulher executiva, trabalhadora, arrimo de família. Os signos que apontam para estes últimos tipos podem ocorrer em virtude das lutas femininas que não deixaram a mulher em pé de igualdade com os homens.

Estereótipos: As imagens de mulher delicada, mãe zelosa, provocante e feliz, são estereótipos transmitidos para a maioria das leitoras que acreditam que a vida real é a vida impressa no papel. O caminho dos estereótipos femininos nos leva à mulher que nasceu para se casar, ter filhos, cuidar da casa e se arrumar para esperar seu marido, incapaz de fazer atividades chamadas "masculinas".

Arquétipos: A mulher que vemos nas matérias publicitárias também é produto de arquétipos femininos que influenciam seu discurso, identidade e retórica em seu mundo. Esta mulher de papel influencia a mulher de verdade, pois faz crer que a vida da revista é a verdadeira. É neste mundo de inconsciência coletiva que encontramos a mulher de papel que, na verdade, é de carne e osso, e que carrega conflitos, conhecimentos e vontade de fazer o melhor para si e para os que ela ama.

Retórica: A realidade da maioria das mulheres brasileiras vai de encontro ao que é veiculado nas revistas que seguem a linha de persuasão da mulher, para que ela acredite naquele mundo mostrado nas revistas, queira fazer parte dele e passe a consumi-lo. Mas como é a retórica da mulher real, que se sacrifica pelos filhos ou pelo companheiro, e que carrega culpa por acreditar que não foi boa mãe ou boa companheira? Novamente direções opostas, uma apontando para as revistas e a outra para o dia a dia. Em ambos os casos, uma avalanche de estímulos, conceitos e preconceitos que a dividem.

Discurso: O discurso do gênero masculino é diferente do discurso do gênero feminino, e o primeiro, conforme Vieira (2005:232), tem sido pródigo em negativar a autoestima da mulher no que tange à sua competência para executar tarefas cotidianas. Percebemos que não só a questão histórico-cultural constrói os papéis femininos, mas também as sociais e psicológicas.

Dança do Ventre – origem, história e contextualização, do início aos dias de hoje

Denominada "dança milenar", relatos sobre o início da dança do ventre são de 5.000 a.C., no Egito. As danças daquela época eram sagradas e homenageavam deuses com poderes diversos – sobre a fertilidade, plantio, colheita, procriação dos filhos, etc. Não há registros exatos de como e quando ocorreu a ligação desta dança com a ideia da prostituição, mas pode haver ligação com a transição do matriarcado para o patriarcado, quando as danças femininas são ameaças ao novo domínio político.

A dança do ventre adquiriu a forma atual a partir de 1798 quando Napoleão Bonaparte invadiu o Egito e muitas dançarinas fugiram para o Ocidente, pois a dança passou a ser considerada indecente. Presume-se que ela passava do sagrado para o profano conforme a política e a religião de cada época. Em 1834, o governador Mohamed Ali proibiu a dança no Cairo, por pressões religiosas. Em 1866, a proibição é suspensa. Em 1882, início da ocupação britânica, clubes noturnos ofereciam vários entretenimentos. Em 1920, o cinema egípcio começa a ser rodado e usa o cenário dos clubes noturnos, com cenas da música e dança regional. Hollywood exerce forte influência no Ocidente e modifica costumes das dançarinas árabes. O aspecto cultural da prostituição passa a ser dicotomizado – criam-se dançarinas para serem estrelas, com estudos sobre dança, ritmos árabes e teatralidade. No Brasil, a dança do ventre chegou na década de 1970, e as dançarinas se inspiravam nos filmes de Hollywood, por falta de escolas que as ensinassem técnicas da dança.

Benefícios da Dança do Ventre

Os benefícios relatados e ratificados pelas praticantes são variados e abrangentes. Uma lista publicada na página do portal Terra (www.terra.com.br, em 14/07/2009) descreve desde benefícios físicos, como definição das formas femininas, alívio de tensões e fortalecimento da musculatura do ventre e da coluna, até benefícios emocionais, como resgate da feminilidade, possibilidade de contato com o corpo e suas emoções, combate da depressão com aumento da autoestima. A dança fortalece a mulher para que ela assuma a grande mulher que é na essência, refletindo a transformação na postura, na voz, na forma de se expressar, no autoconhecimento, autoconfiança e autoestima.

Representação na Dança do Ventre

Signos femininos: Os mais vistos são: maquiagem elaborada; cabelos longos; pés descalços; acessórios; roupas provocantes com penduricalhos; véus, espadas, bastões, candelabros, pandeiros. Parece-nos que os signos associam a feminilidade à futilidade, mas ao detalharmos esses signos, concluímos que eles fazem parte de uma arte milenar ligada ao rito da fertilidade que comunica a criação. Assim, a mulher que se identificaria com os signos da mulher de papel pode se tornar uma co-criadora do universo, passando do sentimento de isolamento ao de pertencimento, por ser parte de uma arte que oferece consciência física, corporal e mental de si e dos outros.

Estereótipos femininos: A dança do ventre carrega estereótipos que denigrem a imagem, o objetivo e a conceituação original da dança e das praticantes. Rótulos como prática subversiva, formas de controle sobre o corpo feminino e atividade suspeita ligada ao erotismo são frequentes, e levam a mulher à inferioridade e ao preconceito perante a sociedade. Nesta dança, os estereótipos demonstram a necessidade de manter a mulher nas sombras.

Arquétipos femininos: Sob o ponto de vista dos Trunfos do Tarô de Marselha, podemos atrelar elementos da dança do ventre aos arquétipos estudados por Jung, e que demonstram a influência que a dança exerce nas praticantes, mesmo que elas não tenham esta consciência que as leva a uma visão mais equilibrada, ética e ampla do mundo. Alguns deles:

Arquétipo: A Imperatriz
Elemento: Dançarina
Significados: Governa intuitivamente; seu domínio é flexível; pode ajudar no desbloqueio de rígidas dicotomias da vida; indica natureza sociável.

Arquétipo: A Força
Elemento: Dança do bastão ou da bengala
Significados: Tem poder mágico; representa figura interior ativa; tem a magia da relação humana, a audácia do desenvolvimento pessoal, do contato físico direto; auxilia o homem em conhecer os instintos primitivos que habitam seu ser (...)" (NICHOLS, 1980:214).

Arquétipo: A Temperança
Elemento: Dança do jarro
Significados: Nichols diz que temperar é trazer a um estado desejado pela mistura (1980:253). É árbitro em situação de conflito; alça-se acima das questões mundanas; personifica o conhecimento interior; reconcilia os aspectos externo e interno da vida.

Arquétipo: A Estrela
Elemento: Dança do candelabro ou velas
Significados: Revela uma "nova dimensão de compreensão, dentro da qual as vicissitudes da vida serão vistas sob o aspecto da eternidade." (NICHOLS, 1980:291); simboliza forças condutoras – os astrólogos predizem tendências e ajudam seres humanos a harmonizar o

ritmo da vida (NICHOLS, 1980:294).

Arquétipo: A Justiça
Elemento: Dança da espada
Significados: É incorruptível; os pratos da balança aceitam e recebem a dualidade humana; num trono, a figura feminina simboliza o poder feminino sobre humano; a espada empunhada denota a discriminação e a coragem masculinas em seu trabalho (NICHOLS, 1980:160); a balança dá a entender a relatividade da experiência humana e a necessidade de pesar cada evento; as linhas verticais e horizontais da espada e da balança formam a cruz da luta espiritual contra a limitação humana.

Retórica feminina: É a da boa saúde, do preparo físico e da sexualidade. Outros significados: "Dança sagrada, trabalhada e desenvolvida para sustentar as fragilidades, afagar nossos sofrimentos, realçar o brilho opaco dos nossos corações agitados pela rotina e resgatar a identidade feminina" (ABRÃO, 2005:245). A retórica da dança do ventre tem o poder invisível de transformar a praticante para que ela passe a ter consciência e percepção diferente das coisas, das pessoas e dela mesma.

Discurso e identidade: A iniciante experimenta sensações desconhecidas: vergonha, inveja, medo, tristezas, decepções, etc. O melhor conhecimento de sentimentos, ações e reações proporciona transformação pessoal, fazendo da mulher um indivíduo de valor. Essa transformação só é possível quando a mulher toma consciência que continuará tendo o seu valor como indivíduo mesmo que tropece ou erre, sinta inveja ou vergonha; mesmo não se achando tão bonita, sabe que a beleza é relativa. É um processo de superação, a partir do momento em que ela se sente fortalecida, confiante e autêntica para demonstrar suas habilidades e competências. A identidade comunicada é a de uma mulher forte, sensual, decidida, feliz, bela, poderosa e, também, sensível e delicada, no sentido positivo.

A Pesquisa na Prática
Entrevista com praticantes

Na entrevista, o objetivo foi verificar como a praticante da dança do ventre percebe esta dança sob o olhar do preconceito. Foi considerado o espaço da mulher na sociedade, o encantamento gerado pelos acessórios da dança, qual atração a dança exerce na mulher. Participaram quinze mulheres de classe social média, com e sem nível superior. O laboratório foi feito com alunas não identificadas, idade entre 18 e 55 anos, praticantes há mais de três anos, que tivessem passado por várias etapas da dança. A entrevista foi aplicada ao término da aula, na academia onde elas praticam ao som de música árabe.

Análise da entrevista

Aplicado o questionário e considerado o parâmetro, foi obtido o diagnóstico a seguir.

Perguntas 1 e 4: relacionadas à Retórica. A dança do ventre usa signos e símbolos para convencer. Entretanto, quando as praticantes querem deixar clara a essência da dança, usam palavras para transmiti-la. As palavras mais usadas para convencer acerca da verdade da dança do ventre foram: feminilidade, arte, leveza, poder, amor, luz, inspiração, desafio, charme, alegria, felicidade, encantamento, alma, coração, interação, leveza, força, transforma, maravilhoso, forte.

Perguntas 2, 3, 5 e 6: relacionadas à Identidade. As "falas" descrevem uma identidade de elevada autoestima, força, sensualidade, beleza, poder, sensibilidade e delicadeza. As respostas serviram para corroborar com as ideias e argumentações deste trabalho e indicaram que a dança do ventre é um instrumento de desenvolvimento pessoal, físico e psicológico, fazendo da mulher um ser mais livre, independente e integrado na sociedade.

Considerações Finais

Da mulher de papel à mulher de verdade. Da mulher que sofre preconceitos à mulher livre. Da mulher banal à mulher sagrada. Identificamos dois aspectos: a dança do ventre tem muito a ser explorada quando atrelada à Comunicação, e, apesar de todo o preconceito que existe sobre ela, quando a dançarina a executa, sente-se "livre, bela, poderosa, iluminada, feliz, saudável, uma deusa, energizada, mais completa" (material das entrevistas). A mulher parece viver num mundo fragmentado: de um lado, é usada para vender e consumir; de outro, tem a possibilidade de se transformar em uma deusa. E assim, luta para vencer os preconceitos e para não ser mais estereotipada. É um trabalho constante para tomar posse de um lugar que já lhe pertence por direito. Acredito que uma das formas de a mulher alcançar a descoberta de si mesma é impondo, com sabedoria, a mesma retórica e identidade presentes na dança do ventre.

Este trabalho está longe de ser considerado como um ponto final no assunto, motivo pelo qual esperamos que outros pesquisadores se interessem por ele e deem continuidade a esse aprofundamento no tema, desenvolvendo outros olhares sobre ele.

Referências

ABRÃO, Ana Carla Peto. *A contribuição da dança do ventre para a educação corporal, saúde física e mental das mulheres que frequentam uma academia de ginástica e dança.* In: Revista Latino-americana de Enfermagem. V.13, n.2:243-8, março-abril/2005. www.eerp.usp.br/rlae>. Acesso: 08/10/2013.

ARAÚJO, Inês Lacerda. *A noção do discurso em Foulcault.* In: *Do signo ao discurso: introdução à filosofia da linguagem.* São Paulo: Parábola Editorial, 2004:215-244.

CIGANA, Uma. *Benefícios da dança do ventre para mulheres de qualquer idade.* Disponível em: <http://vilamulher.terra.com.br/comunidade/beneficios-da-dança-do-ventre-para-mulheres-de-qualquer-idade-9-3704765-1651-pf-umacigana.html>. Acesso: 07/12/2013.

CITELLI, Adilson. *Linguagem e persuasão.* 15 ed. São Paulo: Ática, 2000. 77 p.

JUNG, C. G (Org); PINHO, Maria Lucia (Trad.). *O homem e seus símbolos.* 13ª ed. Rio de Janeiro: Nova Fronteira, 1964, 316 p.

NICHOLS, Sallie. *Jung e o Tarô - uma jornada arquetípica.* São Paulo: Cultrix, 1980. 376 p.

VIEIRA, Josênia Antunes. *A identidade da mulher na modernidade.* In: D.E.L.T.A. v.21, ESPECIAL, 2005:207-38.

TEATRO E LITERATURA IMPRESSÕES DO BRASIL

4

Os Múltiplos Caminhos da Dramaturgia Contemporânea[1]

Alexandre Mauro Toledo

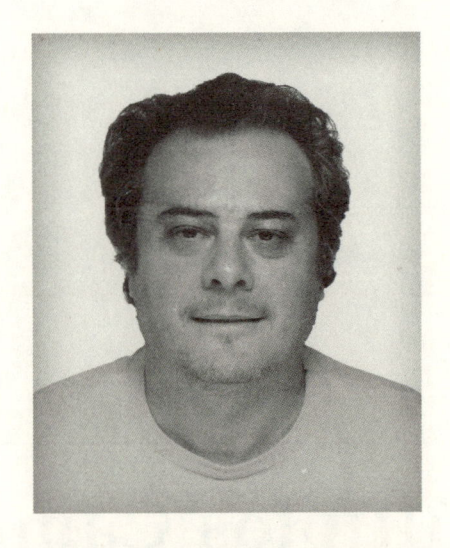

Alexandre Mauro Toledo

Doutor em Comunicação e Semiótica pela PUC/SP, mestre em Filosofia pela UFMG e especialista em História da Arte pela PUC/MG. Jornalista, ator, diretor e produtor teatral em Belo Horizonte, MG, além de professor de programas de pós-graduação em Minas Gerais.

Contato
toledoalexandre@hotmail.com

> Eugênio Barba definiu a dramaturgia como o trabalho de entretecer, numa obra, elementos dramáticos e elementos plásticos, acústicos, poéticos e acidentais. O dramaturgista, nesta óptica, trabalharia menos com textos do que com uma texturização. Assim, o dramaturgista contemporâneo é uma figura em constante diálogo, agindo para encontrar e criar tramas e texturas complexas. (PAIS, 2004:10)

Sem perder de vista as profundas transformações pelas quais passou o trabalho do ator e do diretor desde o final do século XIX, sem dúvida foi na concepção de dramaturgia que se processaram as mudanças mais radicais. A ideia de dramaturgia, antes restrita ao evento teatral propriamente dito (teatro e ópera) é substancialmente expandida ao longo do século XX – passa a significar aspectos da escrita diferentes, porém complementares, desde a composição dramática nos moldes em que preconizava Aristóteles, na Poética (e também nas poéticas posteriores à sua releitura pela Europa Moderna), passando pela adaptação, estruturação, versão e até mesmo *as escolhas de um espetáculo* (PAIS, 2004:15). Trata-se, sobretudo, da articulação dos diversos materiais cênicos presentes na gestação do espetáculo. É um trabalho de desvelamento, de tornar visível algo que ainda está invisível, dar forma ao que não tem forma, voz ao que não tem voz. Mas, simultaneamente, é um trabalho invisível, porque é um modo de fazer restrito à construção do espetáculo, ao estabelecimento de sua trama. "A dramaturgia é o outro lado do espetáculo, o seu avesso invisível que, como um objeto côncavo, implica uma complementaridade convexa." (PAIS, 2004:15-16)

Dramaturgia é uma prática, um modo de fazer. Um conjunto de técnicas adotadas durante o processo de criação cuja trama, mascarada pelos diversos elementos estéticos que compõem o espetáculo, e se torna invisível aos olhos do receptor/espectador.

1 O presente texto é, com algumas modificações, parte de nossa tese de doutorado defendida no Curso de Pós-Graduação em Comunicação e Semiótica da PUC-SP em 2011, sob o título de "Relações Comunicativas no Processo de Criação Teatral: o diretor dramaturgo", orientada por Cecília de Almeida Salles.

Evolução do conceito de dramaturgia

Originalmente, dramaturgia significava a arte de composição do texto para teatro, uma técnica relacionada à arte dramática que estabelecia princípios para a construção de uma obra por meio de exemplos da prática, ou de princípios abstratos, o que pressupõe regras teatrais para a escrita e análise de um texto teatral.

Segundo Pavis (2008), até o período clássico a dramaturgia era elaborada pelos próprios autores, como Corneille e seus discursos e a dramaturgia de Hamburgo, de Lessing. Conforme Pais (2004), em Lessing o termo dramaturgia começa a ser utilizado de maneira diferente, até suplementar, em relação ao sentido de composição dramática.

Com ele vimos surgir a figura do *dramaturg* – conselheiro literário e teatral responsável pela escolha do repertório do teatro. Segundo Pavis (2008), o *dramaturg* é também encenador ou responsável pela preparação do espetáculo, que já prenunciava o diretor teatral, que no século XX ganharia autonomia.

> O primeiro *dramaturg* foi Lessing: sua *Dramaturgia de Hamburgo* (1767), coletânea de críticas e reflexões teóricas, está na origem de uma tradição alemã de atividade teórica e prática que precede e determina a encenação de uma obra. O alemão distingue, diversamente do francês, o *Dramatiker*, aquele que escreve as peças, do *Dramaturg*, que é quem prepara sua interpretação e sua realização cênicas. As duas atividades são às vezes desenvolvidas simultaneamente pela mesma pessoa (ex.: Brecht). Empregado correntemente na Alemanha, e se o dramaturgo trabalha de forma contínua com um mesmo encenador, essa figura está cada vez mais presente na França. (PAVIS, 2008:117)

Um segundo sentido para dramaturgista a relaciona diretamente à construção do espetáculo, sua preparação, seleção dos materiais que auxiliam no entendimento do texto a ser montado, e preparação dos atores. Diferente do *dramaturg* original, cujas atribuições iam desde a seleção do repertório a ser montado pelo grupo, leitura, tradução, edição dos textos dramáticos (muitas vezes criando versões de textos já existentes), acompanhamento do encenador em audições, até a construção e promoção da imagem da companhia teatral, ao dramaturgista, que só ganharia autonomia com Brecht (PAIS, 2004), caberia tanto a análise e descrição crítica do texto dramático, de sua temática ou da abordagem pretendida pelo espetáculo, enriquecida por pesquisas sobre o contexto histórico e cultural do texto e do autor e mesmo do tema, quanto pesquisas de outros tópicos relacionados com o espetáculo, seleção de materiais que auxiliassem no processo de criação, etc. Competia-lhe, também, assessorar o dramaturgo a fundamentar as opções da encenação, auxiliando-o durante os ensaios, tomando notas para o diretor ou coreógrafo, contribuindo para a estruturação de sentidos do espetáculo, confrontando o encenador com o seu ponto de vista, etc. O dramaturgista seria uma ponte entre o encenador, o dramaturgo e o próprio elenco, mas sua relação imediata seria com o diretor teatral, encenador.

> Em rigor, um bom dramaturgista é incômodo porque o cerne da sua função é questionar, e questionar causa perturbações. Daí que Geoffrey Proehl o considere uma figura simultaneamente apolínea e dionisíaca, regida pelas forças do caos e da ordem, tendo por missão uma proveitosa conturbação no processo de ensaios e na harmonia de um objeto final – o espetáculo. A figuração do dramaturgista dionisíaco chega-nos também de Eugênio Barba, à qual este autor atribui a "técnica da desorientação". Barba defende a turbulência, ou a revolta, no interior do processo dramatúrgico, como algo essencial para a criação de uma ordem que não seja óbvia e ilustrativa, mas que tenha uma lógica autônoma, um caos de onde possa emergir a liberdade de escolher caminhos diferentes. (PAIS, 2004:29)

Estruturador de Sentidos

O dramaturgista é tradutor das intenções descobertas no texto para a linguagem cênica ou mesmo das ideias do diretor para o elenco. Tal definição apresenta problemas, já que circunscreve o texto escrito como elemento central da dramaturgia, ao passo que as práticas dramatúrgicas contemporâneas têm se mostrado extremamente flexíveis, renovando-se a cada espetáculo, levando o dramaturgista a transitar cada vez mais por territórios bem diversos, que vão do teatro e da performance até a dança. Senão, quando não há um texto, não há dramaturgia?

O dramaturgista impõe sua presença no processo criativo como um colaborador, sendo o outro em relação ao diretor, muitas vezes de forma até conflituosa.

> (...) [A] imagem que propomos do dramaturgista nas práticas atuais assenta na sua contribuição enquanto sujeito histórico e cultural, enquanto indivíduo com saberes e instrumentos próprios e diferentes dos do encenador ou do coreógrafo. Estas diferenças constitutivas (...) não tornam sua contribuição superior ou inferior a qualquer outra, técnica ou artística. Não é o valor hierárquico da colaboração que está em causa. Pelo contrário, (...) o dramaturgista tem passado a ser visto como um colaborador, uma figura de alteridade paritária, convocada para o interior do processo criativo, para aí operar ao nível da relação com o outro (encenador, coreógrafo, etc.) na estruturação de sentidos de um mesmo objeto: o espetáculo. (PAIS, 2004:30)

A dramaturgia, assim, se volta para a estruturação do espetáculo, o que no Brasil não raro fica a cargo do próprio diretor teatral.

Nas transformações sofridas pela dramaturgia no século XX, Pais (2004) distingue três tipos de dramaturgias: da leitura, do olhar e do espaço.

A dramaturgia da leitura é a estruturação do espetáculo baseada numa visão ou interpretação do mundo, e orientada "por princípios estabelecidos no início do processo criativo e em função dos quais o espetáculo se organiza" (PAIS, 2004:36). O dramaturgista colabora no processo de composição do espetáculo, entendido como uma totalidade de linguagens cênicas.

Para entender essa nova reconfiguração do termo, é preciso lançar um olhar sobre as transformações no teatro no século passado. O trabalho de Bertold Brecht sobre o conceito de teatro épico, nas décadas de 30 a 50, acarretou inovações técnicas. Em linhas gerais, o teatro épico é "uma prática e um estilo de representação que ultrapassam a dramaturgia clássica, 'aristotélica', baseada na tensão dramática, no conflito, na progressão regular da ação". (PAVIS, 2004:130) Os personagens expõem os acontecimentos, ao invés de dramatizá-los; a mimese é substituída pela diegese; o aumento da tensão é contornado por intervenções de sons, comentários, coro, e a interpretação dos atores é direcionada no sentido de aumentar a sensação de distância, de neutralidade narrativa. "Bertold Brecht (1898-1956) é uma figura revolucionária, tanto da prática quanto do conceito de dramaturgia. (...) [Ele] cunha indelevelmente uma nova acepção de dramaturgia – a adaptação." (PAIS, 2004:37)

Adaptação e montagem

Adaptação em Brecht significa o manuseio de um texto, como ponto de partida para uma alteração radical de sua forma, dando-lhe um novo sentido, vinculado ao homem social e à transformação política. O texto é reorganizado utilizando uma técnica de sobreposição de perspectivas sobre a cena, e não há obrigação de uma "autoria intocável". Ao adaptar Antígona de Sófocles e localizar sua ação na Alemanha, em abril de 1945, ainda no contexto da Segunda Guerra Mundial, Brecht revela o seu potencial de crítica à conjuntura social e política do texto clássico em comparação à atualidade, estabelecendo um diálogo do passado com o presente[2]. Adaptar, portanto, é uma técnica que se aproxima da montagem cinematográfica.

---

2 Seguindo os passos de Brecht, a encenadora mineira Cida Falabella adotou procedimentos semelhantes quando montou o texto "Mãe Coragem e seus filhos". A ação do espetáculo "Essa Noite Mãe Coragem", de 2006, foi deslocada para uma favela e a guerra retratada no texto original, a Guerra dos Trinta Anos, foi adaptada para uma guerra do tráfico. A encenação teve particular importância pelo fato da própria sede do grupo, a ZAP 18, estar localizada na periferia de Belo Horizonte, mais próxima de uma zona de conflito que qualquer outro teatro da cidade.

> A montagem é, na dramaturgia brechtiana, a estruturação do texto e da cena de forma a proporcionar um encadeamento complementar de facetas diversas dos processos sociais que condicionam o ser humano. Para estabelecer essa dinâmica de raiz cinematográfica, a montagem recorre a um forte aparato técnico como projeções de imagens ou filmes, de cartazes com citações, de legendas com datas ou dados estatísticos, de inovações cenográficas na organização do espaço, entre outros. (PAIS, 2004:39)

A adaptação é presidida pelo "teatro de conceito", que lhe dá o sentido, a visão de mundo que se quer mostrar ao espectador. A reescritura dos clássicos é, nas palavras de Pais (2004), uma dramaturgia da leitura por excelência.

O advento da "performance", com a explosão do espaço tradicional (anos 60 e 70), interroga o papel do texto na encenação, e estabelece múltiplas lógicas, pela colagem. O *happening*, por exemplo, é uma colagem de eventos sendo que a sua "novidade está no leque de materiais desses eventos, no cruzamento das artes plásticas e performativas, de materiais artísticos e cotidianos". (PAIS, 2004:45)

A "performance" é marcada pelo hibridismo, e as práticas artísticas a ela associadas transformaram o trabalho do dramaturgista, convocado a ser colaborador ativo no processo, figura de alteridade, devido à natureza de tais práticas assentadas nas improvisações e na experimentação. Essas mudanças provocaram um deslocamento do eixo estruturador do espetáculo teatral, para a dramaturgia do olhar, calcada na estruturação das diversas partes envolvidas no jogo da criação, e que vão adquirindo forma e sentido durante o processo de criação, por meio de alterações verificadas durante o próprio processo. O novo discurso dramatúrgico é assentado sobre esse percurso de transformação do espaço e estruturação do sentido. As descobertas ao longo do processo dão sentido ao discurso que não parte mais de intenções ou formas apriorísticas.

> Será na década de 80 que assistiremos a uma focalização sistemática da prática dramatúrgica no processo artístico, como fonte de pesquisa e estruturação do sentido, paralelamente às tendências para abordagens de temáticas auto-reflexivas nas produções pós-modernistas. Precisamente porque se trata de um modo de estruturar o sentido global do espetáculo, a dramaturgia ganha uma outra acepção predominante porque as suas práticas alteram o seu conceito, ou criam mais uma cabeça no seu corpo-hidra, estendendo-se, nomeadamente, à área da dança em cujas criações passa a figurar também o dramaturgista. (PAIS, 2004:50)

Mapas de sentido

A dramaturgia passa a ser encarada como um desenho, ou um mapa do sentido. Dramaturgista e encenador trabalham aqui com os mesmos materiais, mas o olhar que cada um deles lança sobre tais materiais é diferente. A relação entre ambos, segundo Pais (2003), é uma relação especular, mas de um espelho ativo, um diálogo em que são pensadas e analisadas as hipóteses sugeridas pelos diversos materiais utilizados.

> O dramaturgista é um outro elemento participante da construção do espetáculo, a par de todos os outros, simplesmente, cabe-lhe uma tarefa tão definida quanto invisível. E se defendemos anteriormente que a participação do dramaturgista releva da abertura de um espaço, que a performance consagra à relação com o outro e/ou desconhecido, será o caso de afirmar que a confrontação e a transformação de materiais e pontos de vista são diretamente proporcionais à abertura que é facultada ao dramaturgista, permitindo a troca e a viabilidade da comunicação. (PAIS, 2004:53)

O dramaturgista seria um estruturador de sentido nos mesmos moldes que o cenógrafo, o iluminador ou o sonoplasta – ele confirma a dramaturgia como um desenho, ou mapa de sentido.

Temos, por fim, a dramaturgia do espaço, que elege o espaço cênico como elemento dramatúrgico central, em que o corpo e o olhar do espectador são colocados em posições diferentes das habituais, ocupando espaços que alteram sua percepção.

O autor-rapsodo

O trabalho dos dramaturgos nos últimos sessenta anos parece ter sido marcado por Bertold Brecht e pelos dramaturgos do Teatro do Absurdo, representados por Samuel Beckett, a tal ponto que Ryngaert (1998) afirma que depois deles questões como "o que narrar?" ou "como narrar?" se tornaram bem mais difíceis de serem respondidas.

> O teatro posterior a esses dois pais herdou (...) o peso da narrativa épica e sua perturbadora simplicidade na relação com o espectador, e a inquietante leveza dos diálogos depurados e depois de monólogos frágeis e balbuciantes que se esgotavam contando sempre a mesma história, a do nosso fim. (RYNGAERT, 1998:83)

Mas a influência preponderante talvez resida, sobretudo, na contribuição de Brecht, em suas teorias sobre o teatro épico. Analisando a dramaturgia pós-Brecht, Sarrazac (2002) aponta as seguintes características para o texto teatral contemporâneo: desconstrução do diálogo dramático, uso do silêncio, do não dito, uso de longos monólogos em forma de conversa, presença insistente da voz do narrador, hibridismo linguístico, dentre outros. Seguindo Brecht, para quem era preciso dizer coisas novas de outras formas, Sarrazac diz que o escritor dramático contemporâneo quer registrar mudanças na sociedade, intervindo na conversão das formas.

> À semelhança de um romance (...). A aspiração primordial das escritas dramáticas contemporâneas não é precisamente a obtenção da mesma latitude na invenção formal que o romance, gênero livre por excelência? (SARRAZAC, 2002:35)

A multiplicidade de temas aproximaria o teatro do romance. A escrita do dramaturgo moderno abre-se para um movimento duplo que consiste em abrir e desconstruir, de problematizar as antigas formas e criar outras. É voltada para o detalhe, que transformaria, nas palavras de Sarrazac, o dramaturgo contemporâneo numa espécie de autor-rapsodo, tomando por rapsodo o sentido original que a palavra *rhaptein* (grego), que é o sentido de *coser*. O autor-rapsodo seria aquele que "junta o que previamente despedaçou e, no mesmo instante, despedaça o que acabou de unir". (SARRAZAC, 2002:37)

Há que considerar também como características da dramaturgia contemporânea a influência do que Sarrazac chama de "aparentes antinomias" entre o dramático e o épico. Em primeiro lugar, a forma dramática apresenta um microcosmo teatral onde estão dispostas "individualidades fixadas no seu papel subjetivo". (SARRAZAC, 2006: 37) Já o épico abre as portas para uma nova dimensão de espaço e tempo: o distante. Para demonstrar esse novo plano é necessário que o autor utilize diversos procedimentos como condensar, cortar, reduzir, operações que irão fazer do seu texto uma "colcha de retalhos", uma espécie de *patchwork*[3]. O autor dramático, por seu turno, tenderá a construir um mundo aparentemente feito de uma única peça. Desse modo, a obra dramática seria lisa, sem ondulações, enquanto que a obra épica seria franzida, apresentaria ranhuras e teria no contraste o seu efeito dominante.

Se a obra dramática apresenta uma política de transições que realçaria o lado psicológico das discordâncias entre indivíduos e acontecimentos em detrimento dos aspectos sociais que seriam relegados a um segundo plano ou

---

3 A palavra patchwork refere-se originalmente aos tecidos feitos com retalhos retangulares de diversos tecidos de cores ou estampados diferentes, que são cosidos entre si, ou do tecido com estampado igual.

esquecidos, a obra épica teria a tendência de confrontar os planos distantes, colocando lado a lado realidades estranhas entre si.

O romance como fonte para o drama

Para Sarrazac a tentativa de emancipação do drama já estava anunciada no trabalho de Diderot e Beaumarchais e passaria pelo romance. "A categoria do romanesco está onipresente na prática teatral de Diderot." (SARRAZAC, 2002:49) Isso seria retomado na obra de Zola, que considera a forma romanesca o alicerce garantidor da obra dramática, tanto em sua abertura social quanto no afastamento dos velhos cânones da "peça bem feita". O romance seria uma forma fundadora do drama burguês, o "estado original" de uma peça.

Na contemporaneidade a escrita teatral parece ter a predileção de navegar pelas águas da escrita descontínua, pelo uso do fragmento, fruto do que poderia, segundo Ryngaert (1998), ser chamado de "perda da grande narrativa unificadora", associada a nossa condição pós-moderna, bem como pela própria influência de Brecht.

Monólogos

Ainda no quadro das escritas contemporâneas, verifica-se um retorno ao que Ryngaert (1998) considera ser uma espécie de forma primeira do teatro – o monólogo. O que é um monólogo? Um discurso que o personagem fala para si mesmo (Pavis, 2008: 247), um texto interpretado por apenas um ator, dirigindo-se diretamente ao público; um monodrama, um solilóquio. Para Barretini (1973:2) "O espectador é incorporado ao espetáculo, de maneira que se torna bem nítida a comunicação, o diálogo entre palco e plateia." Pavis (2008:247) distingue o monólogo do diálogo pela sua ausência de intercâmbio verbal, pela grande extensão de uma única fala que é destacada do contexto *conflitual* e *dialógico*. Segundo ele, temos duas situações distintas: em que os personagens dialogam no palco, e em que o personagem monologa no palco. Nas duas, o receptor permanece mudo, sem necessariamente tornar-se um emissor.

No teatro realista e naturalista, o monólogo é utilizado na embriaguez, no sonambulismo, no sonho, e também para revelar a artificialidade do jogo teatral. Tem também traços dialógicos quando, por exemplo, temos a situação do herói que avalia sua posição, como nos solilóquios de Hamlet, quando ele se dirige a um interlocutor imaginário, sendo assim uma espécie de diálogo interiorizado, "formulado em 'linguagem interior', entre um eu locutor e um eu ouvinte". (PAVIS, 2008: 248)

Segundo Ryngaert (1998), o monólogo se relaciona com as "falações", um tipo de intervenção artística em que o ator se dirige diretamente ao público sem o auxílio de uma ficção preestabelecida e calcada num "falso improviso". O melhor exemplo desse tipo de intervenção se dá em Dario Fo e, na atualidade, nos humoristas da *stand up comedy*[4]. Em Beckett, como em outros autores, o monólogo é a manifestação de um mapeamento da memória, uma meditação interior, um esforço em reconstruir os passos dados no passado, um reviver de angústias e incertezas, reminiscências, e é uma ponte estabelecida com o passado, como numa sessão psicanalítica.

Para finalizar

No desenvolvimento da dramaturgia contemporânea são verificadas também outras conformações que variam de caso para caso: pode ser uma imposição da situação, um testemunho social, a manifestação de uma fala essencial, e com a voga do teatro-narrativa, o texto não dialogado encontra seu lugar na cena *sem adaptação prévia a partir do momento em que o diretor vislumbrasse o tratamento adequado.* (RYNGAERT, 1998:94)

Mas há também o caso das obras híbridas, que entrecruzam vários monólogos sucessivos, às vezes pontos de vista diferentes sobre a mesma situação, às vezes falas alternadas de várias personagens, não necessariamente ligados a um mesmo acontecimento, mas a uma situação comum, de solidão ou violência, por exemplo[5]. O enredo é, então, construído sobre a ordenação de diversas vozes que podem se entrecortar ou não. Aqui também se verifica a característica da dramaturgia contemporânea: o uso da montagem.

Outro caso relatado por Ryngaert (1998) é a da alternância de monólogos e diálogos, como por exemplo, no texto *Na Solidão dos Campos de Algodão*, de Bernard-Marie Koltès, no qual o diálogo é uma sequência de monólogos-réplica entre dois personagens. Temos aqui o monólogo inserido na situação do diálogo. Há ainda casos em que o personagem se dirige diretamente à plateia, e a situação não é a do monólogo tradicional, mas se alterna em diálogos entre os personagens e a apresentação dos mesmos e das situações envolvidas pelo monologante – um recurso épico por excelência e cuja "alternância de regimes permite ao personagem fazer o público entrar na interpretação, colocando-o a par de seu segredo e, muito amplamente, de seu lado." (RYNGAERT, 1998:102).

---

4 Ryngaert não usa o termo popularizado nos últimos anos no Brasil, preferindo o termo divulgado pela imprensa francesa de "novos cômicos".
5 Exemplo desse procedimento dramatúrgico foi o utilizado pelo grupo teatral Cia. da Farsa, de Belo Horizonte, na montagem do espetáculo Cuidado: Frágil! , em 2010. O espetáculo era composto por seis solos de personagens que não se relacionavam, mas que tinham como ponto comum situações de violência e solidão.

Há nessa obra modos de construção dramática que parecem ter sido emprestados da tradição brechtiana, mas utilizados fora de um contexto político definido, e tendo forma de narrativa fragmentada, típica de certa maneira de conceber a realidade, não deixa transparecer suas intenções ideológicas.

> O estabelecimento do enredo, peça-mestra do teatro político que apresentava uma narrativa à reflexão do público, perdeu importância. Passamos a enredos ambíguos que tem a ambição de dar ao leitor e ao espectador um lugar capital em sua recepção, depois a enredos que poderíamos considerar abandonados ou dissolvidos pela multiplicação de fragmentos contraditórios. É evidente que, em reação a isso, autores se veem prescrever narrativas sólidas, "à antiga", ou jamais renunciaram aos mecanismos narrativos explícitos. (RYNGAERT, 1998:103)

Concordamos com Pais (2004) quando ela constata que, na atualidade, o termo dramaturgia suscita as maiores hesitações quanto ao seu real significado. Afinal, o que queremos dizer com "dramaturgia", hoje em dia? Qual ou quais escritas poderiam configurar um conceito tão polissêmico e tentacular, um conceito plural, uma prática muitas vezes invisível? Porque é uma arte de fazer, e na qual estariam englobados diversos aspectos como o escrever, opinar, assistir aos ensaios, redigir programas, a ponto de podermos, de fato, classificá-la como um "conceito-hidra em cujo centro reside a função de estruturar (...) e cujas várias cabeças simbolizam as distintas acepções que coexistem no seu uso contemporâneo." (PAIS, 2004:21).

Referências
BARBA, Eugenio; SAVARESE, Nicola. *A arte secreta do ator – dicionário de antropologia teatral.* São Paulo – Campinas: Hucitec e Editora da Unicamp, 1995.
BARBA, Eugênio. *A canoa de papel: tratado de antropologia teatral.* São Paulo: Hucitec, 1994.
BARRETINI, Célia. *Linguagem dramática: o monólogo.* [S.l.: s.n], 1973.
_____. *Duas farsas, o embrião do teatro de Molière.* São Paulo: Perspectiva, 1979.
BRECHT, Bertold. *Estudos sobre teatro.* Rio de Janeiro: Nova Fronteira, 1978.
_____. *Vida de Galileu. Coleção Teatro Completo.* Rio de Janeiro: Paz e Terra, 1991.
CAUQUELIN, Anne. *Arte contemporânea, uma introdução.* São Paulo: Martins Fontes, 2005.
DIDEROT, Denis. *Discurso sobre a poesia dramática.* São Paulo: Brasiliense, 1986.
PAIS, Ana. *O Discurso da cumplicidade – dramaturgias contemporâneas.* Lisboa: Colibri, 2004.
PAVIS, Patrice. Dicionário de teatro. São Paulo: Perspectiva, 2008.
_____. *Análise dos espetáculos.* São Paulo: Perspectiva, 2008.
RYNGAERT, Jean-Pierre. *Ler o teatro contemporâneo.* São Paulo: Martins Fontes, 1998.
_____. *Introdução à análise do teatro.* São Paulo: Martins Fontes,1996.
SARRAZAC, Jean-Pierre. *O Futuro do drama.* Porto: Campo de Letras, 2002.

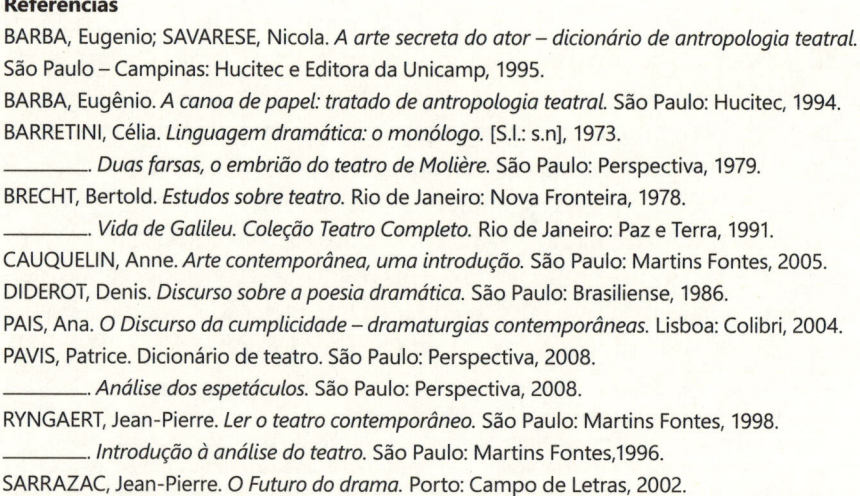

5

A geração literária em prosa dos anos 70 e 80 no Brasil: não-conformista e sonhadora

Regina Igel

Regina Igel

Nascida e criada na cidade de São Paulo, a Profa. Dra. Regina Igel se formou em Letras Neolatinas pela Universidade de São Paulo. Em seguida, foi para os Estados Unidos, onde fez o Mestrado em Literaturas Hispano-americanas (University of Iowa) e o Doutorado em Literaturas em Português (University of New Mexico). Desde 1973 leciona literatura e cultura brasileira e portuguesa na University of Maryland, em College Park, nos Estados Unidos. Suas publicações abrangem inúmeros artigos em revistas acadêmicas e dois livros: Osman Lins, Uma biografia literária (1978) e Imigrantes Judeus, Escritores Brasileiros (O componente judaico na literatura brasileira) (1997). É editora-contribuinte para a publicação Handbook of Latin American Studies, uma publicação da Library of Congress (Washington, DC), responsável pela seção "Brazilian Novels".

Contato
ri@umd.edu

A razão maior para voltar ao assunto da produção literária de duas décadas marcantes na história brasileira é relembrar o não-conformismo com a situação política preponderante e fustigante.

Dois acontecimentos de extrema importância político-social ocorreram no Brasil num período de 20 e poucos anos, com repercussões em todos os setores da vida do país. O primeiro teve lugar a 31 de março de 1964, quando oficiais das forças armadas dominaram a presidência e mantiveram o poder político-administrativo atado a seus planos e quartéis. O segundo acontecimento foi a celebração do fim do domínio militar, antecipado pela anistia geral e projetado como o começo da redemocratização no Brasil, em 1985.

No desenrolar da década dos anos 70, inaugurou-se nova fase na vida brasileira: a do exílio. Aqueles que puderam, com a ajuda de parentes, amigos, organizações religiosas e seculares, agências de proteção a dissidentes políticos, escaparam do país, desolados, perseguidos e cansados da luta. Aviões, trens, ônibus, carros particulares levaram os fugitivos de forma clandestina, uma carga humana que abrangia estudantes e professores universitários, líderes políticos, líderes comunitários, clérigos e demais pessoas punidas pelo ato de expressar seus pensamentos em público ou por tentarem agilizar uma revolução. Neste ínterim, no Exterior, refúgios considerados invioláveis se desmoronavam, como aconteceu com a queda do governo de Allende, no Chile. Agências protetoras dos refugiados, na Europa, na América Central e no Canadá, devido ao crescente movimento de entrada de hispano-americanos, além dos brasileiros, reduziram a ajuda financeira aos que usufruíam asilo político nesses países. Vistos como abandonados, jogados em terras que nunca teriam pisado sequer como turistas, e menos ainda durante os rigorosos invernos de algumas áreas, os expatriados passaram a entrar nas deprimentes órbitas do desajuste emocional. Tentativas de suicídio, sendo algumas repetidas até que fossem cumpridas, pontilharam os relatórios informais em quase todos os grupos de exilados brasileiros, principalmente na Europa, num perímetro que ia da Espanha à Suécia, passando pela França.

O quanto estes episódios afetaram a literatura do país foi e ainda é questão de estudos e reflexões. O que se quer saber, em termos de análise, o quanto a atmosfera política reverberou em prosa, ou seja, em romances ou contos, durante e depois do período da ditadura. Já o havia notado Regina Zilberman, que comentou, em artigo de 1991: "A ficção brasileira contemporânea não precisa necessariamente ser descrita a partir de um enquadramento político ou ideológico. Nem seus principais assuntos ou trajetória explicam-se tão-somente por meio de cotejo com fatores externos, de ordem sociológica, que fazem parte do cotidiano dos leitores. Contudo, os últimos 25 anos da história política afetaram particularmente os mecanismos de difusão cultural, apresentando-se ao escritor na condição de temas e técnicas artísticas e singularizando o relacionamento da literatura com o público, com efeitos marcantes nas obras individuais.[1]"

Por este caminho, isto é, observando a literatura oriunda dos 'anos de chumbo' (principalmente entre 1968 e 1974, segundo analistas da ditadura), nos aproximamos, de preferência, de uma análise dos recursos textuais estéticos sob o critério da eficiência em disfarçar 'mensagens' nos seus escritos e, de outro lado, pelo contrário, revelar com todas suas tintas, as sevícias nos calabouços, as angústias dos exilados, o desespero na busca dos 'desaparecidos'.

Elementos como metáforas, símbolos, alegorias, isto é, transposições de sentido ou intenções por meio de imagens urdidas com palavras ambíguas, que se oferecem a mais de uma interpretação, são encontrados com frequência nos propósitos literários sobre aquelas décadas. Quem podia, assim escrevia.

Exemplo emblemático deste tipo de literatura, que se poderia chamar de 'literatura ambígua' é a historieta A ilha no espaço, de Osman Lins. Com um número de páginas oscilando entre 47 e 80, conforme as duas edições que o livro ganhou (1997 e 2003), a obra tem sido vista como narrativa policial e também pertencente ao âmbito de romances surrealistas. Do meu ponto de vista, sem descartar estas qualificações, vejo a obra como uma alegoria, começando com a ilha do título. Ela é representada por um único apartamento na cidade de Recife, na década dos anos 60, que permanece isolado e iluminado, num edifício de luxo, depois de ter sido abandonado pelos condôminos. Isto se deu porque entre eles começaram a aparecer alguns mortos, por motivos misteriosos, cada um deles em seus respectivos apartamentos, o que constituiu um enigma que a polícia não conseguiu elucidar. Os sobreviventes, apavorados, foram saindo do prédio,

---

1 Zilberman, Regina. "Brasil: Cultura e Literatura nos Anos 80", in Hispania, Vol. 74, Nº 3, setembro 1991, 577.

até que apenas uma família ficou, a do protagonista, Cláudio Arantes Marinho. Mais um pouco, a esposa e as duas filhas de ambos saem de casa, abandonando o pai e marido. Ele continua morando lá, sozinho, com medo de ser a próxima vítima da morte e pensando em como escapar do destino dos seus ex-vizinhos. Os donos do edifício o convencem a permanecer no seu lugar, oferecendo-lhe o apartamento grátis, para que se veja que o prédio ainda é habitado, já que a reputação do edifício ia de mal a pior. E que deixasse a luz acesa... Na parte final da história, o homem escapa do prédio, conquistando, assim, sua liberdade e a possibilidade de dar início a uma nova vida. Mas, antes, resolve o mistério das mortes no condomínio. O que aparenta ser uma simples armação literária do tipo detetivesco, deixa-se perceber como narrativa alegórica, pois pode simbolizar uma acusação aos desaparecimentos súbitos e contínuos, que a ocupação militar no país estabeleceu na sua perseguição aos suspeitos de atividades 'subversivas'. O espaço que emerge no título pode ser visto como sendo todo o Brasil, não apenas o Recife; os moradores do prédio, a tal ilha no espaço, seriam aqueles que saíram do país, dentro daquele bordão "ame-o ou deixe-o"... e o herói, o protagonista que ficou sozinho, venceu seu medo e deu início a uma nova vida, pode ser a recuperação, finalmente, de um povo que ansiava por sua liberdade.

Os vinte anos de cerceamento à liberdade de criação (entre outras) produziu, no mínimo, duas vertentes literárias, entre as comprometidas com temáticas ligadas ao regime militar: uma, de limites 'internos', estabelecida pela vivência compulsória com o período militar, e outra, que se diria 'externa', estruturada a partir das lembranças das experiências vividas no Exterior, em tempos de exílio político ou autoexílio, mais tarde emaranhadas com o retorno e os consequentes episódios de readaptação à terra natal.

Um livro que abarcou tanto a temática 'interna' quanto a 'externa' é de autoria de Fernando Gabeira, O que é isso companheiro?, divulgado em 1979. (Digno de nota é que, entre as quatro dezenas de edições deste relato, uma vírgula depois de 'isso' não é constante; conforme a edição, ela está ou não está, embora a primeira publicação não mostre a vírgula, como registrado acima.) Como é de conhecimento geral, Gabeira fez parte do movimento que sequestrou um embaixador dos Estados Unidos. O sequestro deu espaço a um manifesto do grupo, que exigia a liberdade de 15 companheiros da luta que se opunha à ditadura. Os militares soltaram seus prisioneiros, conforme exigido pela troca com o embaixador vivo, e eles acabaram sendo exilados, também parte das exigências do grupo MR-8 – Movimento Revolucionário 8 de outubro – ao que ninguém, embora, pelo menos para os meus 17 anos, fosse muito difícil aceitar a lógica de tantas contradições de tática e estratégia[2]."

Uma vez assentados no país, os ex-exilados emergiram com anotações, diários, notas, cartas, fotos e romances criados no Exterior. De 1980 para diante, o panorama literário enriqueceu-se com narrativas de cunho político e pessoal, explicitamente exploradoras dos temas "saudades da terra", "sofrimento no Exterior", "desgaste emocional" e outros elementos deste teor. Fernando Gabeira, um dos primeiros exilados a anotar seus sentimentos, deixou em Hóspede da Utopia a irônica observação de um exilado em intensa procura de sua própria razão de ser enquanto obrigado a viver longe do seu país.[3]

Basicamente, grande parte dos trabalhos ficcionais por exilados oferece escasso teor ficcional. Pelo contrário, têm predominância os elementos autobiográficos. Na obra Travessia, de Carmen Fisher (1982), é possível que a própria autora, exilada política na Suécia por seis anos, tenha sublimado seu diário na estrutura ficcional de um romance. Seu título é como um invólucro para o conteúdo narrativo, no qual se eleva a voz narrativa de Lisa, a protagonista exilada, que principia sua história pelo asilo recebido no Chile[4]. Com a queda de Allende, tem início sua travessia transcontinental. Na Suécia, ela se encontra com outros expatriados e tenta aprender a viver longe do Brasil. Uma das poucas vozes femininas a descrever as tribulações do exílio, a gaúcha Carmen ganha uma perspectiva sociocultural e autorreferente no equilíbrio pessoal que buscou entre as ilhas suecas.

Trajeto semelhante, pessoal e geográfico, pode-se acompanhar em O amor de Pedro por João, de Tabajara Ruas (1982), que expõe fugitivos políticos que procuraram asilo no Chile de Allende e acabaram sendo enxotados com a queda do seu governo ou conseguiram fugir a tempo[5]. Uma vez fora do Chile, foram para a Europa, onde passaram por aventuras e desventuras, roídos pela saudade e pela solidão. Como exilado na Dinamarca, onde o livro foi escrito, Ruas transfere para as páginas deste romance semi-ficcional tanto a sua experiência como exilado, como também histórias que lhe foram contadas, como ele confessa em várias entrevistas públicas.

2 Malta, Maria Helena. Brasil, um sonho intenso, um retrato da geração-68, vinte anos depois. Rio de Janeiro: Editora Espaço e Tempo, 1987.
3 Gabeira, Fernando. Hóspede da Utopia. Rio de Janeiro: Nova Fronteira, 1981.
4 Fisher, Carmen. Travessia. Rio de Janeiro: Editora Record, 1982 e Editora Círculo do Livro, 1983.
5 Ruas, Tabajara. O amor de Pedro por João. Porto Alegre: L&PM Editores, 1982. Recebeu várias re-edições (em 1998 e em 2014, esta última com prefácio de Regina Zilberman e um guia de leitura por Sergius Gonzaga; já foi publicado em Portugal).

Em Ponche Verde (1986), Janer Cristaldo, que voluntariamente se 'exilou' na Europa, mostra a angústia do nostálgico expatriado, que se multiplica por um grupo de jovens gaúchos espalhados por alguns países europeus[6]. Eles espelham vários tipos e graus de desajustes social e psicológico, que lhes acontece por estarem em território estrangeiro. Aí, tiveram espaço e tempo necessários para perceber o Brasil como fonte de desilusão para seus ideais sociais, mas que, apesar dos pesares, não pensam em nada mais a não ser voltar a morar no país onde nasceram e se criaram. O novo ideal deles é fazer uma reforma a partir de dentro e não de longe, nem de fora para dentro. A narrativa os deixa a caminho do Rio Grande do Sul, onde os espera um alegórico "ponche verde" que, nos seus sonhos, os acolherá e os abrigará de todos os males por vir e das más recordações do passado. Ponche Verde é o nome do lugar, perto de Santana do Livramento, cidade onde Janer Cristaldo nasceu, no Rio Grande do Sul, na fronteira com o Uruguai. Foi o local onde os separatistas gaúchos lutaram pela independência do seu pago, durante o Segundo Império. Perderam a luta, mas Ponche Verde ficou na memória popular como símbolo da liberdade sonhada.

Uma feliz combinação (se o termo "feliz" não for importuno neste contexto) de revisão política, reminiscências pessoais, trajetória do exílio e composição artístico-literária é o romance Tropical Sol da Liberdade, de Ana Maria Machado (1988).[7] Talvez um dos mais importantes e emblemáticos de todos os romances relacionados com o período militar no Brasil, nele a perspectiva pessoal da autora não deixou de sublinhar a forte conotação política de toda uma geração de jovens pensantes, atuantes e batalhadores por uma reestruturação global, particularmente no Brasil. A protagonista é Lena, estudante, que vem de uma família bem constituída, sendo seus membros o bastante politizados para enfrentarem o regime militar. A fuga precipitada do país se faz obrigatória, pois o irmão da protagonista é um dos mandantes no sequestro de um embaixador no Rio de Janeiro, em troca de prisioneiros políticos. A narrativa reflete uma longa esteira mental que se move entre o passado remoto vivido no Brasil ao tempo da agitação de 1964, o passado recente do exílio na França e o presente – vivido na casa da mãe, numa cidade de praia, uma casa que era "sólida e ensolarada, com suas janelas abertas ao vento e suas varandas cheias de redes. Acolhedora como uma galinha abrindo as asas para abrigar os pintinhos na hora da chuva."[8] Acolhedora como a pátria, o lugar do nascimento, o aconchego.

6 Cristaldo, Janer. Ponche Verde. Rio de Janeiro: Editora Nórdica, 1986.
7 Machado, Ana Maria. Tropical Sol da Liberdade. Rio de Janeiro:Editora Nova Fronteira, 1988. (Re-lançado em 2012.)
8 Machado, Ana Maria. Op. cit.:11.

Neste romance, cujo título faz alusão a segmento de verso do Hino Nacional brasileiro, Ana M. Machado faz uma amalgamação genuína, pessoal e, por isto, intransferível, de muitos elementos encontrados nas demais obras sobre o período de guerra entre as forças do exército e a juventude dissidente, o amargor do exílio e a doçura da volta à terra natal. O romance é um espelho tripartido dos três momentos mais importantes da vida do brasileiro cercado pela ditadura: a violência na terra, o sofrimento longe da terra, e o retorno à terra. A força poética deste trabalho reside na habilidade da autora em contrabalançar estes três momentos da vida brasileira dos últimos anos a partir de 1964. Esta narrativa tem todos os elementos para ser considerada o protótipo da literatura da pós-ditadura brasileira: primeiro, por sua perspectiva da história do Brasil, depois, pela avaliação dos elementos que fizeram dela um malogro para o revoltosos e, finalmente, pelo levantamento autocrítico da ingenuidade juvenil ao tentar mudar a fisionomia social do país, sem uma ideia mais realista sobre o inimigo.

Em todos os romances aqui mencionados ou examinados, sobejam as decepções e o fracasso de um sonho acalentado por uma geração, cujos resultados foram aplaudidos por uns e lastimados por outros.

MÚSICA
SONS DA
CULTURA

6

União de Erudito e Popular no enredo "A Música Venceu" Homenagem ao pianista e maestro João Carlos Martins

Aurora Seles

Aurora Seles

Jornalista pela Unifieo. Pós-graduada pelo Laboratório de Estudos da Criança - Lacri, Instituto de Psicologia da USP e pós-graduada em Marketing e Comunicação Publicitária pela Faculdade Cásper Líbero. Estudante de Direito/UNIP. Professora nos cursos livres, SENAC-SP. Assessora de Comunicação.

Contatos
seles@selescomunica.com.br e
auroraseles@bol.com.br
(11) 97198-1029

Introdução

A ideia de retratar a história de superação do pianista e maestro João Carlos Martins (JCM) surge de um fato especial. Em fevereiro de 2010 ele estava no saguão de um hotel muito próximo ao Polo Cultural e Esportivo Grande Otelo, conhecido popularmente como Sambódromo do Anhembi[1]. Naquele ano assessorava a Sociedade Rosas de Ouro, que havia ganhado o carnaval com o enredo O *cacau é show*. Aguardava o momento de acompanhar o desfile da escola, quando subitamente vi o maestro. Pedi, então, para fazer uma foto ao seu lado. Ele brincou: "Você pertence à escola que torci para ganhar o carnaval. Depois da Vai-Vai, é claro!" Cinco meses depois, a convite da agremiação alvinegra passei a ser assessora de imprensa da maior escola de samba, no ranking de títulos, de São Paulo. O enredo para o próximo carnaval era "A Música Venceu", que homenagearia o maestro João Carlos Martins, e esse fato especial contribuiu para eu aceitar e mudar de agremiação.

O objetivo deste estudo de caso é, portanto, documentar a história perseverante de um grande ser humano e um dos maiores artistas do Brasil e do mundo, no episódio do desfile da Vai-Vai.

O caminho para a música

Nascido em 25 de junho de 1940, em São Paulo, João Carlos Martins inicia seus estudos de piano aos sete anos. No ano seguinte conquista o primeiro prêmio da Sociedade Bach de São Paulo. Em 1954 faz sua estreia oficial, e cinco anos depois se apresenta nos Estados Unidos, com 18 anos. Desde então, sua carreira contabiliza fortes acontecimentos e, feliz-

---

1 Projetado pelo renomado arquiteto Oscar Niemeyer, foi construído e inaugurado em 1991, durante a gestão municipal de Luiza Erundina. Possui 1.000m de comprimento e 14m de largura. Conta com um piso de concreto estrutural antialagamento, além de ter capacidade para cerca de 30.000 pessoas.

mente, de ascensão. Considerado pela crítica mundial um dos maiores intérpretes do compositor alemão Johann Sebastian Bach, João Carlos Martins, atualmente com 75 anos, é um dos maiores ícones culturais nacional e internacionalmente.

Sua trajetória é marcada por acidentes, esforço repetitivo, violência de um assalto e problemas de saúde que tiraram o movimento de suas mãos, mas nada o afastou da música. É tudo tão emocionante que ele já foi tema de um documentário produzido na Alemanha em 2004 (A Paixão Segundo Martins, dirigido por Irene Langemann). Sua vida também ilustrou o encerramento de uma novela da TV Globo (Viver a Vida – 2009/2010), e em 2011 foi tema da escola de samba Vai-Vai, que então ganhou seu décimo-quarto título.

No livro *Conversas com João Carlos Martins*, o autor americano David Dubal[2] relata momentos especiais do artista. O prefácio da edição brasileira, assinado por Rodrigo Leal Rodrigues, resume em poucas linhas os principais fatos ocorridos com o pianista e maestro:

> No Brasil, mata-se um herói diferente todos os dias a tiro, a facadas, a dentadas, até com a própria língua. Sobretudo com a língua. A má língua e o maldizer são responsáveis muitas vezes pela destruição duma reputação, até de um homem. Nas camadas brasileiras mais cultas, associa-se o nome do pianista João Carlos Martins a Johann Sebastian Bach[3], mas não existe propriamente o que poderíamos chamar de "torcida", ou uma unanimidade nacional à sua volta. Ele é sem dúvida, um artista mais conhecido nos Estados Unidos que na sua própria terra. E foi isso que tornou atraente, quase um desafio, escrever este prefácio e publicar em português o livro de David Dubal.

As linhas remetem ao período em que João Carlos Martins foi coordenador financeiro de uma campanha eleitoral. Sua empresa Pau Brasil explodiu nas primeiras páginas dos jornais e revistas e seu nome foi massacrado pela imprensa. Foram anos de pleito judicial, e ao final dela mais de 17 mil documentos comprovaram a sua inocência.

Sem dúvida, a maioria das obras sobre JCM traz um herói marcante: seu pai, o comendador José da Silva Martins, natural de Portugal, que faleceu aos 102 anos. O pai dizia ao filho: "É preciso que você saiba que o impos-

---

2 Pianista, escritor, conferencista e radialista.
3 Johann Sebastian Bach (1685-1750) foi um compositor, cantor, cravista, maestro, organista, professor, violinista e violista oriundo do Sacro Império Romano-Germânico, atual Alemanha.

sível só existe no dicionário dos tolos e que você irá superar este problema". Com o episódio tempestuoso da empresa Pau Brasil, um crítico de música do jornal *O Estado de São Paulo,* aproveitou a oportunidade para denegrir a imagem de JCM, não mais como figura pública, mas como pianista. No dia seguinte à publicação, no mesmo local e no mesmo espaço, JCM teve o direito de resposta. O Sr. José, então com 96 anos de idade, num arrebatamento de orgulho paternal ferido, defendeu em uma carta aberta o filho, sua obra e carreira, descrevendo o quanto o Brasil já lhe devia por tudo o que fizera no exterior. A carta dizia que se seu filho tinha um problema político e era acusado de algum erro, isso era uma coisa, mas pedida que ele fosse respeitado como pianista. Mais tarde, quanto retomada a carreira, logo após a primeira apresentação, Martins recebeu do pai um telefonema: "Não é só o impossível que pertence ao dicionário dos tolos; a fé também remove montanhas." João Carlos Martins foi à casa do pai e disse: "Tente viver mais dez anos, o máximo que puder, porque o senhor ainda sentirá orgulho de mim de novo como pianista". Seu pai presenciou a conclusão dos 20 CDs da obra teclada de Bach.

Em 1951, o maestro passou estudar com o professor russo José Kliass, que havia imigrado para o Brasil por causa da guerra. É com este mestre que surgiriam as bases do futuro do grande pianista. JCM estudou com ele até cerca de 19 anos de idade, e foi Kliass quem lhe deu a liberdade necessária para estabelecer contato intimista com obra, compositor, e com o próprio piano. Ele já havia estudado com Magda Tagliaferro[5], concertista. No ano seguinte começaram as primeiras apresentações, mas só em 1954 é que realmente ocorre sua estreia oficial. O local escolhido foi o teatro Colombo, no Largo da Concórdia, no bairro do Brás, em São Paulo.

Em sua maioridade, JCM passa a ser empresariado por Jay Hoffmann, de uma das maiores organizações do ramo nos Estados Unidos. Era o ano de 1964 e ele grava "O Cravo Bem Temperado". Os holofotes do triunfo, então, parecem apontar para ele.

Dois anos depois, durante um jogo de futebol pela Portuguesa de Desportos (seu time de coração) no Central Park, em Nova York, ele se acidenta, sofrendo uma lesão grave no braço direito. Passa por diversas cirurgias e interrompe a atividade artística. O depoimento de JCM é um desabafo, referindo àquela fase:

---
5 (1890-1986) Pianista brasileira. Em 1927, Villa-Lobos dedicou seu Momoprecoce para piano e orquestra a ela.

> Depois de mais ou menos quatro meses, percebi que a dormência no terceiro, quarto e quinto dedos estava piorando a cada dia. Fui então para o hospital da Universidade de Nova York, onde foi feita uma cirurgia complicada. Depois de um ano e meio de terapia, eu estava tocando de novo. Porém, no primeiro concerto, toquei com dedais de aço. Minha foto com dedais apareceu na primeira página do Washington Post. Como se vê, para a mídia, dedais podem chamar mais atenção do que a música em si.

Volta a tocar até 1971. Nesse período recebe uma dura crítica do jornal *New York Times* que considerava seus últimos recitais de qualidade inferior ao pianista que ele já fora um dia. Interrompe sua carreira e volta ao Brasil.

Em 24 de setembro de 1979 apresenta-se novamente no Carnegie Hall. Seu empresário elabora uma estratégia para conseguir boa lotação, pois o teatro comportava 2.800 lugares. JCM comenta sobre o episódio:

> Nesse dia estava muito nervoso. Deixei o hotel e peguei um táxi às 19h15. Quando o táxi chegou à Rua 57, percebi que estávamos em meio a um congestionamento. O motorista disse: "Não sei o que está se passando no Carnegie Hall, mas o trânsito não anda". Eu disse a ele todo orgulhoso: "Eu vou tocar".

Foi tamanho o sucesso do evento que mais 300 cadeiras foram colocadas no próprio palco. Ao final, o público permaneceu de pé para aplaudi-lo por uns 12 minutos, até as luzes piscarem como sinal de que o concerto havia acabado. A partir desse evento, passa a gravar a obra completa de Bach.

Em Los Angeles consegue concluir a primeira parte da gravação da obra de Bach para teclado, em 1983. São dez CDs. Dois anos depois, JCM interrompe novamente tudo: gravações, concertos e recitais por causa de LER – Lesão por Esforço Repetitivo. Sua recuperação é lenta e dolorosa: sua adaptação à doença exigia-lhe quase 10 horas diárias no estúdio, em execuções em que se misturavam dedicação e arte à dor.

Quando estava no sexto CD da série dos últimos dez de Bach, a tragédia lhe bate à porta novamente: ao sair do Teatro Nacional em Sophia, na Bulgária, caminha dois quarteirões para chegar ao hotel em que estava hospedado quando é assaltado por um grupo de ciganos. A agressão resultou em traumatismo craniano e um provocou um hematoma no cérebro que lhe causaria paralisia parcial do lado direito e descoordenação motora.

Em novembro de 1998, recebe das mãos do presidente do Brasil, Fernando Henrique Cardoso, a condecoração da Ordem do Mérito Cultural (dada apenas a 65 outras pessoas).

Energia é, sem dúvida, uma grande qualidade de JCM. Sua simplicidade e cordialidade também são contagiantes. Seus ensinamentos são seguidos por várias faixas etárias, afinal as Orquestras Filarmônicas Bachiana Adulto e Jovem se compõem de mais de 1.500 músicos.

Sobre o elitismo, JCM observa:

> As palavras ficaram desagradáveis. Palavras como "elitista" foram reinventadas por pessoas que se sentem inferiores a algo que elas talvez julguem importante, mas que são preguiçosas demais para examinar a fundo. Esse é um grande problema da era da democracia.

O ídolo Bach

Bach, em alemão significa *riacho*. A música bachiana para teclado é primordial na formação de um pianista.

Para João Carlos Martins, o músico alemão humanizou o mundo, e tocá-lo é um privilégio. Quando ele toca uma partitura de Bach, pensa na clareza do cravo combinada ao colorido do órgão. Essa combinação lhe dá a chance de cobrir todas as áreas polifônicas com clareza. Chama a isso "o Bach articulado", e nesse caso nunca usa o pedal, exceto quando toca as seções lentas.

Em tudo o que toca, não importa o compositor, há sempre uma relação bachiana. "Talvez meu 'carma' seja Bach", teoriza.

JCM tocou sob a direção de muitos maestros, mas lembra com mais carinho de dois regentes: Erich Leinsdorf e Zubin Mehta. No Brasil, sua preferência era tocar com Diogo Pacheco e Eleazar de Carvalho.

Um lindo encontro entre o popular e o erudito

Em 2008, Stefan Gan organiza uma obra literária com o título "João Carlos Martins", com revelações de momentos e lugares da paixão dele pela música. Para a empresa patrocinadora da primeira edição[6], o maestro personifica a música:

> Quando penso em João Carlos Martins como pianista e, posteriormente, como maestro, vem-me à mente a palavra alma,

---
6 Cabot Brasil Indústria e Comércio Ltda., página 5.

termo derivado do latim anima, que significa "o que é vivo", ou do hebraico néfesh, que exprime a ideia de "ser que respira". João Carlos Martins respira e vive com intensa paixão através da música! Exprime sua generosidade através de seu trabalho social com a Orquestra Bachiana Jovem. (Chang L. Sih, diretor presidente.)

Palavras peculiares também foram ditas por Eliza Muto, editora da Parágrafo Produção Editorial:

> Mais do que registrar a brilhante trajetória deste grande músico brasileiro, o livro presta uma sincera homenagem. Sua personalidade fascinante, de traços fortes, revela mais do que o pianista e o agora maestro. João Carlos Martins não admite um único olhar. Sua paixão pela música – e pela vida – e seus triunfos e suas quedas desenham as múltiplas faces de uma mesma figura. Mais história ainda será escrita.

O livro ganha a segunda edição três anos depois. Desta vez, com o capítulo "Popular e Erudito".

O carnaval é uma das maiores festas do mês de fevereiro (fortuitamente março) e reúne milhões de brasileiros no Rio de Janeiro, São Paulo, Salvador, Recife e outras cidades. Na capital paulistana o evento soma 14 escolas de samba no grupo especial, e os desfiles ocorrem às sextas-feiras e aos sábados.

Na madrugada do dia 5 de março de 2011, sob o comando de Darly Silva (Neguitão) e Alexandre de Mendonça Louzada – respectivamente presidente e carnavalesco –, a escola de samba Vai-Vai prepara-se para apresentar o desfile. Carinhosamente chamada de Saracura[7], a escola homenageia João Carlos Martins. Sem dúvida, um dos temas mais esperados naquele ano – a combinação das músicas erudita e popular – especificamente o samba – era algo inusitado. E o protagonista, um dos maiores intérpretes do alemão Bach.

Tudo começa com a amizade dele com o presidente da escola à época, conhecido como "Thobias, da Vai-Vai". A Prefeitura de São Paulo convida João Carlos Martins para tocar ao lado da bateria da escola em um festival de música da cidade. A Praça da Sé foi o local em que ele regeu sua orquestra na Nona Sinfonia de Beethoven, acompanhado de surdos, caixas, cuícas e

---

7 O Córrego do Saracura é um córrego da cidade de São Paulo. Foi nomeado a partir da ave homônima, um símbolo tradicional do bairro do Bixiga e da escola de samba Vai-Vai.

tamborins. Percebendo a combinação entre os dois estilos, JCM finalmente encontrou o caminho para democratizar a música erudita no Brasil. A partir daí, muitos foram muitos os concertos nas principais salas do país.

A homenagem prestada pela escola de samba Vai-Vai é uma das mais emocionantes que JCM recebeu:

> De tudo que aconteceu na minha vida, mesmo as homenagens que, graças a Deus, recebi, eu considero esta a mais importante de todas, porque são as raízes brasileiras homenageando uma pessoa que lutou pela democratização da música clássica e que chegou, finalmente, ao Sambódromo.

Registrar esse evento é particularmente especial, por ter sido presenciado por mim. João Carlos Martins apareceu expressivamente durante o desfile: houve uma logística bem elaborada para que ele entrasse na avenida, primeiramente ao lado dos diretores da escola; em seguida, enquanto a Bateria ficou no recuo, ele foi agraciado pela dança de bailarinas. Logo depois, regeu o samba-enredo duas vezes na frente dos percussionistas e, cuidadosamente, passou no meio da Bateria para voltar à concentração e subir no último carro alegórico.

"Aurora, ganhamos o carnaval porque aprendemos a correr um quilômetro de mãos dadas no Parapan", essa a dedicatória que ele escreveu em um exemplar do livro de Stefan Gan, entregue a mim.

Trabalhei no segmento durante dez anos consecutivos. Foram quatro escolas de samba, sendo que de duas delas eu saí, retornando depois. O *case* Vai-Vai é um dos mais fascinantes de minha carreira. O produto é voltado ao entretenimento que envolve uma demanda numerosa, e o índice de acerto foi satisfatório. Estratégias, cuidados com a marca (imagem), gerenciamento de crises, *media training*, comunicação interna e divulgação simultânea foram ferramentas usadas em uma área que – a priori – explorava timidamente a comunicação.

Fui recebida na casa do maestro João Carlos Martins no dia 19 de julho de 2015. Enquanto o aguardava, observava o poodle Johann Sebastian Bach. A respeito dessa homenagem, o maestro disse:

> Villa-Lobos dizia que não é um público inculto que vai julgar as artes. São as artes que mostram a cultura de um povo. Então para você ter uma ideia, nestes 11 anos a Bachiana Fi-

larmônica SESI-SP atingiu 11 milhões de pessoas ao vivo. Isso quer dizer que quando vou aos concertos faço Bach, Beethoven, Mozart e Schubert. Não adianta ficar na sua torre de marfim esperando o público vir, você precisa ir ao encontro dele. E Villa-Lobos queria fechar o Brasil em forma de coração através da música. Na época não tinha nem internet e nem TV. Quem sou eu perto de Villa-Lobos? Mas essa é a bandeira que tenho carregado. Outro dia, um presidente de um grande instituto de pesquisa do Brasil disse que sou o único homem que ele conhece que, após os 70 anos, ficou pop. Até o taxista acena para mim. Então isso tem muito a ver! Um músico erudito ser enredo de uma escola de samba. No início não aceitei, mas fui convencido por um amigo - diretor de programação de uma grande emissora - a rever minha decisão. Chamei a diretoria e disse: 'Vamos embora para o 14º campeonato!' Já fiz quase seis mil concertos, inclusive no Carnegie Hall, casas lotadas, mas o dia mais emocionante que tive foi entrar na avenida e ver 30 mil pessoas cantando a história da minha vida. Não há nada em palavras que possa expressar esta emoção.

Ouvi de um amigo que aquele era um dos sambas mais lindos, dos últimos anos, para escolas de samba. Escutei todos os sambas-enredo, fiquei na torcida por um deles, mas não tinha poder de decisão. Finalmente ganhou aquele que eu mais gostava. Quando vi aqueles 11 elementos da Bateria - o amor que tinham pelo samba e a forma como faziam, desde o mestre Tadeu, ao Bocão e toda a turma – cheguei à conclusão de que teria de ser o primeiro no Brasil a ter coragem – depois de fazer Bach, Villa-Lobos e Vivaldi no concerto, teria de apresentar no final o samba-enredo. Os americanos ficaram loucos com a ideia! Não conseguíamos sair do palco. Criamos uma relação entre os 11 elementos da Bateria e não havia necessidade de ensaiar. Anualmente temos três ou quatro apresentações e a música flui automaticamente. Minha ligação com a escola foi de aprendizado. Durante os ensaios eu ficava no camarote e observava tudo. Um dia comentei com o carnavalesco que queria interferir no enredo [risos]. Desci e regi a bateria. Ficou como uma das marcas do nosso carnaval.

Passei por vários acontecimentos: réveillon na Avenida Paulista, concerto para 70/80 mil pessoas, mas o símbolo de ter ficado como uma pessoa que pudesse divulgar a música clássica no Brasil inteiro, não tenho a mínima dúvida, foi por meio do desfile da Vai-Vai e o fato de ter ganhado o carnaval. No dia do resultado eu estava nos Estados Unidos. Carmen (sua mulher) ligou e disse que poderíamos ganhar o carnaval. Não sei mexer em computador, por isso, desci ao hall do hotel e ali uma pessoa conectou, e então vi pela internet os dois últimos pontos. Chorei de emoção! Quando cheguei ao Brasil, às 5 horas, havia membros da Bateria me esperando. Jamais esperava aquilo. Parou o aeroporto.

Ao longo dos meus 75 anos, estou anunciando meus planos para os próximos 25 anos de vida – se Deus quiser vai demorar – e que no apagar das luzes, meu corpo não sairá de nenhum lugar, mas sim da quadra da escola de samba Vai-Vai. Deixe registrado que esse é o meu desejo!

Conclusão

Cultura é o segmento que tem uma responsabilidade social infinita, um elo com a disseminação de modos mais pródigos e livres sob a ótica de retratar o mundo. Ela une bens materiais e espirituais produzidos por diversas etnias, suas crenças, seus modos de ser e de expressar a vida. Para José Luiz dos Santos[8]:

> Cultura é uma preocupação contemporânea, bem viva nos tempos atuais. É uma preocupação em entender os muitos caminhos que conduziram os grupos humanos às suas relações presentes e suas perspectivas de futuro.

Há aqueles que ainda distinguem a cultura popular de cultura erudita. Obviamente cometem um grande erro. Perverso juízo de valor. As populações que cresceram e se desenvolveram à margem do sistema político e econômico (as ditas classes populares), com escola ruim, trabalho ruim, muitas vezes analfabetas e doentes, encontraram modos muito criativos de dar seu recado, de reagir à desigualdade. A rabeca, por exemplo, é um instrumento de criação popular, é o violino construído à margem. Mútua influência. E a rabeca produz sons únicos. Nosso protagonista confirma.

Sem o encontro cultural, não haveria Guimarães Rosa e sua obra-prima, *Grande sertão: veredas*, com seus jagunços universais, a apropriação generosa e criativa da sabedoria do falar, do seu modo de dizer. Não haveria Graciliano Ramos e sua grande obra, *Vidas secas*, com os flagelados famélicos e sua sintaxe seca como o chão sertanejo. Não haveria nem samba, nem futebol. É do encontro que nasce a grande cultura.

---
8 Do livro O que é Cultura?:7.

Cultura popular e cultura erudita pressupõem, também, o reconhecimento da divisão de classes sociais: transforma-se em nacional o que é popular. E o Brasil traz em sua raiz produtos peculiares: futebol, carnaval, caipirinha, feijoada, Sítio do Pica-Pau Amarelo, Pixinguinha.

O popular é tão sofisticado quanto um gol de Pelé, um passo de frevo ou o "feijão da tia Surica". O que importa reconhecer é que a diversidade cultural, a multiplicidade de visões, de valores, de interpretações e expressões é um patrimônio da humanidade, inclusive atestado pela UNESCO.

E dessa união, ao som de bravos e aplausos, a música venceu no carnaval de 2011.

Referências
DUBAL, David. *Conversas com João Carlos Martins. Green Forest do Brasil* : São Paulo, 1999.
GAN, Stefan. *João Carlos Martins. Parágrafo Produção Editorial* : São Paulo, 2008 – 1ª ed., e 2011 – 2ª ed.
MARTINS, João Carlos e NASSR, Luciano U. *A saga das mãos*. Elsevier : Rio de Janeiro, 2007.
ALBUQUERQUE, Lina de. *Recomeços*. Saraiva : São Paulo, 2009.
SANTOS, José Luiz dos. *O que é cultura?*. Brasiliense : São Paulo, 2006.
Córrego do Saracura. https://pt.wikipedia.org/wiki/C%C3%B3rrego_do_Saracura. Acesso em 22/9/2015.

7

Toadas de boi-bumbá de Parintins/AM sob perspectiva foucaultiana do discurso

Renan Albuquerque Rodrigues &
Jocifran Ramos Martins

Renan Albuquerque Rodrigues

Professor Permanente do Programa de Pós-Graduação em Sociedade e Cultura na Amazônia, da Universidade Federal do Amazonas (PPGSCA/Ufam). Lidera o Núcleo de Estudos e Pesquisas em Ambientes Amazônicos (Nepam/CNPq) e o Laboratório de Editoração Digital do Amazonas (Leda/Ufam). Atualmente desenvolve estudos relacionados a conflitos e impactos socioambientais entre índios das etnias Waimiri-Atroari, Sateré-Mawé e Hixkaryana, além de estudos junto a atingidos por barragem e com assentados da reforma agrária na Amazônia.

Contato
renanalbuquerque@hotmail.com

Jocifran Ramos Martins

Mestrando do Programa de Pós-Graduação em Sociedade e Cultura na Amazônia, Universidade Federal do Amazonas (PPGSCA/Ufam). Graduado em Letras, possui especialização em Tecnologia Educacional pela Ufam. É professor da Secretaria de Estado da Educação do Amazonas (Seduc/AM). Tem experiência profissional em ensino de Língua Portuguesa e Literatura Brasileira.

Contato
jocifraramartins@gmail.com

Problema e enfoque teórico

No município de Parintins, extremo leste do Amazonas, a 367 quilômetros da capital Manaus, na mesorregião do Baixo Amazonas (fronteira Amazonas-Pará, Amazônia), manifestações da cultura popular são materializadas em letras de poesia cantada. Denominam-se toadas de boi-bumbá e podem ser analisadas quanto a relações discursivas. Partindo do suposto, explorou-se a toada como discurso de expressão popular, projetando-se condicionantes e respectivos reflexos no imaginário advindos do gênero artístico, segundo compreensão e construção da realidade.

A análise foi pautada por perspectiva foucaultiana, segundo a qual a linguagem é um conjunto de instrumentos que regulam relações sociais e a escrita não é mera representação de léxico (FOUCAULT, 1987). A linguagem possui regularidade a partir da qual se percebem ordens conceituais, normas e valores (FISCHER, 2001). Mediante a inferência, questionou-se: por que se diz de tal modo, em dada situação e não em outro tempo e lugar, diferentemente? Para Foucault (ID., op. cit.) escolhas não se encontram na consciência ou formação intelectual. Existem, sim, no próprio discurso, valores regidos por mutualidades. Essa regência é entendida como campo discursivo.

A análise dos enunciados – a expressão, o ato de falar ou escrever, de manifestar-se verbalmente – possibilita notar frequências, regularidades e padronizações conforme escolhas, abordagens, vocabulários e posicionamentos. A partir daí, procurou-se verificar pertencimento desta ou daquela formação discursiva e em que medida o enunciado foi construído por sistemas de signos e qual a condição de enunciado, bem como seus elementos constitutivos. Foram base de análise i) o referencial (princípio de diferenciação), ii) o sujeito (posição ocupada), iii) o campo associado (coexistência de enunciados) e iv) a materialidade (status, regra de transcrição e possibilidade de reutilização).

Método

Foram analisadas toadas de momentos distintos da história do boi-bumbá de Parintins. Tomaram-se dois textos da primeira metade do século XX e dois da segunda. As duas toadas antigas foram Curral catinga (±1925/26), do Boi Caprichoso e sem autor registrado[1], e Urrou meu novilho (1937), do Boi Garantido, de Lindolfo Monteverde. Da segunda metade do século, Vermelho (1997), do Garantido, de Chico da Silva, e Odisseia tupinambá (2001), do Caprichoso, de Hugo Levi, Neil Armstrong e Sílvio Camaleão, foram analisadas.

Descreveu-se o contexto histórico social do período de composição das toadas. Buscou-se identificar referenciais sobre dito e não dito (FISCHER, 2001). A análise foi conduzida para se identificar formações discursivas em que se originaram práticas, condicionamentos e inter-relações. Expressões discursivas e não-discursivas foram abordadas segundo ação dialógica e textos foram avaliados mediante época de produção.

Resultados e discussão

A primeira metade do século XX

> **Curral Catinga** – ±1925 (sem autor)
> Contrário,
> Tu me respeita
> Contrário,
> Não tens toada, curral
> Do teu boi Garantido
> É que catinga a capivara

O interdiscurso, verificado na relação do campo discursivo das toadas das primeiras décadas do século XX com outros discursos em voga, permite compreender que a invisibilidade do boi no período parece decorrer de falta de reconhecimento social da brincadeira. Na toada, o referencial não aparenta ser a tentativa de depreciação do adversário, mas do boi em si mesmo. Fala-se do boi de forma negativa com exaltação dessa negatividade. Seria um processo de autovalorização no reconhecimento de diferenças, mas que afirmam o valor do outro de modo declinante. Evita-se pronunciar o

---

1 Estima-se que "Curumim do Igapó", como era conhecido o trovador Luiz Gonzaga, um dos fundadores do Boi Caprichoso, é o autor da toada, mas afirmativas documentais não existem acerca do proposto.

nome do adversário, identificado apenas pela palavra "contrário". Nesse período, iniciou-se a criação de uma espécie de tabu.

A denominação "contrário" é eufemismo para se evitar o termo indesejável. A intenção de desmerecer o adversário continua na alusão à sua pobre produção poética, "não tens toada", e na localização geográfica do curral: "catinga a capivara". Não ter toada é uma forma de aludir à falta de talento e pobreza poética. Parecem ser, nessa época, supervalorizados dons de cantador e poeta. São motivo de orgulho e ferramenta de conquista afetiva. A afirmação que desacredita, desmerece o talento adversário, potencializa a pretendida ofensa.

Na lida cotidiana do vaqueiro, o curral é cercado e nele se prende o gado para tratá-lo, com aplicação de medicamento ou ordenha diária. E na época brincantes de boi eram vaqueiros, pescadores e agricultores. Portanto, a palavra curral está intimamente ligada a modos de vida. O reconhecimento por essa palavra se insere nas condições de existência. Por essa razão, até os dias atuais, denomina-se curral o lugar onde o boi ensaia e faz festa. Ainda hoje é onde acontecem os ensaios das agremiações folclóricas.

A catinga (odor desagradável) de capivara (mamífero de várzeas) é a forma encontrada para ofender o adversário. É posta em evidência a falta de cuidado decorrente da deficiente educação do adversário, que não prima por cuidados de higiene com a própria casa (curral); e a condição do curral do contrário (Garantido), localizado na Baixa do São José, local propenso a inundações e, por conseguinte, onde viviam capivaras. Assim, haveria melhor maneira de ofender o boi adversário do que afirmar que as precárias condições de sua casa são resultado de desmazelo? A poética buscava refletir o que lhe era de mais caro naquele momento: afirmar valor e condição de vida em relação ao adversário.

Urrou meu novilho – 1937 (Lindolfo Monteverde)
Urrou meu novilho
Na praia pequena
Na beira do rio
O meu boi urrou
O meu povo sorriu
(Nelson Baixinho, informação verbal)

A toada apresenta regularidades que a situam no mesmo campo discursivo que a anterior, Curral catinga. A primeira poderia ser classificada como jocosa, de escárnio. A segunda, de exaltação dos prazeres simples da vida de vaqueiro:

ouvir o novilho que urrou na praia demonstra que tudo está bem, nada ameaça a paz do dia a dia. Ambas são seguidoras do princípio da regularidade semântica, que torna possível identificar o pertencimento a igual campo discursivo e às mesmas condições de existência. Foram produzidas a partir de proposta comum e compartilham valores que as regulam.

Abordam o fato miúdo, o recorte da vida cotidiana, recorrente nas composições do período. O vocabulário escolhido valoriza campos semânticos e eixos temáticos similares. Em "O meu boi urrou/E meu povo sorriu", observa-se a proposta de valorização da brincadeira, da dança que ele representa, o efeito de sua existência sobre o povo, a capacidade de deixá-lo feliz e sorridente. Nada mais corriqueiro, que guarda em si a afirmação do existir, da resistência à margem de interesses políticos, econômicos e culturais; que guarda a reivindicação do reconhecimento.

O interdiscurso se estabelece na relação das toadas de então com outros discursos vigentes. Os textos são condicionados no embate, nos encontros e desencontros, semelhanças e diferenças, regularidades e dissensões, o que estabelece seu lugar e valor, seus condicionantes e sentidos da existência. Apesar de apagamentos da memória literária do período, o boi é importante para o povo. Parece ser este o brado do estrato social donde provêm vaqueiros e pescadores – nesse momento compreendidos como "donos" da brincadeira folclórica. É a afirmação de um modo de ser, mesmo que, na época, longe das atenções do poder constituído.

Se a brincadeira de boi era só para nativos, os textos, neste momento da história do boi bumbá, eram para regalo interno, para deleite poético dos pares. Pouco se notava a pretensão de alcance para além dos limites da cidade, tampouco dos limites do estrato social que a praticava no passado. A brincadeira era restrita às ruas, às apresentações em frente das casas, sem disputa oficial. A simplicidade quase ingênua era alimentada por pequenas histórias cotidianas, pelo prazer de viver a vida simples, de poetizar intrigas e desafetos construídos na convivência diária.

Tais características não são opções, não são atos voluntários dos autores. São constituintes da formação discursiva. Segundo perspectiva proposta, Lindolfo Monteverde, autor de Urrou meu novilho, e o autor de Curral Catinga não escolheram forma nem conteúdo, tampouco vocabulário, enfoque dado ou a maneira de expressar esta ou aquela ideia, pelo uso destas ou daquelas palavras e não de outras. Os autores foram engendrados pelo campo discursivo e, na posição de sujeito do discurso do boi bumbá, são porta-vozes de outros sujeitos, ou seja, falam por eles e pelos que representam.

A formação discursiva é "como uma 'matriz de sentido', e os falantes nela se reconhecem, porque as significações ali lhes parecem óbvias" (FISCHER, 2001:204). Assim, partindo dessa afirmativa, quem compusesse toadas nesse período estaria também submetido ao mesmo campo discursivo e seguiria normas implícitas. A produção resultante teria aproximada conformação.

A segunda metade do século XX

Depois que a JAC organizou a primeira apresentação dos bumbás no mês de junho, a atenção dos parintinenses acerca da comemoração granjeou certo prestígio. A festa aos poucos foi passando a ser gerenciada pela prefeitura da cidade, até chamar atenção do governo do Estado, nos anos 1980. A partir de então, ganhou divulgação, de modo a tornar-se uma das principais atrações turísticas do Norte do país.

Em 1997, ano de composição da toada de Chico da Silva, Vermelho, a festa de boi em Parintins havia se transformado em um grande espetáculo conhecido no Brasil todo e reconhecida como expressão cultural. O boi não era mais um ignorado andarilho das noites do mês de junho, como nas primeiras décadas do século XX. Em 1988, já havia sido construído o bumbódromo, local onde até hoje é a apresentação das agremiações folclóricas.

Em 1997, iniciava-se, então, a fase do boi patrocinado. Dados do Portal da Transparência indicam que na época cada bumbá recebeu R$ 125 mil para despesas, sendo direcionados à Prefeitura Municipal de Parintins R$ 150 mil para organização do Festival e R$ 175 mil para a ampliação da Casa da Cultura Alzira Saunier, onde deveriam funcionar a biblioteca pública, a pinacoteca municipal, uma escola de música, o arquivo municipal e o museu do folclore. Dezoito anos mais tarde, em 2015, em sessão ordinária da Câmara dos Vereadores de Parintins, em abril, foi anunciada a liberação, via Ministério de Minas e Energia, de R$ 2 milhões para cada bumbá custear despesas com a apresentação no mesmo ano.

A elevação no montante de verbas se deu na década de 2010, na medida em que a festa teve dimensão regional e divulgação nacional, o que se deu a partir de patrocínio e apoio político do Estado. A partir daí, os grupos folclóricos, já funcionando como associações sem fins lucrativos, passaram a comercializar direitos de exploração de Caprichoso e Garantido enquanto marcas, norteadas como produtos da brincadeira de boi bumbá.

Com o Festival Folclórico ganhando fama e reconhecimento, músicos, compositores e intérpretes parintinenses, alguns com sólida formação musical, após o fim dos festivais da canção parintinense (Fecap), em 1991, migraram para o boi-bumbá. Já havia interesse de melhorar a composição das toadas, com mais pesquisa temática e maior elaboração formal (HIANA, 2010). A proposta se deu dentro de um âmbito de ruptura estrutural.

Houve elaboração textual divergente da tradicional, posto que o boi-bumbá tinha extrapolado o âmbito da brincadeira de rua. A mensagem veiculada haveria de ter maior alcance. Não se mostrava suficiente a crônica do cotidiano em musicalidade proveniente de rimas curtas e repetidas. A construção do poema passava a abarcar o caráter histórico da realidade, dentro de uma produção discursiva, construída por acúmulos, priorizações, repetições, apagamentos, potencialidades, contatos e absorções do não-discursivo.

Daí, num processo cumulativo e de revalorização, de adoção de temáticas tanto mais abrangentes quanto contundentes, percebeu-se a mudança na toada Vermelho.

Vermelho – 1997 (Chico da Silva)
A cor do meu batuque tem o toque e tem o som da minha voz
Vermelho, vermelhaço, vermelhusco, vermelhante, vermelhão
O velho comunista se aliançou ao rubro do rubor do meu amor
O brilho do meu canto tem o tom e a expressão da minha cor... "Vermelho!"
Meu coração é vermelho... Hei!, Hei!, Hei!...
De vermelho vive o coração... ê, ô, ê, ô...
Tudo é Garantido após a rosa vermelhar,
Tudo é Garantido após o sol vermelhecer
Vermelhou o curral, a ideologia do folclore vermelhou
Vermelhou a paixão, O fogo de artifício da vitória vermelhou.

A alusão à cor permeia o texto, no qual a combinação das palavras-chave vermelho, comunista, ideologia e vermelhou é o núcleo semântico. A intenção parece ser o envolvimento de elementos de forte simbologia. O ritmo é orientado pela cromatização: "a cor do meu batuque tem o toque e tem o som da minha voz". No trecho (primeira estrofe), a cor vermelha do batuque é anunciada e insinua-se a direção da brincadeira. A mistura de sensações implica em sinestesias som-cor, as quais têm propósito de seduzir o ouvinte pela força poética e pela relação dos elementos auditivo (som) e visual (cor).

A voz, ecoada pela sonoridade, é recurso de expressão de ideias, que envolve abstração da realidade e comunicação de forma sutil e elaborada. E, assim sendo, torna-se a poesia veículo de interpretações da realidade, passando a ser veiculada não só pela ideia em si, mas por reforço de recursos que sirvam para potencializá-la, como o cromático (vermelho), por exemplo, que desperta a paixão pelo bumbá, e, neste caso, também o sonoro (batuque).

Repentinamente, na segunda estrofe, a cor, elemento visual de destaque, não se restringe a referências de manifestação folclórica. Ao contrário, extrapola a concepção e passa a se referir, de maneira direta, clara e enfática, à determinada corrente ideológico-política, o comunismo. "O velho comunista se aliançou ao rubro do rubor do meu amor". "Aliançar", enquanto ato de fazer acordo, pacto, parceria, não é apenas sugerido, mas dito clara e explicitamente. A referência a "velho comunista" pode ser entendida como antigo militante ainda em ação que já não figura mais em carreiras partidárias ou mesmo em cena política alguma.

O batuque (música), manifestação inocente, lúdica, compromissada apenas com a diversão, e que tinha o toque e o som da voz, transforma-se em canto, palavra que significa não só emitir com a voz sons ritmados e musicais, mas também ludibriar, seduzir, com palavras meigas e tentadoras. Via análise de significado, a força semântica da cor vermelha, símbolo do bumbá, após a aliança, enseja a substituição ponderativa de vocábulos: "o brilho do meu canto (não mais batuque) tem o tom e a expressão (e não mais o toque e o som) da minha cor".

A cor, por si só, configura simbologia, porém combinada com demais palavras parece reforçar a intenção. Lança-se mão de recursos que identificam não só o bumbá, mas também o comunismo, e se anuncia a relação, constituída em "o velho comunista se aliançou", fazendo do texto um divulgador de conjuntos de ideias que dizem respeito a organizações sociais abrangentes.

A combinação de componentes do discurso, a situação ou o contexto da enunciação e a posição do sujeito reforçam efeitos em receptores da mensagem. O coração é vermelho (cor natural), o Garantido é vermelho (cor símbolo atribuída) e o comunismo é vermelho (cor símbolo atribuída). A repetição vermelho, vermelhusco, vermelhante, vermelhão, reforçando o verso, é compreensível não só no nível do ato locucionário (o que foi dito), mas também no âmbito do ato ilocucionário (como foi dito) e, principalmente, do ato perlocucionário (efeito do que foi dito) (RICOEUR, 1977).

O poder enunciador do sujeito do discurso pode ser potencializado pela situação de comunicação, que tende a legitimar antecipadamente princípios e valores veiculados (MAINGUENEAU, 1997). Guimarães

(2009 apud Pêcheux), afirma que não há discurso sem sujeito e não há sujeito sem ideologia, ou seja, o sujeito manifesta através do discurso ideologias constituídas. O destaque ocorre via o que se convencionou denominar de contrato de fala.

Na segunda toada do período, Odisseia Tupinambá, a unidade discursiva é notada na escolha temática que sugere a intenção de aumentar o alcance do que é dito pela grandiosidade da abordagem.

Odisseia Tupinambá – 2001
(Hugo Levy, Silvio Camaleão, Neil Armstrong)
A flecha errante no céu disparou, cravando no ódio que o branco espalhou
Em busca da estrela brilhante da paz começa a lendária odisseia dos tupinambás
Parecia uma migração das borboletas monarcas
Dissipando toda solidão do sertão e das matas
Guerreiros andarilhos, incansáveis peregrinos
Apenas lunações guiavam seu destino em cada vereda, uma lágrima tupinambá
Cumá, Ibiapaba, Caeté, Madeira, Uruna, Tapajós, Amazonas
Vieram cultivar a sua liberdade, enamoraram o rio-mar
E a natureza do lugar, cauim no ibirapema
Alma tranquila e serena, mas a cobiça do descobridor
A ferro e fogo os exterminou. Agora só caminham
Nas veredas do Guajupiá
Tupinambarana, minha terra, meu amor
Foi a herança abençoada pelos deuses que este povo nos deixou.

O título da toada do Caprichoso anuncia intenções épicas. A proposta não é modesta. Pretende-se ombrear a saga dos Tupinambá, que fugiram do litoral rumo ao interior do continente latino-americano, à do grego Odisseu e sua atribulada viagem de retorno à Ítaca, após a guerra de Troia. O objetivo parece ser a valorização dos parintinenses, descendentes de guerreiros que, após resistência ao colonizador no litoral, buscaram a terra sem males no interior do Brasil, chegando até a Amazônia.

A toada foi composta no período em que o boi-bumbá chegou até à mídia nacional e, portanto, deveria ser mostrado como algo que merecesse ser produto comercializável, espetacularizado. O patrocínio estatal para a realização da festa atraiu o interesse de redes de rádio e televisão pelo evento e, portanto, era a busca pelo exótico que deveria ser satisfeita.

A descrição da fuga Tupi, chamada de odisseia, pontuada por vocabulário típico – cauim, ibirapema – a comparação com a migração das borboletas monarcas (que saem da América Central, vão até o Canadá, ao custo de várias gerações de borboletas a cumprir a saga, e retornam do Canadá à América Central numa só geração) e os nomes dos rios que foram cruzados. Tudo parece ter sido escolhido com a intenção de tornar grandiosa e pitoresca a viagem até a Amazônia.

Há intenção de tornar o boi algo valioso, diferente, atraente e de abrangência para além de fronteiras locais. Procura-se valorizar o festival e, para isso, pretendeu-se dar à festa do boi solidez cultural enquanto expressão genuína. O discurso veiculado pelas toadas não é mais o cotidiano simples, como afirmação de um existir apenas. Os temas agora são pretensiosos, ousados, como passaram a ser os objetivos da brincadeira de boi.

O discurso de hoje não seria possível nos primeiros anos. O feixe de relações estabelecido atualmente tornou-o possível de existir como o conhecemos. Os bois, dentro de sua organização administrativa, contam com conselho de arte, que avalia, julga e aprova toadas que representarão o bumbá. Portanto, de acordo com o pretendido, as toadas podem não ter autorizada sua veiculação como legítimas representantes da agremiação folclórica. Algumas delas serão preteridas, pois não contêm regularidade vocabular e temática desejada. Em suma, na formação discursiva do momento, é impensável a existência de igual prática a dos primórdios da manifestação folclórica. O discurso agora está em consonância com o momento atual.

Considerações finais

A análise de toadas de boi bumbá sob a perspectiva foucaultiana do discurso aponta como resultado construções históricas que põem em jogo o discursivo e o não-discursivo, em permanente relação dialógica, da qual advêm influências e condicionamentos acerca da construção poética. O contexto histórico e contingencial da produção da toada impõe-se enquanto elemento substancial para a composição do campo discursivo da poesia, dos princípios dos versos, dos valores e das práticas adotadas como legítimas para a emersão da musicalidade.

Estabelecidas condições históricas mediante o campo discursivo e os condicionantes das práticas, as toadas, como discursos produzidos dentro de limites instituídos socialmente, mostraram-se representantes de condições do seu tempo, do universo de seus autores, da visão do que elas representam e das relações de poder estabelecidas dentro do contexto de sua poética.

Referências
AMORIM, Marília. *O pesquisador e seu outro*. Bakhtin nas Ciências Humanas. São Paulo: Musa Editora, 2004.
BITTENCOURT, Antônio. *Memória do município de Parintins: estudos históricos sobre sua origem e desenvolvimento moral e material*. Manaus: Edição do Governo do Estado do Amazonas / Secretaria de Estado da Cultura, Turismo e Desporto, 2001.
CAVALCANTI, M. L. V. de C.: *'O Boi-Bumbá de Parintins, Amazonas: breve história e etnografia da festa'*. História, Ciências, Saúde — Manguinhos, vol. VI (suplemento), 1019-1046, setembro 2000.
CHIZZOTTI, Antônio. *Pesquisa qualitativa em Ciências Humanas e Sociais*. 2ed. Petrópolis, RJ: Vozes, 2008.
FOUCAULT, Michel. *A arqueologia do saber*. 3.ed. Rio de Janeiro: Forense Universitária, 1987.
GREGOLIN, Maria do Rosário Valencise. *A análise do discurso: conceito e aplicações*. Alfa: São Paulo, 1995.
GUIMARÃES, Elisa. *Texto, Discurso e Ensino*. São Paulo: Contexto, 2009 http://www.portaldatransparencia.gov.br/convenios/ConveniosLista.asp?UF=AM&Estado=AMAZONAS, acessado em 10 de abril de 2015.
IÑIGUEZ, Lupicínio. *Manual de Análise do Discurso em Ciências Sociais*. Petrópolis, RJ: Vozes 2004.
LEVY, Hugo et al. *Odisseia Tupinambá*. Disponível no endereço http://www.boi caprichoso.com/toadas_, acessado em 02 de abril de 2015, às 15h30.
MAGALHÃES, Hiana Rodrigues da Silva. *História do Festival da Canção de Parintins* – FECAP. Parintins, Amazonas: Universidade do Estado do Amazonas, 2010.
MAINGUENEAU, Dominique. *Novas tendências em análise do discurso*. 3. ed., Campinas, SP: Pontes: Editora da Universidade Estadual de Campinas, 1997.
MINAYO, Maria Cecília de Souza, et al. *Pesquisa Social: teoria, método e criatividade*. Petrópolis, RJ: Vozes, 1994.
RICOEUR, Paul. *Interpretação e ideologias*. (In: A função hermenêutica do distanciamento) Organização, tradução e apresentação de Hilton Japiassu. Rio de Janeiro:F. Alves, 1977.
SILVA, Chico da. *Vermelho*. Disponível no endereço http://letras.mus.br/garantido/932931/, acessado em 02 de abril de 2015.
TERRA, Lygia, COELHO, Marcos de Amorim. *Geografia Geral e do Brasil*. São Paulo: Moderna, 2005.

SAÚDE
REFLETIR
A VIDA

8

Como as cidades moldam a saúde de seus moradores?

Paulo Saldiva &
Laís Fajersztajn

Paulo Saldiva

Paulo Hilário Nascimento Saldiva - Formado pela Faculdade de Medicina da Universidade de São Paulo em 1977, doutorado em 1983, Livre-Docente em 1986 e Professor Titular do Departamento de Patologia da Faculdade de Medicina da Universidade de São Paulo em 1996. Concentra atividades de Pesquisa nas áreas de Anatomia Patológica, Fisiopatologia Pulmonar, Doenças Respiratórias e Saúde Ambiental e Ecologia Aplicada. Ciclista e gaitista.

Contato
pepino@usp.br

Laís Fajersztajn

É pesquisadora de doutorado na Faculdade de Medicina da Universidade de São Paulo. Graduada em fisioterapia, com especialização em Reabilitação Gerontológica, trabalhou com Organizações Não Governamentais na área de saúde e sustentabilidade. Sua área de pesquisa inclui poluição do ar, saúde global, cidades saudáveis e sustentabilidade.

Contato
laisfajer@gmail.com

O modo como a sociedade está organizada e o estilo de vida promovido pelas cidades têm papel fundamental nas mudanças do perfil de saúde nas áreas urbanas, correspondendo atualmente a 84% da população brasileira. Por muitos séculos, as cidades apresentaram piores condições de saúde. A densidade populacional favorecia a emergência de epidemias de cólera, diarreia e outras doenças infecciosas. Com o avanço das descobertas científicas quanto às formas de transmissão de doenças (início do século XIX), as cidades começaram a se estruturar com o objetivo de promover a saúde pública, principalmente a partir da adoção de medidas sanitárias. Os serviços de assistência à saúde acompanharam o desenvolvimento científico-tecnológico, tornando muito mais eficientes os centros urbanos, e assim, viver nas cidades passou a ser uma vantagem para a saúde, comparado com a vida rural.

Atualmente, doenças e agravos não transmissíveis como hipertensão, diabetes e obesidade prevalecem nas cidades, e respondem por quase 80% da mortalidade geral e dos gastos do Sistema Único de Saúde (SUS) com internações no município de São Paulo. Por muito tempo, as autoridades de saúde focaram esforços – com sucesso – na modificação de fatores individuais de risco, tais como o controle medicamentoso do colesterol, glicemia e pressão arterial, bem como a propagação de comportamentos saudáveis (parar de fumar, praticar atividade física, alimentação saudável, dentre outros). No entanto, a promoção da saúde pública poderia ser muito mais efetiva se suas estratégias estivessem sistematicamente integradas a políticas relacionadas à organização e funcionamento geral da cidade.

A lei antifumo mostra como o funcionamento de uma cidade pode melhorar a saúde de sua população: a proibição de fumar em ambientes fechados de uso coletivo diminuiu o tabagismo secundário e a quantidade de cigarros/dia entre os fumantes. Em contrapartida, a imobilidade no município de São Paulo gera um custo anual estimado em mais de R$ 40 bilhões, valor equivalente a 1% do produto interno bruto brasileiro. A saúde é afetada não só por conta do tempo perdido no congestionamento e por impactos nocivos à saúde, tais como a exposição à poluição do ar, em certa medida estimados no cálculo, mas também pela contribuição desse fator para a obesidade, estresse emocional e outros agravos.

Ademais, o progresso que resultou na vantagem para a saúde de viver nas cidades não atingiu todos os moradores urbanos. Ainda hoje, populações de baixa renda, particularmente aquelas residentes em favelas, convivem com a falta de saneamento básico, tendo dificuldade de acesso aos serviços de saúde. Riscos característicos do passado, como diarreia e infecção por leptospirose, ainda são mais frequentes nessa parcela da população. Soma-se a isso, a influência negativa de determinantes sociais – escolaridade, renda e outros – nos desfechos de saúde desta parcela da população.

Por fim, a violência urbana diminui o desempenho de saúde da população como um todo, seja causando diretamente mortes e incapacidades, seja prejudicando a saúde mental ou restringindo a mobilidade e o lazer dentro da cidade.

Durante as décadas passadas, a Organização Mundial da Saúde tem tentado fortalecer as relações entre saúde e planejamento urbanos através de dois movimentos, ainda pouco robustos na América Latina: Saúde em todas as políticas (*Health in all policies*) e Movimento das cidades saudáveis (*Healthy cities movement*). Em paralelo, a preocupação da comunidade de saúde com os impactos das mudanças climáticas tem crescido, sendo outra abordagem possível para fortalecer a comunicação entre ambiente construído e indicadores de saúde. Em 2009, uma série de artigos publicados no *The Lancet* indicaram que algumas ações que reduzem a emissões de gases de efeito estufa trazem benefícios para a saúde da população local onde tais medidas foram adotadas. Em 2015, a mesma revista alertou: combater as mudanças climáticas pode ser a melhor oportunidade de saúde do século XXI. No artigo, a revista recomendou a transição para cidades que promovam estilos de vida saudáveis para as pessoas e para o planeta, dentre as resposta para mitigar as mudanças climáticas (Watts et al., 2015). Como as populações de baixa renda são mais vulneráveis aos impactos das mudanças climáticas em todas as escalas (entre nações e entre cidades), combater as mudanças climáticas pode também ser uma oportunidade para reduzir as desigualdades de saúde.

O desafio de moldar cidades que promovam a saúde de seus moradores é complexo e requer esforço multidisciplinar para além das competências tradicionais do setor de saúde no Brasil. Nos Estados Unidos, um experimento conduzido pela universidade de Harvard com 4.600 famílias, mostrou que prover auxílio moradia para que famílias de baixa renda se mudem para bairros melhores melhora significativamente a saúde física e mental de crianças e adultos. Além de indicar que os bairros modulam de forma diferente a saúde de seus moradores, o estudo aponta uma possível estratégia de promoção da saúde pública a cargo de outras esferas de governo, que não o setor saúde (Chetty et al., 2015). No mesmo direcionamento, os níveis de poluentes atmosféricos caíram acentuadamente em Dublin após o banimento do uso do carvão na cidade, resultando em redução significativa da mortalidade por causas cardiovasculares e respiratórias em apenas três anos (em 10% e 16% respectivamente)(Clancy et al., 2002).

Habitação e mobilidade são diretrizes fundamentais do planejamento urbano que modulam grande parte das associações conhecidas entre ambiente construído e saúde. Neste artigo discutimos alguns dos impactos da mobilidade e da habitação na saúde da população urbana, além dos impactos de outras estruturas urbanas.

O custo anual da imobilidade na cidade de São Paulo equivale a 7,5% do produto interno Bruto da cidade (Cintra, 2014), com impactos significativos sobre a saúde humana. Os mais estudados são os relacionados à poluição do ar (local e emissão de gases de efeito estufa), tempo de deslocamento, ocorrência de acidentes e realização de atividade física. A imobilidade ainda influencia a saúde mental, por motivos relacionados à segurança pública e à interação social, dentre outros.

Os veículos automotores são os principais responsáveis pelos altos índices de poluição do ar na cidade de São Paulo, que chega a reduzir em cerca de três anos a expectativa de vida média do paulistano. Atualmente, melhorias na qualidade do ar advindas dos avanços tecnológicos na engenharia dos veículos e combustíveis têm sido suplementadas pelo aumento da frota e diminuição na velocidade dos veículos.

A poluição do ar tem efeitos agudos e crônicos reconhecidos. Além do desconforto geral (ardor nos olhos, alergias e etc.), a exposição de curto período a altos níveis de poluentes atmosféricos aumenta a internação hospitalar por doenças cardiovasculares e respiratórias. Entre 1996 e 2000, o aumento foi estimado em cerca de 4% para crianças com asma e para adultos com doença pulmonar obstrutiva crônica (Gouveia et al., 2006). A exposição prolongada à poluição do ar aumenta o risco de câncer pulmão e de morrer por causas cardiovasculares e respiratórias. Baixo nível socioeconômico e faixa etária (idosos, crianças e mesmo fetos) representam maior vulnerabilidade, bem como o ser portador de doença crônica ou estar grávida. A exposição à poluição do ar está associada com hipertensão gestacional, baixo peso ao nascer, e prematuridade. Os sistemas endócrino e neurológico, dentre outros, também são negativamente afetados pela poluição do ar. Quando se considera a prevalência do fator de risco na população, a poluição do ar e o tráfego de veículos lideram os fatores de risco para infarto do miocárdio. Isso porque, independente da magnitude do risco individual, toda população urbana está de certa forma exposta à poluição do ar e congestionamentos de veículos (Nawrott et al., 2011).

O Brasil ainda adota padrões de qualidade do ar estabelecidos nos anos 90, que refletem o conhecimento científico dos anos 80. Na prática, níveis de poluição considerados prejudiciais para a saúde de europeus são considerados seguros pelas autoridades brasileiras. Embora sem data para implementação, o estado de São Paulo se comprometeu a adotar os padrões de qualidade do ar recomendados pela Organização Mundial de Saúde. Políticas de controle da emissão de poluentes veiculares, como as relacionadas no PROCONVE (Programa de Controle da Poluição por Veículos Automotores) têm papel decisivo na melhoria dos níveis de poluição do ar urbano. Por diminuírem o número de carros privados nas ruas, políticas de promoção do transporte público e ativo (andar a pé ou de bicicleta) também melhoram a qualidade do ar.

Os acidentes nas vias da cidade de São Paulo resultaram em 1.249 mortes em 2014, 32,5% eram motociclistas. O impacto na morbidade é ainda maior, embora seja mais difícil de ser estimado, por causa da falta de dados. A qualidade das calçadas também está associada a acidentes e incapacidades, e influencia o nível geral de atividade física da população, em especial de idosos e portadores de mobilidade reduzida.

A mobilidade nas cidades influencia como as pessoas utilizam seu tempo. As horas perdidas nos congestionamentos reduzem o tempo para outras atividades como trabalho, lazer e descanso, implicando em consequências para a economia da cidade e para a saúde da população. Estudos têm mostrado que, quanto mais horas jovens de baixa renda perdem em trânsito, menor o potencial de aumento de sua renda familiar no futuro, reforçando as desigualdades sociais. O número reduzido de horas dedicadas ao estudo explica parte do efeito. Ainda, o aumento do tempo de deslocamento tende a aumentar o número de motoristas que infringem a lei e usam dispositivos móveis durante o percurso, aumentando o risco de acidentes.

O tipo de mobilidade oferecida por uma cidade favorece ou não o sedentarismo, fator de risco para diversas doenças crônicas e, prevalente em mais de 50% da população maior de 15 anos do Brasil. Estudos mostraram que o uso mais frequente de transporte ativo estava relacionado com risco reduzido de sobrepeso e com pressão arterial mais baixa (Laverty et al., 2015). Além disso, a mobilidade influencia a exposição ao ruído, afetando a qualidade da audição, do sono, da interação social, entre outros. A exposição crônica ao ruído do tráfego está relacionada ao ganho de peso (Christensen et al., 2015) e alterações cardiovasculares (Halonen et al., 2015).

Por fim, a mobilidade influencia a interação social e a saúde mental de formas fáceis de serem percebidas, como a cordialidade no trânsito ou o receio de furtos durante longos períodos de imobilidade, mas ainda difíceis de serem mensuradas.

As opções de mobilidade que promovem a saúde humana e ambiental são o transporte público e ativo (andar a pé ou de bicicleta). As características ideais dessas formas de mobilidade incluem: segurança, conforto, acessibilidade (tanto em termos de custo financeiro, quanto no que diz respeito ao acesso das pessoas com mobilidade reduzida) e eficiência (em termos de gasto de energia, emissão reduzida de poluentes, tempo e cobertura de todo o território da cidade). O metrô é um exemplo de transporte público que atende a esses requisitos. Além da eficiência no tempo de deslocamento, o metrô contribui para a redução da poluição do ar e consequentes custos com internações hospitalares. Análise custo-benefício do metrô de São Paulo mostrou que os ganhos ambientais e sociais superam os gastos elevados de construção e operação (da Silva et al., 2012).

Uma revisão sistemática recente mostrou que os benefícios para a saúde do transporte ativo superam eventuais riscos por conta da exposição aumentada a acidentes de trânsito e à poluição do ar (Muller et al., 2015). A melhoria da qualidade das calçadas e faixas exclusivas para bicicletas são exemplos de como estimular o transporte ativo.

Em relação à habitação, grande parte das melhorias nas condições gerais de saúde da população urbana teve início dentro das residências, a partir de medidas de saneamento e higiene.

Embora considerados direitos humanos básicos pela Organização das Nações Unidas, o acesso à água potável e ao saneamento não atingiu todos os residentes de cidades, principalmente os residentes de favelas, hoje mais de 11 milhões no Brasil. Como resultado, essas pessoas ainda convivem com surtos frequentes de doenças infecciosas e mortalidade infantil aumentada, apesar de já existirem meios técnico-científicos disseminados para a redução desse risco. Outras doenças correlatas incluem doenças por vetores (dengue, por exemplo), doenças tropicais negligenciadas (como a esquistossomose) e doenças relacionas a contaminantes químicos presentes na água.

No Brasil, 94% da população tem acesso à água potável. No entanto, a taxa de tratamento do esgoto do estado de São Paulo ainda é de 53,34%, possivelmente porque investimentos em oferta de água potável são percebidos como prioritários comparados à coleta e tratamento de esgoto, tanto pela população quanto pelos governantes.

Apesar dos avanços, a questão do fornecimento de água para as cidades está longe de ser resolvida. Estima-se que os períodos de falta de água nas cidades se tornem mais frequentes com as mudanças climáticas. Em 2015, o nível dos reservatórios de água de São Paulo caiu drasticamente. O período coincidiu com uma epidemia severa de dengue. As mudanças no fornecimento de água e o aumento do armazenamento inadequado de água da chuva podem ter contribuído para o aumento nos casos de dengue em 2015. O armazenamento inadequado de água também impõe riscos para a reincidência de surtos de doenças infecciosas por veiculação hídrica.

Habitações com condições precárias, combinadas à frequente ausência de sistemas de drenagem de água da chuva, aumentam o risco de doenças de veiculação hídrica advindo com as enchentes, como a leptospirose. Muitas regiões urbanas, como o Jardim Pantanal, na zona leste de São Paulo, são sazonalmente acometidas por enchentes. Dependendo da localidade, há também o risco de deslizamentos que, em última instância, levam à morte. Muitas famílias acabam permanecendo em residências inundadas com o intuito de proteger seus bens materiais, indicando também prejuízo da saúde emocional dos acometidos por enchentes.

A qualidade do ar dentro das casas é modulada pela ventilação, níveis de poluentes do ambiente externo e produção de poluentes dentro do ambiente. A fonte de poluição interna mais estudada é a queima de combustíveis sólidos para cozinhar e aquecer a residência. Os impactos para a saúde incluem aumento no risco de pneumonia em crianças menores de cinco anos e doença pulmonar obstrutiva crônica, doenças cardiovasculares, catarata e câncer de pulmão em adultos. Felizmente, a maioria das habitações urbanas brasileira possui fogão.

A fumaça do tabaco também é uma fonte reconhecida de poluição do ar interna. Políticas de restrição do fumo em ambientes fechados, como já é feito para ambientes de uso coletivo em diversas cidades do Brasil, foram efetivas na redução da exposição. O controle dentro das residências é mais difícil.

Carcinogênico, o amianto foi banido na maioria dos países desenvolvidos. Outros países na América Latina, como Argentina, Chile, Uruguai e Honduras, também baniram a substância. Evitar o uso de materiais com amianto e outros componentes tóxicos, como o formaldeído, é uma recomendação prioritária para melhorar a qualidade do ar dentro das residências.

Melhorias na ventilação e iluminação solar das residências e medidas específicas para garantir o conforto térmico, frente a extremos de temperatura, também melhoram a qualidade do ar interior. Materiais específicos de construção e vegetação têm papel fundamental na manutenção do conforto térmico do ambiente. A saúde respiratória é a grande beneficiada. No entanto, como temperaturas interiores baixas têm sido associadas com maior risco para hipertensão arterial, melhorias do conforto térmico tendem a melhorar também a saúde cardiovascular. Um estudo recente mostrou que a mortalidade por temperaturas extremas varia significativamente de país para país. Além de possível variabilidade da capacidade fisiológica de adaptação a extremos de temperatura das diferentes populações estudadas, o estudo indica que a infraestrutura de alguns países (conforto térmico da habitação, inclusive) é mais preparada para proteger a população frente a extremos de temperatura do que outros. O frio foi responsável pela maioria das mortes prematuras das populações estudadas, 7,29% (2,38% no Brasil), contra 0,42% por calor extremo (0,70% no Brasil) (Gasparini et al., 2015).

Embora o presente artigo tenha abordado a influência da mobilidade e habitação na saúde da população urbana, as áreas se inter-relacionam. O local onde as pessoas moram, por exemplo, influi no modo e tempo de deslocamento. Além disso, outras características urbanas moldam significativamente a saúde nas cidades. A presença de parques é um exemplo. Parques estão associados a um aumento no nível de atividade física, o que impacta positivamente a obesidade e outras doenças crônicas. Um estudo conduzido nos estados Unidos entre 1993 e 1996 mostrou que crianças com acesso facilitado a parques e programas de recreação apresentavam menores índices de obesidade (Wolch, et al., 2014). Também nos Estados Unidos, um estudo mostrou que comunidades de baixa renda têm acesso restrito a parques, e que os parques costumam ser mais poluídos em áreas de baixa renda. Não é difícil de imaginar que a situação no Brasil seja semelhante. Ademais, parques são um meio de aumentar a cobertura verde da cidade, o que ajuda a drenar as águas da chuva, prevenindo enchentes, bem como ajudam a mitigar o efeito das ilhas urbanas de calor. "Ilhas urbanas de calor" é a terminologia que caracteriza o aumento de temperatura de áreas urbanas comparado à temperatura prévia na mesma região em anos anteriores ou em regiões do entorno durante o mesmo período. Em São Paulo, a diferença de temperatura entre a zona central e periférica da cidade pode atingir 10°C.

As ilhas urbanas de calor favorecem a formação de um poluente em particular, o ozônio troposférico. Formado na presença de luz, a partir de nitrogênio e compostos orgânicos voláteis liberados pela queima de combustíveis fósseis, o ozônio é fortemente relacionado a crises agudas de asma e alterações cardiovasculares. Entre 1990 e 2013, a mortalidade ajustada por ozônio no mundo aumentou em quase 20% (Forouzanfar et al., 2013).

No verão, a diferença de temperatura entre o centro (quente) e a periferia (menos quente) da cidade aumenta eventos de chuva forte nas partes centrais da cidade, favorecendo enchentes e seus malefícios à saúde. As enchentes, em conjunto com o prejuízo no funcionamento dos semáforos, agravam a imobilidade na cidade.

As ilhas urbanas de calor aumentam os períodos prolongados de temperatura muito elevada, eventos conhecidos como ondas de calor. Fortemente associadas com aumento da mortalidade, as ondas de calor favorecem a concentração de poluentes atmosféricos, aumentando a incidência de doenças relacionadas à poluição já descritas neste artigo. Estima-se que a temperatura média no Brasil possa subir entre 2°C e 4°C até 2100 (Marengo et al., 2009), mas, ao contrário de países desenvolvidos como a Austrália, o Brasil não dispõe de políticas consistentes para proteger sua população dos extremos de temperatura.

O aumento da temperatura do ar ainda influencia a distribuição de doenças causadas por vetores como a dengue. A taxa de incidência da dengue na cidade de São Paulo (casos por 100.000 habitantes) em 2010-2011 foi maior em áreas que combinavam cobertura vegetal restrita e altas temperaturas médias de superfície do que em áreas com ampla cobertura vegetal: 72,3 casos contra 3,2 casos. A alta temperatura (>32°C) foi o principal determinante para a concentração dos casos, superando características socioeconômicas como regiões de baixo nível socioeconômico, moradia precária e alta densidade populacional (Araujo et al., 2015).

A associação das ilhas de calor e mudanças climáticas na temperatura dos grandes centros urbanos tende a aumentar a frequência e intensidade de ondas de calor, períodos de seca e de chuva intensa. O aumento de áreas verdes nos centros urbanos pode resfriar a temperatura do local e do entorno, contribuindo para a mitigação das ilhas urbanas de calor. O uso de matérias com maior potencial reflexivo na superfície de construções também pode auxiliar.

A distribuição dos serviços na cidade também influencia a saúde dos moradores. Um estudo mostrou que crianças que moram em bairros com menos lojas de conveniência e supermercados apresentam menor índice de obesidade. (Shier et al., 2012)

Ademais, as desordens psiquiátricas são mais prevalentes em áreas urbanas que rurais e contribuem para cerca de um quarto da sobrecarga total da doença na América Latina e Caribe. Condições prevalentes em muitas cidades com grande desvantagem socioeconômica, baixo nível de atividade física, baixo nível de interação social e altos índices de violência, podem resultar em doença mental.

Promover mudanças urbanísticas efetivas para uma cidade mais saudável requer a interação multidisciplinar entre diversas pastas do governo, sociedade civil e outros atores da sociedade. Apesar da magnitude do desafio, os benefícios parecem fortes o suficiente para consensos efetivos, afinal, uma cidade que promova a saúde de sua população é interesse de todos. Ademais, uma cidade saudável deveria ser interesse particular dos profissionais de saúde, pois representa um grande auxílio terapêutico no enfrentamento de doenças e promoção da qualidade de vida.

Referências
ARAUJO, R.V., ALBERTINI, M.R., COSTA-DA-SILVA, A.L., et al. *São Paulo urban heat islands have a higher incidence of dengue than other urban areas.* (2015) Braz J Infect Dis. 19(2):146-55.
CHETTY, R., HENDREN, N., Katz, L. *The Effects of Exposure To Better Neighborhoods on Children: New Evidence from The Moving to Opportunity Experiment (2015).* Working Paper 21156. Harvard University.
CHRISTENSEN, J.S., RAASCHOU-NIELSEN, O., TJØNNELAND, A., NORDSBORG, R.B., JENSEN, S.S., SØRENSEN, T.I., SØRENSEN, M. *Long-term exposure to residential traffic noise and changes in body weight and waist circumference: A cohort study.(2015).* Environ Res.19;143 (Pt A): 154-161.
CINTRA, M. *Os custos dos congestionamentos na cidade de São Paulo. (2014).* Textos para Discussão da Escola de Economia de São Paulo da Fundação Getulio Vargas FGV-EESP.
CLANCY, L., GOODMAN:, SINCLAIR H., DOCKERY, D.W. *Effect of air-pollution control on*

death rates in Dublin, Ireland: an intervention study. (2002). Lancet.19;360(9341):1210-4.
SILVA, C.B.P. da, SALDIVA:H.N., AMATO-LOURENÇO, L.F., RODRIGUES-SILVA, F., Miraglia, S.G.E. *Evaluation of the air quality benefits of the subway system in São Paulo, Brazil.* (2012). Journal of Environmental Management. 101: 191-196.
FOROUZANFAR, M.H., ALEXANDER, L., ANDERSON, H.R, et al. *Global, regional, and national comparative risk assessmentof 79 behavioural,environmental and occupational, and metabolic risks or clusters of risks in 188 countries,1990–2013: a systematic analysis for the Global Burden of Disease Study 2013.* (2015). Lancet. Published online: http://dx.doi.org/10.1016/S0140-6736(15)00128-2.
GASPARRINI A, GUO Y, HASHIZUME M, et al.. *Mortality risk attributable to high and low ambient temperature: a multicountry observational study.* Lancet. 2015 pii: S0140-6736(14)62114-0. doi: 10.1016/S0140-6736(14)62114-0.
GOUVEIA, N., FREITAS, C.U.M., CONCEIÇÃO, L. Marcilio, I.O. *Hospitalizações por causas respiratórias e cardiovasculares associadas à contaminação atmosférica no Município de São Paulo, Brasil pollution in the city of São Paulo, Brazil.* (2006). Cadernos de Saúde Pública. 22 (12), 2669-77.
HALONEN, J.I., HANSELL, A.L., GULLIVER, J., MORLEY, D., BLANGIARDO, M., FECHT, D., TOLEDANO, M.B., BEEVERS, S.D., ANDERSON, H.R., KELLY, F.J., TONNE, C. *Road traffic noise is associated with increased cardiovascular morbidity and mortality and all-cause mortality in London.* (2015) Eur Heart J. 14;36(39):2653-61.
LAVERTY AA, PALLADINO R, LEE JT5, MILLETT C. *Associations between active travel and weight, blood pressure and diabetes in six middle income countries: a cross-sectional study in older adults.* Int J Behav Nutr Phys Act. 2015 May 20;12:65.
MARENGO, J. A., JONES, R., Alves, L. M., VALVERDE, M. (2009). *Future change of temperature and precipitation extremes in South America as derived from the PRECIS regional climate modeling system.* International Journal of Climatology. 29 (15): 2241-2255.
MUELLER, N., ROJAS-RUEDA, D., COLE-HUNTER, T., et al. *Health impact assessment of active transportation: A systematic review.* (2015). Prev Med. 18 (6), 103-114.
NAWROT, T.S., PEREZ, L., KÜNZLI, N., MUNTERS, E., NEMERY, B. *Public health importance of triggers of myocardial infarction: a comparative risk assessment.* (2011). Lancet. 26;377(9767):732-40. doi: 10.1016/S0140-6736(10)62296-9.
SHIER, V., An, R., STURM, R. *Is there a robust relationship between neighbourhood food environment and childhood obesity in the USA?* (2012). Public Health. 126(9):723-30.
WATTS, N., ADGER, W. N., AGNOLUCCI:, BLACKSTOCK, J., BYASS. P., et al. (2015). *Health and climate change: policy responses to protect public health.* (2015). Lancet, Published Online, 22 June 2015.
WOLCH, J.R., BYRNE, J., NEWELL, J.P. (2014). *Urban green space, public health, and environmental justice: The challenge of making cities 'just green enough'.* Landscape and Urban Planning. 125, 234–244.

MUNDO E PODER
CONHECIMENTO PARA
TRANSFORMAR

9

Estamos começando a viver a quinta onda do terrorismo internacional?

Sidney Ferreira Leite

Sidney Ferreira Leite

Pró Reitor Acadêmico do Centro Universitário Belas Artes de São Paulo, professor dos cursos de Relações Internacionais, Relações Públicas e Jornalismo da Belas Artes e da ESPM e avaliador institucional do MEC. Como Pró Reitor é responsável pelo relacionamento institucional entre a Belas Artes e o MEC. Está à frente da implantação de novos cursos de graduação, da reestruturação da Pós-Graduação, do EAD e dos cursos Tecnológicos, e elabora as estratégias de prospecção de novos alunos no processo seletivo. É responsável pela implantação de novas metodologias de ensino e aprendizagem. Leciona há mais de vinte cinco anos em cursos superiores. Trabalha há aproximadamente 20 anos na área de gestão de cursos de graduação e pós-graduação. Foi coordenador do curso de Lato Sensu e Stricto Sensu da Faculdade Cásper Líbero, além de coordenar o processo seletivo dessa IES. Participou da criação do curso de graduação em Relações Internacionais do Centro Universitário Belas Artes em São Paulo. Tem pós-doutorado em Comunicação pela Universidade Metodista, sobre o tema Comunicação e Novas Tecnologias Digitais: reflexões e teorias; doutorado pela Universidade de São Paulo (USP) sobre o papel do cinema na política externa norte-americana durante a 2ª Grande Guerra; mestrado (USP) e graduação e licenciatura (UFRJ) na área de História Social. É autor de quatro livros e dezenas de artigos sobre esse tema, em diversos periódicos científicos e de divulgação. Orienta pesquisas de iniciação científica e trabalhos de conclusão de cursos de graduação e pós-graduação; ministra cursos *in company* sobre o tema negociação. Atuou na área de consultoria empresarial e educacional (Trevisan Escola de Negócios). Realizou cursos de extensão sobre gestão universitária na Harvard University e no Babson College. Conquistou o Prêmio Francisco Gracioso – Excelência Acadêmica, na modalidade orientação de monografia.

Contato
sidney.leite@belasartes.br

Um cheiro de pólvora está no ar

Há uma perigosa ignorância dos principais atores internacionais sobre o que é o Estado Islâmico e, principalmente, sobre as suas diferenças em relação a grupos terroristas, em especial a Al Qaeda. Os lamentáveis acontecimentos do dia 26 de junho de 2015 devem servir como alerta para a necessidade de compreendermos com mais profundidade esse fenômeno historicamente novo.

Em 26 de junho foi registrado mais um capítulo na sangrenta e longa história do terrorismo no mundo contemporâneo. Em ações espetaculares, o Estado Islâmico "comemorou" e lembrou à comunidade internacional a data de seu primeiro ano de existência, atuando direta ou indiretamente em três ataques praticamente simultâneos na França, na Tunísia e no Kuwait. Os três ataques terroristas deixaram o total de 67 mortos, além de dezenas de feridos. Foram crônicas de mortes anunciadas[1], pois ocorreram menos de um dia depois de um dos porta-vozes da organização ter proclamado que em breve mais xiitas e cristãos conheceriam o destino que lhes foi traçado.

A apologia da violência não é novidade quando o assunto em pauta é o Estado Islâmico. Esse grupo coloca sistematicamente na internet vídeos que exibem toda a sua barbárie. Produzidos com técnicas e equipamentos de última geração, são vídeos que funcionam como uma poderosa arma de propaganda a proclamar as sucessivas vitórias da organização.

Em um curto espaço de tempo está sendo consolidado um novo paradigma de terrorismo que, entre outros aspectos, exerce forte influência sobre grupos terroristas, como o Boko Haram e Al Qaeda, do Magreb Islâmico. Além da propagação de um modelo nefasto, o Estado Islâmico exerce um papel altamente destrutivo nos cenários político, econômico e social do Iraque e da Síria, ambos países caóticos.

1 Citação figurada da obra Crónica de uma muerte anunciada, de Gabriel García Márquez (1981), em que ocorre a reconstrução, em formato jornalístico, da história do assassinato de Santiago Nasar por dois irmãos.

Como afirmou o grande historiador Eric Hobsbawm na introdução do seu livro Era dos Extremos[2], a primeira tarefa é tentar compreender os fenômenos, e isso não significa aceitá-los. Assim, é imperioso definir a natureza do Estado Islâmico, os seus fundamentos e as suas fragilidades. Dessa forma, os estudiosos darão uma poderosa e significativa contribuição para os Estados e para as Organizações Internacionais, notadamente a ONU, para enfrentarem esse poderoso inimigo. Em outras palavras, conhecer o inimigo é passo importante para levar a cabo a sua derrota.

Quatro ondas

O terrorismo pode ser estudado com abordagens e metodologias distintas. Não há consenso sobre a sua definição. O sentido etimológico da palavra terrorismo é *terrere*, e sugere a ideia de alcançar objetivos por intermédio do medo, do terror e da violência, fora de mecanismos legais e formais, atingido os seus inimigos diretos ou indiretos, inclusive civis inocentes.

Para fins deste texto, seguiremos o caminho proposto por David C Rapoport, sistematizado em The Four Waves of Modern Terrorism. Rapoport estuda o fenômeno utilizando o conceito de ondas, isto é, contextos da História que são caracterizados por ações terroristas com objetivos e características comuns, tendo fases de ascensão e de declínio de organizações. É importante sublinhar que desde fins do século XIX, o terrorismo está profundamente implantado no mundo contemporâneo. A primeira versão do ensaio de Rapoport foi publicada na Current History, em dezembro de 2001:419-425.

A primeira onda começou no Império Russo, a partir de 1880, quando os anarquistas colocaram em prática a estratégia de assassinar políticos e militares ligados ao regime Czarista. O objetivo era destruir a velha Rússia em suas bases. A legitimidade das ações estava na ideologia revolucionária. Como disse a militante Vera Zasulich ao ser presa: "Eu sou uma terrorista, não uma assassina". Desde então, não basta eliminar fisicamente o seu inimigo, mas dar ampla publicidade e assinar o ato criminoso, revestindo-o de significados.

A segunda onda teve início após a Primeira Guerra Mundial, com a luta anticolonial na Ásia e na África, e trouxe como características mais acen-

---
[2] HOSBAWM, Eric. *Era dos extremos – o breve século XX*. São Paulo : Companhia das Letras, 1994.

tuadas o nacionalismo e a luta pela descolonização, com ações de guerrilha contra os exércitos regulares das potências coloniais e os seus representantes.

A terceira onda está relacionada ao contexto da Guerra Fria. Rapoport denomina essa onda de New Left. O seu auge ocorreu entre os anos 1960 e 1980, época das ações terroristas de organizações como a OLP (Organização para a Libertação da Palestina), as Brigadas Vermelhas, ETA (Pátria Basca e Liberdade) e o grupo Baader-Meinhof, uma onda fortemente influenciada pelo êxito dos *vietcongs* contra as Forças Armadas norte-americanas durante a guerra do Vietnã.

As práticas e características da terceira onda são numerosas: sequestros de aviões, assaltos a bancos, assassinato de militares e funcionários de Estado e ataques com bombas, levando à morte centenas de civis. As ações são definidas e justificadas como retaliações e punições aceitáveis dentro da ideologia dessas organizações.

Há duas ações nesse contexto que podem ser sublinhadas como emblemáticas: o massacre de atletas israelenses, em 1972, nas Olimpíadas de Munique, levado a cabo pela organização terrorista Setembro Negro. E, em 1978, o sequestro e assassinato do primeiro ministro italiano Aldo Moro.

Na interpretação de Rapoport, somos contemporâneos da quarta onda terrorista, que emergiu com a vitória da Revolução Islâmica no Irã, com a invasão do Afeganistão pela URSS em 1979 e, de forma mais ampla, com o fim da Guerra Fria. Esses fatos estimularam a ascensão de novas organizações, principalmente entre os grupos jihadista, que redefiniram objetivos e metas com base em concepções fundamentalistas.

A Al Qaeda, desde o 11 de Setembro de 2001, e até 2014, passou a ser a organização terrorista mais emblemática da quarta onda, posição que vem perdendo nos últimos meses para o Estado Islâmico. Mas quais são as diferenças entres essas duas organizações? Será que o mundo está entrando em uma nova onda terrorista, a quinta onda?

Para responder a essas questões, é necessário comparar o Estado Islâmico com a Al Qaeda, uma das principais organizações terroristas da quarta onda.

Diferenças entre o Estado Islâmico e a Al Qaeda

A Al Qaeda ocupa posição fulcral não apenas nos estudos sobre o terrorismo contemporâneo, mas também na estratégia de segurança sistematizada pelas principais potências do sistema internacional, notadamente da principal vítima do 11 de setembro de 2001, isto é, os Estados Unidos. Segundo o *The Washington Post*, somente nos Estados Unidos foram criadas 263 organizações governamentais voltadas direta ou indiretamente para a segurança do país contra novas ações terroristas, sendo a mais famosa o Departamento *of Homeland Security*, que inspirou a célebre e premiada série de televisão, *Homeland*. A informação do jornal norte-americano indica que os serviços de inteligência e segurança construíram seus planejamentos de contraterrorismo para combater e eliminara a Al Qaeda e o seu modus operandi. O pressuposto é que o Estado Islâmico deve ser enfrentado com as mesmas armas que são utilizadas para combater a Al Qaeda. Trata-se de um retumbante equívoco, cujas consequências estão escrevendo a história contemporânea com letras de sangue, como aconteceu no último dia 26 de junho.

Quando comparamos as duas organizações, devemos considerar, em primeira instância que elas nasceram em contextos históricos bem distintos. Enquanto a Al Qaeda tem origem na luta de grupos jihadistas contra a ocupação soviética, no Afeganistão, em 1979, o Estado Islâmico tem a sua origem na reação à invasão do Iraque pelos Estados Unidos, em 2003, e em seus desdobramentos políticos e religiosos, isto é, a ascensão dos xiitas ao poder, ocasião que foram desalojados os sunitas que recebiam proteção e apadrinhamento durante o regime liderado por Saddam Hussein.

A Al Qaeda possui, no máximo, algumas centenas de seguidores, não controlando ou governando territórios. O Estado Islâmico, por sua vez, tem sob seu controle um território do tamanho aproximado da Inglaterra e lidera um exército de aproximadamente 30 mil soldados, a maioria oriunda de países muçulmanos, como Tunísia e Arábia Saudita. Além de militantes de diversas nacionalidades, controla linhas de comunicação, transporte e recursos financeiros, inclusive contrabandeando e vendendo petróleo no mercado negro, faturando aproximadamente dois milhões de dólares por dia.

A comparação permite, por exemplo, detectar que o jihadismo não é monolítico. A Al Qaeda, por exemplo, luta para criar o contexto que tornará possível a criação de um futuro califado, tem uma estrutura flexível e opera com redes autônomas que funcionam como células. O jihadismo do Estado Islâmico, por sua vez, é territorial, estruturado, com certa rigidez, em divisões administrativas, denominadas Conselhos. Há cinco mais importantes: o religioso, o econômico, o legal (Sharia), o de segurança e o de comunicação, todos sob o comando do Califa Ibrahim, enviado e representante direto de Maomé.

É importante destacar que o êxito do Estado Islâmico, especialmente no Iraque, está relacionado, em grande medida, às alianças com líderes tribais sunitas descontentes com o governo de maioria xiita implantado pelo governo norte-americano, com militares muito bem preparados para confrontos em batalhas formais, e que foram desalojados do poder após a queda de Saddam Hussein, fato que explica os êxitos do Estado Islâmico na conquista de cidades e combates contra o Exército Iraquiano. Enquanto Osama bin Laden ficava isolado, escondido em cavernas, sem contato direto e efetivo com os muçulmanos, cujos interesses dizia representar, a Al Qaeda tem em sua natureza a luta contra o Ocidente e os seus aliados. Sua meta principal é aglutinar os muçulmanos em um confronto global contra os poderes seculares oriundos do Ocidente.

Os primeiros militantes que, anos mais tarde, criaram o Estado Islâmico, eram sunitas extremistas que lutavam contra tropas de ocupação dos Estados Unidos com o objetivo de fomentar uma guerra civil. Urge destacar que nessa época o grupo se auto proclamava Al Qaeda do Iraque, e tinha como líder Abu Musab al-Zarqawi, que foi morto em 2006, durante um ataque aéreo das forças de ocupação norte-americanas.

Após um período de retração, o grupo voltou a atuar com toda intensidade em 2011, nas revoltas contra o regime de Assad, na Síria. Nesse momento, seus princípios estavam ancorados em uma espécie de utopia reversa: os muçulmanos podem e devem retornar à vida pura e simples que existiu no califado de Maomé. O Estado Islâmico se apresenta como o caminho para reencontrar a identidade perdida e pertencer a uma comunidade espiritual, ideias materializadas em um território reconquistado dos infiéis.

O Estado Islâmico está aproveitando as conjunturas favoráveis para colocar em práticas seus projetos. Assim, o caos administrativo e político no Iraque e a guerra civil na Síria, que funcionam como polo de atração para centenas de jihadistas espalhados no Oriente Médio e em países de outros continentes, é fomentado por dois aspectos de suma importância: a cisão entre sunitas e xiitas e as ineficazes ações colocadas em pelas potências internacionais e regionais para contê-lo.

A Al Qaeda continua muito perigosa, mas, está fragmentada. A organização criada pelo falecido Osama bin Laden continua a se apresentar como a vanguarda abstrata da suposta insurgência global. O Estado Islâmico definiu um programa mais concreto: ocupação de território, refundação do califado de Maomé, não reconhecimento das fronteiras estabelecidas pelo Ocidente no Oriente Médio e criação de uma comunidade islâmica governada pela sua rígida e peculiar interpretação da Sharia.

Assim, as diferenças entre as duas organizações terroristas são substanciais, pois o Estado Islâmico possui uma estrutura de organização, de sustentação e estratégias de ação distintas da Al Qaeda. A rigor, o Estado Islâmico apresenta um grau de complexidade bem mais elevado que a organização de Osama bin Laden.

Pode soar precipitado afirmar que o atual contexto traduz uma ruptura profunda, que permite sustentar a afirmativa que estamos presenciando a transição para uma nova fase do terrorismo. Todavia, é recomendável que discussões sérias a respeito dessa possibilidade sejam iniciadas.

A história é implacável para com aqueles que ignoram a realidade. Se de fato há uma nova onda, mais organizada e ameaçadora, devemos empregar as ferramentas eficientes e eficazes para que essa onda, que no momento parece gigantesca no horizonte, se aproxime da areia e, ao tocá-la, se transforme em espuma.

JORNALISMO E MÍDIA CONHECIMENTO DO COTIDIANO

10

Ser Jornalista – o eterno retorno

Margarete de Moraes

Margarete de Moraes

Margarete de Moraes é jornalista formada pelo Instituto Metodista de Ensino Superior (SBC), com Pós-Graduação em Relações Públicas pela Fundação Cásper Líbero (SP) e Mestrado em Ciências da Comunicação pela Universidade de São Paulo (USP). É autora de diversos livros e artigos e atua como consultora em Comunicação e Marketing e produtora de conteúdo para as marcas Bio Ritmo e Smart Fit.

Contato
magademoraes@yahoo.com.br

Quando entrei na faculdade de jornalismo do Instituto Metodista de Ensino Superior (SBC), em 1988, o curso era um dos mais procurados pelos estudantes, como ainda acontece atualmente. Havia – como ainda há – toda uma mística em torno da profissão, geralmente ininteligível aos pais: eles não entendiam como seus filhos podiam escolher uma carreira tão instável e, pior ainda, com uma remuneração bem abaixo daquelas profissões ditas "clássicas" e tão almejadas pelas famílias, em áreas como Medicina, Engenharia, Economia...

Há muitos motivos pelos quais alguém escolhe essa carreira. Muitos a seguem porque crescem vendo os âncoras da TV brilhando na tela. Queiramos ou não, a exposição que o Jornalismo acarreta para alguns de seus profissionais é um verdadeiro canto de sereia para os mais narcisistas. Há também quem queira mudar o mundo – são os idealistas, que veem a profissão como uma forma de promover mudanças sociais. E há os que simplesmente "curtem muito" escrever, como eu. Ok, eu também queria mudar o mundo, apesar de o meu sonho em ser correspondente de guerra nunca ter se realizado. E, não posso negar, sempre gostei de ver meu nome publicado em jornais e revistas.

Cada um tem sua história de amor pelo Jornalismo. A minha nasceu a partir dos nove anos de idade, quando descobri que queria ser escritora. Pragmaticamente, procurei alguma profissão que pagasse pela escrita. Encontrei a resposta nos jornais que meu pai lia. Apesar de ter havido certo desvio posterior para outras profissões, como professora, astrônoma, e até freira, o Jornalismo nunca saiu do primeiro lugar em minha ideia de realização, como deve ocorrer com tantos outros.

Nos anos 80, quando comecei na profissão (minha primeira atuação em Jornalismo aconteceu antes de eu iniciar a faculdade, tanto no extinto Jornal Folha da Tarde como na revista Bizz, de música), ser jornalista era sinônimo de glamour, mas também de trabalho duro, como logo se percebia ao começar a trabalhar, de fato. Mas para mim era uma diversão: ganhar dinheiro escrevendo! Pode haver coisa melhor?

Considero excelente a definição de Dad Squarisi e Arlete Salvador, autores do livro "A arte de escrever bem": *"A receita para escrever um texto jornalístico funciona bem porque ensina a pensar."*.

Nos anos 90, os primeiros indícios de uma coisa chamada **Internet** já insinuavam que haveria uma grande mudança, ao mesmo tempo em que a comunicação corporativa se sedimentava, muito além das assessorias de imprensa. Passava a ser estratégica para as empresas mais avançadas, como no caso icônico da Rhodia, por onde passei também, atuando em diferentes unidades (Têxtil, Química, Cooperhodia, que é a atual Coop). Foi nesta época que um dos aspectos mais tolos da profissão me atingiu: jornalista que trabalhava para empresas era tido como um "vendido". Era avaliado como alguém que só queria dinheiro e era mais publicitário do que jornalista. Essa percepção foi mudando com o tempo, mas ainda não vi estudante de Jornalismo que entre na faculdade para trabalhar na área de comunicação de alguma empresa, ou em alguma assessoria de imprensa – estigma esse que, aliás, é mais um preconceito do que uma realidade, pois grandes realizações em comunicação também acontecem em outros territórios.

Paulo Nassar e Rubens Figueiredo abordam a questão com apuro, em "O que é comunicação empresarial":

> Os olhos da sociedade e dos consumidores querem ver o que move a empresa além do lucro. As linguagens da propaganda, relações públicas, jornalismo, atendimento ao consumidor, lobby, agindo de forma conjunta e integrada, devem mostrar a personalidade da empresa para o social em todas as suas ações. A Rhodia, em 1985, por intermédio da sua Gerência de Comunicação, comandada na época por Walter Nori, criou um Plano de Comunicação Social que veio revolucionar a forma como se pensava a comunicação empresarial. Pela primeira vez, a comunicação empresarial foi concebida como a somatória das ações – sempre integradas – das várias áreas de comunicação da empresa. (NASSAR & FIGUEIREDO:13)

Logo no início do exercício dessa profissão fui admirada por trabalhar em um jornal e uma revista, e fui odiada por também trabalhar em uma empresa (eram os incríveis anos 80 do ABC paulista e petista!). Eu me considerava de esquerda, mas não via problema algum em fazer revistas para as empresas. Então continuava escrevendo – e me divertindo.

Quando procurei o Jornalismo, a proporção de alunos por vaga era intimidadora, principalmente nas instituições de primeira linha. Hoje, a média mudou bastante, caindo para quase duas pessoas por vaga em instituições privadas. Leve-se em consideração que durante estas décadas o número de cursos de Jornalismo cresceu, chegando a cerca de 370 em todo o país. Apesar das recentes ondas de demissões no segmento, os jovens continuam interessados no curso: foi o sétimo mais procurado em 2014 na FUVEST (são 111 cursos oferecidos, no total), o que significa uma média de 36 candidatos por vaga. Como comparativo, Medicina, o curso mais procurado, teve cerca de 55 pessoas por vaga – e já se passaram mais de cinco anos desde que o Supremo Tribunal Federal derrubou a obrigatoriedade do diploma de Jornalismo. Muita gente desistiu – na USP, a queda na procura pelo curso foi de 12% no período, mas ainda assim o curso se mantém no topo do desejo dos jovens.

Sobre a não obrigatoriedade do diploma, o fato é que as empresas ainda continuam preferindo pessoas formadas por boas instituições de ensino. Faz sentido, em um país onde a qualidade da educação básica deixa muito a desejar. A boa faculdade de Jornalismo acaba suprindo aprendizados que já deveriam fazer parte de qualquer aluno do fundamental e médio: saber se expressar no próprio idioma.

Uma vez que a profissão continua sendo tão procurada, o que um jovem estudante precisa saber antes de encarar quatro anos de um curso que, se bem aplicado, não é exatamente o mais fácil? Não basta saber escrever ou apresentar-se bem para as câmeras. Para ser um bom jornalista é preciso ser um "especialista em generalidades", como um professor sempre me repetia. Ou seja, é preciso uma combinação alquímica entre o domínio completo da expressão através da escrita e da fala, ter uma cultura geral invejável, acompanhar todos os acontecimentos e ter uma garra visceral por descobrir coisas, além de consciência de si mesmo como um ser social. Curiosamente, são coisas que faculdade alguma ensina, mas pode aprimorar. Como em qualquer outra profissão, é preciso ter vocação. O resto se aprende (geralmente errando bastante).

Ainda acho curioso que os jovens estudantes pareçam não ter muita ideia dos campos de trabalho os espera na profissão. Não é só jornal, revista, TV e rádio! Temos a comunicação corporativa e, claro, a Internet, que é presente em todos esses mundos.

Tentem imaginar: eu nem sou tão velha assim, e quando comecei em Jornalismo a Internet não existia no Brasil. Era uma vaga promessa, da qual os professores nem se davam conta. Isso significa que durante toda a minha carreira eu tive que aprender o tempo todo. Está aí mais um bom motivo para ser jornalista: você é pago para aprender!

Por que digo que a prática do jornalismo é um eterno retorno, parafraseando Mirce Eliade? Porque você pode se aventurar por tantas áreas diferentes, tantos veículos e formas de expressão, mas sempre voltar ao básico, que é saber se expressar. Estou falando da minha experiência pessoal, é claro, mas o "mínimo múltiplo comum" da profissão sempre foi escrever. Nesse sentido, cumpri minha busca: trabalhar me divertindo, ou seja, *escrevendo*. Porque não importa qual área eu tivesse escolhido, lá estaria eu escrevendo.

Minha trajetória atesta isso: comecei com jornal e revista, passei para a comunicação corporativa, caí na Internet. E o ciclo foi se repetindo, indefinidamente. Atualmente sou gerente na área de *Brand Content*, ou seja, produção de conteúdo para marcas. Faço vídeos, escrevo textos, crio áudios com conteúdos interessantes do ponto de vista jornalístico e diretamente ligados à divulgação de uma marca. Ah, sim – a comunicação empresarial flerta com a publicidade, mas *não é* publicidade! A diferença é simples: publicidade vende, e comunicação corporativa informa e divulga uma marca ao mesmo tempo.

Ainda há muito preconceito na comunicação corporativa. Pessoalmente, acredito que ele persiste ao passar do tempo porque muitas empresas se comunicam de forma errada: tentam usar suas assessorias de imprensa e departamentos de comunicação como publicidade velada, o que nunca dá certo. Claro que isso acontece porque este tipo de comunicação é muito mais barata do que a mídia publicitária, mas ao mesmo tempo é tão ineficiente - se não for bem utilizada - que não encontra eco algum junto aos veículos de comunicação de massa. São *releases* e conteúdos corporativos muito bem feitos e bem produzidos, que vão direto para o lixo das redações.

Um exemplo fácil: nos últimos anos, aumentou o número de empresas que investem na edição de livros corporativos. Grande parte deles é formada por produções caras, capa dura, quinta cor, grandes fotógrafos e uma diagramação fora de série. Enfim, um luxo... que não serve para nada! Exceto se a empresa tiver, por si só, uma grande importância social, política e econômica, não se justifica uma produção de luxo para contar a história de uma empresa igual a tantas outras, ou registrar a história de um executivo obscuro.

Tanto dinheiro pode ser direcionado para produções que, sim, registrem a história de uma empresa, mas no contexto social, político, econômico e histórico do país, ou que traga consigo conteúdo cultural relevante. Ou seja, a história a contar pode ser banal, e é preciso que o conteúdo valha a pena ser contado. No fundo, trata-se sempre da necessidade de escrever algo que alguém – que não seja o dono da empresa – tenha vontade de ler. Se a empresa é do ramo têxtil, por exemplo, pode contar a história da moda no Brasil. Se a empresa atua com lixo, pode produzir um livro de cunho ecológico e social, tratando do assunto de forma consciente. Se for uma academia de ginástica, pode abordar contextos como saúde e qualidade de vida. Se for uma padaria, pode lançar um livro de receitas. Seja como for, tem que ser um conteúdo interessante, e não meramente narrativo.

A produção de livros – que eu conheço bem, por ter feito vários – é apenas um exemplo, mas a mesma lógica da relevância se estende por todo o trabalho corporativo: assessoria de imprensa, comunicação interna, mídias sociais, dentre tantas outras formas de atuação. É preciso que seja relevante, seja interessante, tenha impacto – caso contrário, a comunicação corporativa torna-se maçante, além de ser publicidade de má qualidade.

A lógica da relevância também se aplica à comunicação *online*. Justamente porque a Internet tem conteúdo demais, e que está o tempo todo à disposição de todos, é preciso capturar a atenção através da importância do que está sendo dito. Digam o que quiserem, mas regras mínimas de Jornalismo (como checar a informação mais de uma vez antes de publicar) vale também para a Internet.

Apesar dessa regra de ouro, no impulso de "dar o furo", mesmo isso signifique apenas dizer que certo artista está se separando, muitos jornalistas da Internet não se dão ao trabalho de verificar se a informação é correta ou se não passa de boato ou, pior, se é apenas um *release* construído para divulgar alguma inverdade.

Jornalista não é editor de *release*, ou não deveria ser. Embora a prática preguiçosa de "cozinhar" o texto do *release* da assessoria de imprensa seja antiga, ela vem se disseminando cada vez mais na era da Internet, quando a quantidade de notícias parece ser mais importante do que a qualidade delas. O assessor de imprensa é um parceiro importantíssimo para o Jornalista, mas é preciso ver a fonte como ela é: uma empresa, uma causa, um setor da sociedade que tem seus interesses próprios. Com este filtro na cabeça, o jornalista tem uma pauta a vai desenvolver, não um *release* para "escrever diferente".

Mas o Jornalismo ainda é mais do que TV, rádio, jornal, revista, comunicação corporativa e Internet. Há os administradores do segmento, que são importantes para gerir empresas do segmento de comunicação ou departamentos de comunicação no ambiente das empresas. Gente que começa jornalista, mas se descobre também executivo por natureza. E mais: embora atualmente tenha diminuído o número de escritores oriundos do Jornalismo em detrimento dos profissionais de Letras, jornalista de verdade sabe escrever e pode descobrir, em determinado momento de sua vida, um desejo de criar um romance, ser poeta ou biógrafo. Muitos se aventuram em áreas como Ciências e História, por exemplo, tornando-se excelentes divulgadores das Ciências Humanas, em geral. Escrever livros para empresas também é tarefa para um pesquisador e escritor experiente, que pode ter sido treinado pelo Jornalismo.

Mas há que seguir em frente: o Jornalismo pode ser uma porta de entrada para outras áreas da comunicação, como publicidade e relações públicas. E há os jornalistas que ensinam a outros – são os que seguem para a área acadêmica, atuando como professores e pesquisadores. A USP já possui uma graduação em Educomunicação, área que forma comunicadores educadores, que é de grande importância social. Outros profissionais podem ter uma atuação política direta, não apenas como assessores de candidatos, mas como protagonistas políticos e sociais.

Há aqueles jornalistas que continuam querendo "mudar o mundo" (ainda bem!), e se associam a causas, como as ambientais, por exemplo, tendo uma importante atuação em ONGs, instituições e associações no Brasil e no mundo.

Portanto, Jornalismo não é apenas ser contratado como um apresentador famoso de uma rede de televisão!

Muito se discute sobre o futuro do jornalismo. Alguns preconizam que os jornais e as revistas vão acabar. É uma perspectiva, se levarmos em consideração as demissões nas redações. Não tenho opinião formada a respeito, mas sigo a lógica de Umberto Eco: *"Não contem com o fim do livro"*. Não acho que devemos contar com o fim do livro, do jornal, da revista, e afins. Devemos, sim, contar com a mudança de tudo, o tempo todo. Teremos jornais, mas outros jornais. Teremos revistas, mas outras revistas. E teremos livros, de diferentes formas.

Mas acima de tudo, teremos sempre *jornalistas*.

Referências

FERIGATO, G. e CARVALHO, L. *Busca por diploma em jornalismo aumenta nos vestibulares apesar de cortes no mercado*. Disponível em <http://www.portalimprensa.com.br/revista_imprensa/conteudo-extra/70340/busca+por+diploma+em+jornalismo+aumenta+-nos+vestibulares+apesar+de+cortes+no+mercado>. Acesso em 25/10/2015.

NASSAR, P & FIGUEIREDO, R. *O que é comunicação empresarial*. São Paulo : Editora Brasiliense, 2006.

SQUARISI, D. & SALVADOR, A. *A arte de escrever bem. Um guia para jornalistas e profissionais do texto*. São Paulo : Editora Contexto, 2012.

11

Imagens midiáticas da maternidade

Titi Vidal &
Pedro Ortiz

Titi Vidal

Ana Cristina Vidal de Castro Ortiz (Titi Vidal) é astróloga e terapeuta. Atende e ministra palestras e cursos. Já atuou como advogada, especialista em Direito da Família e das Sucessões. Foi Vice Presidente da Central Nacional de Astrologia. É autora de livros e colunista de sites, revistas e jornais. Astróloga da Revista Cosmopolitan e do Programa Mulheres (TV Gazeta). Pós-graduada em Jornalismo e Mestre em Comunicação pela Faculdade Cásper Líbero.

Contatos
www.titividal.com.br
titividal@titividal.com.br

Titi Vidal e **Pedro Ortiz** são casados e pais da Luiza. Pedro também é pai da Alice e do Alexandre.

Pedro Ortiz

Pedro Ortiz é jornalista formado pela ECA-USP, documentarista e diretor de TV. Professor da graduação e pós-graduação em Jornalismo da Faculdade Cásper Líbero (SP). Editor-chefe da Revista Cásper. Doutor e mestre em Integração da América Latina – Área de Comunicação e Cultura pelo PROLAM-USP. Professor da graduação (Jornalismo e Rádio e TV) e pós-graduação (Cinema, TV e Vídeo) do Centro Universitário Belas Artes (SP). Foi vice-presidente da ABTU – Associação Brasileira de Televisão Universitária (2011-2015), diretor-geral da TV USP (2002-2015) e do Canal Universitário de São Paulo – CNU (2004-2015).

Contatos
phortiz@hotmail.com

Maternidade é um dos temas mais antigos da História, já que as mulheres sempre engravidaram e tiveram filhos. Porém, dependendo do tempo e da cultura na qual a mulher está inserida, a maternidade é vivida de forma psicológica e socialmente distinta, e há novos fatores que surgem de acordo com o contexto político, econômico, cultural e socioambiental.

Nas últimas décadas, mudanças significativas estão acontecendo nesse sentido. Dentre elas, destaca-se que a mulher passou a ocupar mais espaço no mercado profissional e a ter desafios que antes não tinha. Além de assumir novas funções, continuou gerando e cuidando de seus filhos e desempenhando o papel que já tinha na sociedade. Além disso, novas configurações familiares desafiam mulheres e homens em seus papéis e funções familiares e sociais.

Diante disso, surgem novos desafios que, inevitavelmente, são refletidos na mídia, e um tema tão antigo e comum como a maternidade passa a ser tratado de forma recorrente em telenovelas, programas jornalísticos de televisão, documentários, redes sociais, etc., os quais passam a abordar novas questões e desafios atuais da maternidade, de toda família e da sociedade.

Alguns aspectos ganham maior relevância, como mulheres que se tornam mães após os quarenta anos – muitas delas por meio de tratamentos como fertilizações, inseminações ou barrigas emprestadas. Além disso, discute-se a dificuldade de a mulher conciliar uma vida profissional promissora com a maternidade, incluindo a terceirização dos filhos, cada vez mais comum em alguns segmentos da sociedade (MARTINS FILHO, J, 2012). Há estudos que sugerem a importância do cuidado mais próximo e atento dos pais nos primeiros dois anos de vida de uma criança, como no documentário *Mil Dias* (2015).

Ademais, as novas configurações sociais, sejam casais homossexuais que se tornam pais, sejam pais e mães que já entram em uma nova relação com filhos anteriores a ela, compõem famílias que incluem enteados e meio irmãos. A isso tudo se acrescenta a maior necessidade de uma divisão de tarefas entre pais e mães, não apenas no cuidado com os filhos, mas também outras atribuições familiares. Será que essa imagem está sendo construída e mostrada de forma complexa e completa? Qual a imagem da maternidade que hoje é retratada na mídia?

O programa *Fantástico*, da *TV Globo*, produziu a série especial *Mulher 5.0*, sobre mulheres de cinquenta anos. Em um dos episódios, exibido em 12/04/2015, foi abordada a questão dos desafios da maternidade aos cinquenta anos. Discorreu-se sobre as mães tardias, a fertilização in vitro e os desafios da maternidade nessa faixa etária. Também o programa jornalístico *Profissão Repórter*, da mesma emissora, exibido em 03/03/2015, tratou do tema maternidade, incluindo a fertilização *in vitro* como um recurso para realizar o sonho de muitos casais, e também de temas correlatos, tais como os altos custos assumidos por famílias brasileiras que viajam para o exterior em busca de alternativas, como as barrigas de aluguel, e casais gays que têm filhos.

O canal de TV a cabo *GNT* exibe uma série chamada *Boas Vindas*, que já está na 7ª temporada. No segundo semestre de 2015, o programa apresenta histórias e personagens que discutem a maternidade/paternidade sob um prisma masculino. Alguns dos episódios: *Vitória, Paternidade, Vocação, Transformação, Maturidade, Tão perto, tão longe, Recomeços e Momento certo*.

A maternidade tem sido abordada com destaque em algumas telenovelas da *Rede Globo*, que também têm retratado tais desafios, tão comuns aos programas citados. Um exemplo completo sobre o assunto é a novela *Sete Vidas*, de Lícia Manzo, que foi exibida no horário das 18 horas, de 9 de março a 10 de julho de 2015, trazendo diferentes temas relacionados à maternidade e paternidade, seus desafios diante das novas configurações familiares e contextos atuais dos relacionamentos afetivos e profissionais.

A trama apresentou Miguel, interpretado por Domingos Montagner, que anos antes fez doações para um banco de sêmen no exterior e descobre ter seis filhos gerados a partir dessa doação e que se encontram através de um site. Miguel também tem um filho (Joaquim) de forma natural com Ligia, interpretada por Débora Bloch, o qual durante os primeiros anos de vida é criado por Vicente (Ângelo Antonio), com quem ela se casa. As várias formas de maternidade e paternidade, mediadas pelas tecnologias reprodutivas atuais e os novos arranjos familiares, bem como as mulheres que se dividem entre carreiras profissionais de sucesso e o desejo de serem mães são temas que permearam o enredo dessa telenovela, mostrados de forma naturalista, com pontos de contato com a realidade, e tendo verossimilhança. A novela teve muitos elogios de críticos de televisão, que viram diálogos muito bem construídos, boa atuação dos atores/personagens e abordagem sensível de temas atuais e delicados da sociedade.

Outro exemplo da presença do tema maternidade na teledramaturgia brasileira contemporânea foi a novela Império, de Agnaldo Silva, exibida pela *Rede Globo* no horário nobre das 21 horas, no período de 21/07/2014 a 13/03/2015, que incluiu dentro do núcleo central de personagens, gravitando em torno do protagonista, o *comendador* José Alfredo (interpretado por Alexandre Nero) e sua esposa Maria Marta (Lília Cabral), o jovem casal formado por João Lucas, interpretado por Daniel Rocha e Du, interpretada por Josie Pessoa, que se tornaram pais de gêmeos. Na trama, a mãe das crianças, que não trabalhava e tinha duas babás, além dos outros empregados da casa, vivia exausta por conta dos cuidados dispensados aos seus bebês, enquanto o pai acreditava estar fazendo sua parte trabalhando na empresa da família para sustentá-la e aos filhos.

O que pode ser notado ao se analisar esses diversos programas e telenovelas é a temática repetida, que inclui as dificuldades para engravidar que levam a doações, fertilizações e inseminações, a questão das mães tardias, as novas configurações familiares, os desafios da maternidade hoje, já que a mulher também precisa conciliar sua vida profissional, e o papel do pai na sociedade atual, que também mudou bastante diante de tantos novos desafios.

Mesmo ressaltando a importância histórica e cultural da televisão no contexto mundial e brasileiro, bem como as inúmeras contribuições da teledramaturgia para abordagens criativas, reflexivas e interativas de grandes temas de interesse público e seu diálogo com a cidadania, não se pode deixar de considerar que os meios audiovisuais, em particular o televisivo, partem de recortes, escolhas, formatos e janelas pré definidos para tratarem de certos temas e os tornarem visíveis para o seu público. Como observa BAITELLO JR.:

> As imagens em telas (...) nos apresentam um olhar. Isso significa que nos oferecem janelas, nos abrem janelas. Mas não são janelas naturais, são janelas sintéticas, imitações de janelas que fingem se abrir e fingem mostrar o mundo. Na verdade, elas mostram-se a si mesmas em primeiro lugar, para depois mostrar uma fresta para o mundo" (BAITELLO JR., 2012).

A televisão sem dúvida capta temas de interesse geral e ajuda a trazer para o grande público visões variadas sobre assuntos diversos. No entanto, ela reduz a amplitude e o aprofundamento do tema, pelas próprias características e limitações do veículo.

Em outra vertente da produção audiovisual contemporânea em crescimento no mundo, e particularmente no Brasil, graças a uma série de fatores positivos como a nova legislação de TV por assinatura, considerando os editais, as leis de incentivo e uma organização/regulamentação da cadeia produtiva, abre-se cada vez mais espaço para documentários, séries e programas especiais televisivos de produção nacional e regional, além das plataformas digitais de distribuição de conteúdos audiovisuais.

Temas como a maternidade também são abordados nesses formatos audiovisuais. Um exemplo é o documentário *Mil Dias*, de 2015, dirigido por Estela Renner, produzido pela Maria Farinha Filmes e Instituto Alana. A obra destaca a importância da presença da mãe (e do pai) na primeira infância, a alimentação saudável, o brincar e os estímulos sensoriais e familiares no desenvolvimento afetivo, emocional, intelectual e físico, o que se torna cada vez mais difícil diante de um mercado de trabalho competitivo, da exacerbação do consumo e dos desafios da mulher e famílias modernas, que fazem com que muitas crianças sejam terceirizadas.

Para o médico pediatra, professor e pesquisador da UNICAMP, José Martins Filho, que estuda relações entre pais e crianças, desenvolvimento infantil e outros assuntos relacionados, os desafios modernos incluem as necessidades dos pais trabalharem e isso pode prejudicar o desenvolvimento da criança, quando há uma priorização do trabalho. O pesquisador aponta a necessidade do contato da criança com os pais, especialmente com a mãe, pelo menos no primeiro ano de vida, com cuidados e atenção específicos. Martins cita pesquisas mundiais que falam sobre os pais darem apenas em torno de 10 minutos por dia de atenção específica para os filhos, e o quanto isso pode prejudicar o desenvolvimento emocional e cognitivo das crianças.

A capacidade de o ser humano ser feliz, segundo Martins Filho, pode ter a ver com o tempo e com uma pessoa e, de acordo com ele, esse tempo é o primeiro ano de vida e essa pessoa é um dos pais, em geral a mãe. O pesquisador esclarece que a expressão "criança terceirizada" foi criada porque as pessoas não têm mais tempo sequer de levar seus filhos ao pediatra, para a escola, ou outras agendas afins, o que fez com que ele percebesse essa tendência de as pessoas terem filhos, os entregarem para alguém cuidar, e seguirem vivendo sua vida cotidiana.

> O termo terceirização pode parecer forte demais, mas que mais podemos dizer da transferência das funções maternas e paternas para outras pessoas, a ponto de as crianças, às vezes, não terem ideia da presença dos pais? (MARTINS FILHO, 2012)

Martins ainda aborda a questão da violência urbana e outras questões sociais, observando que podem estar vinculadas à falta de amor na primeira infância. Por isso, ele afirma carregar o estandarte da consciência paterna e materna da necessidade de acompanhar o filho que você colocou no mundo, e o quanto isso é importante para a própria sociedade.

O documentário *Mil Dias* apresenta pesquisadores que mostram que a interação com uma criança em seus primeiros anos de vida faz com que toda sua base seja construída. Toda construção seguinte ocorre sobre essa base. Para James Hechman, prêmio Nobel de Economia, "a mãe e todo esse amor investido na criança é uma parte muito importante da economia".

Pesquisas apontam que quando a criança não recebe esse amor, sente-se descentrada, estressada, e isso pode afetar muito seu desenvolvimento cerebral e seu comportamento mais tarde. De acordo com Hechman, "os programas de primeira infância diminuem drasticamente a criminalidade e dão às crianças controle sobre suas próprias vidas", e isso é muito importante, pois não se pode voltar atrás no desenvolvimento do cérebro. Por isso, esse vínculo que se constrói com os filhos, faz toda diferença do mundo.

Outro tema diretamente relacionado à maternidade e que vem sendo tratado com frequência na mídia é a questão do aumento das cesáreas no Brasil. Do total de partos realizados anualmente no país, 52% são cesarianas, enquanto a OMS – Organização Mundial da Saúde recomenda uma média de 15% em relação aos partos normais. Em hospitais privados brasileiros, o índice de cesáreas chega a 84%.

O documentário *O Renascimento do Parto*, de 2013, de Eduardo Chauvet e Érica de Paula, traz abordagens críticas à chamada "indústria da cesárea" no Brasil, e fala do empoderamento das mulheres em relação ao parto e à maternidade, a partir de muitos depoimentos de especialistas e histórias de personagens.

A maternidade também tem sido amplamente abordada na internet, em sites e especialmente nas redes sociais, com a criação de blogs e perfis direcionados ao tema, tratando desses desafios modernos, reunindo mulheres e famílias que vivem situações semelhantes e oferecendo conselhos e dicas a respeito.

A multiplicidade de espaços e a diversidade de mídias que tem se dedicado a abordar, de forma mais ou menos complexa, com enfoques mais amplos ou reduzidos, os temas centrais ligados à maternidade e seus desdobramentos, contribuem para destacar a pertinência, atualidade e necessidade de aprofundamento, debate plural e diálogo permanente nesta questão de grande interesse público, fundamental para a cidadania e os direitos humanos.

Referências
BAITELLO JR., Norval. *O pensamento sentado – sobre glúteos, cadeiras e imagens*. São Leopoldo, RS: Editora Unisinos, 2012.
MARTINS FILHO, José. *A criança terceirizada – os descaminhos das relações familiares no mundo contemporâneo*. 6ª Ed., Campinas, SP: Papirus, 2012.
Novela Sete Vidas: http://gshow.globo.com/novelas/sete-vidas/
Novela Império: http://gshow.globo.com/novelas/imperio/
Profissão Repórter: http://g1.globo.com/profissao-reporter/index.html
Série Mulheres 5.0 (Fantástico): http://g1.globo.com/fantastico/quadros/mulher-50/noticia/2015/04/mulheres-encaram-desafios-da-maternidade-aos-50-anos.html
Boas Vindas: http://gnt.globo.com/programas/boas-vindas/
Mil Dias https://www.youtube.com/watch?v=slbuV3cmG_8
Criança Terceirizada https://www.youtube.com/watch?v=w1CvvDWkd_0

12

Pacotes Modalizadores & Discursos de Convocação oferecidos pelas Revistas Segmentadas

Rafael Buchalla

Rafael Buchalla

Mestrando em Comunicação Contemporânea, Pós-Graduado em Marketing e Comunicação Publicitária pela Faculdade Cásper Líbero e graduado em Comunicação Social com habilitação em Jornalismo pela Universidade Presbiteriana Mackenzie; atuou nos últimos anos como analista de comunicação sênior na DHL Express, líder mundial em logística expressa. Desde 2007 atua na organização estratégica em comunicação e relações públicas. Atendeu clientes em diversos ramos, como indústrias farmacêuticas, construção civil e órgãos públicos. Atuou em diversas agências de comunicação do país, como Grupo Máquina e CDN Comunicação.

A busca pelo prazer e felicidade são características da humanidade na sociedade contemporânea, cujo controle também pode ser caracterizado pelo poder de ação das mídias de grande massa, capazes de moldar e alterar relações e identidades sociais, crenças, valores e impactar governos, instituições e também políticas públicas. Ao longo dos anos os *media* se tornaram um elemento central e primordial na criação e manutenção de um discurso promocional mercadológico, caracterizando assim os fenômenos culturais e contemporâneos, como por exemplo, a busca de atividades cotidianas que proporcionam um estilo de vida altamente hedonista, característica da modernidade.

Neste capítulo, iremos discutir como os meios de comunicação, em especial as revistas segmentadas, a partir dos seus discursos modalizadores convocam o indivíduo/leitor para um mundo de prazeres corporais, espirituais e de novas experiências, norteadas pela busca de um "ser melhor" e do gozo "a mais", que está altamente interligado às lógicas mercadológicas e do capitalismo, ou seja, quando o "ser" se torna absolutamente inseparável do "ter".

As páginas seguintes deste estudo irão abordar as modalizações biopolíticas, que se referem a projetos de vida sublime a partir dos pacotes modalizadores oferecidos pelos analistas simbólicos e pelos *media*. Veremos que na era das convocações, o poder da vida capital mostra sua força e através da atuação das grandes mídias somos obrigados à investir em nossas subjetividades e em ações que nos garantem a sonhada plenitude.

A partir da década de 70, o jornalismo se configura com as novas tecnologias, principalmente a cibercultura, tornando sua linha de atuação muito além do simples fato de noticiar, passando a oferecer pacotes de convocação, identidade, de transformação e autoajuda, baseado em programas criados pela psicologia positiva e do mais gozar obrigatório. É o jornalismo de convocação. Mas afinal o que é uma convocação e qual o seu objetivo?

Trata-se de um empuxo à interatividade para que o consumidor/leitor de resposta a um determinado apelo uma vez que o maior objetivo da convocação é tornar o receptor da mensagem interativo e fidelizá-lo a fim de criar um ambiente repleto de intensidades e espontânea criatividade dia após dia. O jornalismo de convocação é norteado pela seguinte pergunta: porque as pessoas compram textos, principalmente de revistas e televisão?

Não apenas para se informar, mas sim para se localizar, se enquadrar e pertencer ao mundo, entender como ele funciona e como o leitor pode adquirir um papel de destaque. A publicidade, o marketing e o jornalismo de convocação se utilizam do que Aidar Prado caracteriza de "estratégias de passionalização", ou seja, trata-se de um apelo passionalizado que tem como objetivo captar a atenção do leitor (AIDAR, PRADO. 2008 e 2006), e para que isso seja realizado de maneira assertiva eles oferecem pacotes convocatórios de identidade capazes de modalizar o sujeito.

O objetivo da convocação estabelecida pelos meios de comunicação é o de fazer participar, de fazer ser interativo a fim de criar um ambiente repleto de intensidades e espontânea criatividade dentro das regras do subsistema. Esta convocação se torna mais intensa em relação à modificação do corpo, uma vez que tanto no ambiente *online* quanto *offline* existe uma oferta exacerbada de programas modalizadores biopolíticos que oferece a transformação para o corpo idealizado, estampado nas capas de revistas. O sujeito se vê obrigado a dedicar-se à uma nova estética de vida, guiada pelos programas hegemônicos que circulam nos espaços midiáticos.

Modalizar significa motivar o destinatário da comunicação a se tornar alguém melhor ou fazer algo a partir de um querer, fornecendo a ele um conteúdo, um saber, indicando o que o fazer. Ou seja, onde você está em termos de administração da sua vida financeira? Ou então da sua vida amorosa? Ou dos cuidados do seu corpo? E aonde você quer chegar? Nós faremos isso pra você!

Diariamente, a internet bem como jornais, revistas e programas de televisão oferecem um amplo leque de discursos modalizadores biopolíticos que aliados ao consumo possuem como estratégia a transformação de qualquer esfera da vida, principalmente o corpo e a mente. Eles utilizam uma linguagem de convocação que oferece não apenas a satisfação pura e simples à uma respectiva necessidade natural, mas constrói uma demanda latente, fidelizando um público e concedendo à ele o mapa da mina para um corpo perfeito, para a casa bonita, para a conquista do homem ideal e assim por diante, estabelecendo um contrato de comunicação com o receptor da mensagem, caso o discurso seja encarnado.

"Mapas são programas de localização simbólica com modalizações que fornecem para o usuário saberes, indicam formas de aquisição de poderes, modos de ser e de fazer, elaborados a partir de valor de consumo." (Aidar, Prado, 2013:76.)

Pode-se notar que a linguagem utilizada no discurso de convocação estabelecido pelos *media* envolve um aspecto fantasmático e de dissimulação de sua relação com a verdade. Na visão de Zizec (1997), o indivíduo que adquire uma Land Rover não o faz porque irá utilizar o veículo em estradas cheias de lama, sua intenção é associar sua vida sob o signo da praticidade, aventura e tecnologia.

Em se tratando do corpo, existem diversos discursos que oferecem "o mapa da mina" para obter a forma ideal, sendo esta uma imagem claramente criada pela sociedade do espetáculo, conduzida pelas celebridades que estampam as capas de revistas com seus corpos sarados e em forma. Os meios de comunicação proporcionam as receitas e dispositivos necessários para todos aqueles que querem seguir os passos daqueles que possuem não apenas o corpo, mas também a vida ideal: venha a se dar bem, como viver com prazer, tenha dinheiro, seja uma mulher moderna, goze com os melhores e mais desejados objetos do mundo, tenha o corpo em forma.

Revista Cláudia, Veja e Woman's Health

Na contemporaneidade os *media* detêm o poder do conhecimento e a receita do sucesso. Aqui, tudo dá certo, porém é preciso aprender a viver neste mundo e os *media* poderão conceder o mapa da mina para a realização de seus leitores. Podemos exemplificar a frase anterior por meio da revista *Woman's Health* de Junho de 2009, que nos apresenta três reportagens em que o enunciador nos mostra caminhos de como ser jovem pra sempre, se hidratar corretamente, ficar bela e por fim incendiar a vida sexual.

Destaque para a carta da editora, que comenta sobre a excelente saúde de sua bisavó aos 94 anos de idade, o que remete à reportagem "Jovem pra sempre - como prolongar a juventude". Só neste título, a publicação já estabelece uma conexão com a fantasia e promete mostrar o caminho de como ser jovem até os 90, mostrando claramente uma forma de biopolítica e de controle do corpo, ou seja, como a mulher deve se comportar, quais tratamentos o corpo deve receber e quais produtos usar para ter sua juventude prolongada.

Outra reportagem que podemos destacar nesta edição é "Abasteça por favor (46 maneiras de deixar o tanque cheio e acelerar a perda de peso sem correr o risco de pifar no meio do caminho)". Nota-se claramente no discurso da revista, que é preciso mudar para manter os valores da juventude e saúde na dieta. As narrativas desta publicação sempre lidam com a modalização dos sujeitos, que devem se transformar conforme alguns temas que veremos a seguir e que foram utilizados pela revista:

1) *Fitness*
Como ser jovem pra sempre aos 20, 30, 40, 50 e sem vergonha de mostrar a barriga, treino de imortalidade - oito exercícios que vão deixá-la com o abdômen dos sonhos em apenas quatro semanas.

2) Alimentação e dieta
Afine sua silhueta com a dieta do abdômen, a importância de consumir leite e um mapa com ações para amansar o apetite feroz.

3) Beleza, estilo e moda
O que comer para se tornar linda, saudável e sexy por décadas, quais pares de tênis usar para determinadas ocasiões, o que vestir e arrasar na noite e qual perfume usar para atrair "aquele gato".

Outro exemplo claro de convocação para o corpo e vida perfeita é "Elas ensinam a chegar lá", da revista Cláudia. O enunciador mostra algumas características da mulher Cláudia: o sucesso profissional, a família feliz e o corpão saudável. Ao contrário da *Womans Health*, não existe um manual de instruções, mas a fantasia é criada por meio de diversas reportagens e entrevistas com personagens construídas detalhadamente, como a atriz global Tânia Khalil (41 anos, bem sucedida, casada, mãe de dois filhos e como a própria reportagem mostra, muito feliz).

Em todos os exemplos citados acima, os enunciados são destinados para todos aqueles que buscam valores e informações ligados à beleza, dieta, profissão e sucesso, interligados por uma narrativa de autoajuda. Nota-se claramente que a modalização do corpo é proposta por um dispositivo convocador, que instaura uma esfera de dominação e visibilidade do espetáculo.

Por meio dos exemplos verificados, notou-se que o discurso é ressaltado de modo extremamente atraente, ou seja, "Venha conhecer os modos de se dar bem na vida, de ser gostoso, atraente, de viver com prazer, muito prazer, de ter poder, dinheiro, usufruir e gozar com os melhores e mais desejados objetos do mundo, entre os quais se destacam as mais belas gatas e os carros mais potentes". No mundo espetacularizado proposto pelo enunciador tudo dá certo e os *media* certamente poderão auxiliar o indivíduo a também ser sucesso.

Mas o que a convocação pretende? O objetivo principal não é apenas a venda de um produto ou serviço, mas, sim, a captura da fidelidade. Para que isso ocorra, é criado um cenário envolvente para que o discurso seja encarnado pelo leitor que se transforma em sacerdote da revelação discursiva, passando a atuar – como, por exemplo - igual à celebridade da revista "Nova". Sem saída, o discurso está encarnado e o corpo do leitor "mergulhado".

"O entendimento para o qual o recepto é convocado não é somente o da inteligência, mas o do mergulho do corpo em paisagens em cenas que constituem mundos imaginários carregados de gozo." (Aidar Prado, Luís. 2013)

Nesta nova estrutura estabelecida na sociedade de controle, o consumo é o alicerce para a atuação e funcionamento agressivo dos *media*. Por conta disso, para qualquer necessidade que você tenha, sempre haverá um enunciador disposto à supri-la por meio de um discurso eficaz e atraente, que ultrapassa o nível de um texto informativo, o colocando na posição de mostrar os passos e as ações necessárias para que o leitor possa ir buscar o sucesso.

Mas o que significa o sucesso na sociedade de controle e no jornalismo de convocação? Significa ter o seu eu sancionado positivamente. São sujeitos antenados e que pertencem à parcela evoluída da humanidade, sabem como mover-se no mundo, são mais curiosos, estão acima da média e possuem uma relação mais rica e confortável com o mundo e por fim, acumulam milhões de dólares.

O valor do sucesso é apresentado incansavelmente pelos *media* e o discurso é encarnado no sujeito brevemente anestesiado pelo conteúdo proposto. A revista Veja, por exemplo, já explorou por diversas vezes e em inúmeras reportagens de capa o respectivo tema, que se propõe em vários grupos temáticos, conforme veremos a seguir:

1) O perfil escolhido do indivíduo vencedor é o do empresário de sucesso no mundo dos negócios (Bill Gates, Abílio Diniz, Sebastião Camargo etc.)
2) O perfil vencedor explorado nas celebridades, sejam da televisão e ou da moda (Xuxa, Silvio Santos, Gugu). Em reportagem de

27/03/2002, a revista publicou em sua capa a chamada "Xuxa, a loiraça de 250 milhões de dólares". Em 06/08/2003, veja apresentou um ranking dos quarenta artistas mais poderosos do país.

3) Existe também, os vencedores que remetem à questão de gênero, tratando da vitória das mulheres em relação aos homens. É o caso da reportagem "elas venceram", publicada pela veja em 08/11/2000.

4) Vale lembrar que pouquíssimas capas da publicação constroem a história de vencedores de outros mundos, que não os de mercado, do *show business*. Destaque para "Betinho - o grão da cidadania", de 29/12/1993 e "a infância de um vencedor" que abordou a infância e adolescência de Fernando Henrique Cardoso, de 17/08/1994.

O que a revista faz é mapear onde estão as pessoas de dinheiro e sucesso (em termos de milhões, bilhões acumulados) e indicar o caminho do viver bem, de chegar ao topo e da vitória e o que o leitor deverá fazer para seguir os passos destes verdadeiros campeões, auxiliando-o a entrar na crista da onda do poder. Nota-se que o discurso de Veja modaliza o agir do leitor, realizando os seguintes passos:

1) Veja mostra quem são os vencedores, mapeando as transformações constantes no mundo e descrevendo o que fizeram e fazem para ganhar notoriedade, dinheiro, sucesso e bem-estar.
2) Os indivíduos que sabem X e fazem Y têm sucesso e são poderosos.
3) Veja explica os passos que o leitor deve dar para saber X, fazer Y e por fim, alcançar o sucesso e o almejado bem-estar.

Nota-se que a revista mantém o leitor por dentro daquilo que ocorre com os olimpianos ou então, de acordo com Fausto Neto (1995), seguindo Morin, os poderosos, os que detêm o poder, a força e a tão sonhada visibilidade. A capa de Tom Cruise, em Veja, mostra a força da palavra de ordem "poderoso", o mesmo ocorre na matéria de capa da super modelo Gisele Bündchen, descrita pela revista como "a número 1".

Ao abordar a performatividade dos *media*, percebe-se que é da natureza do jornalismo convocativo um discurso em forma de promessa. Tendo como exemplo a revista Veja, fica claro que a publicação utiliza um discurso baseado na busca modalizada de prazer e sucesso de mercado, com foco nos princípios de desempenho, no que se refere ao mundo da administração, da moda, do marketing, do show *business*, entre outros.

Veja utiliza um novo molde em seu discurso, onde a descrição das informações é substituída por uma prescrição de informações, que é enunciada na seguinte forma: "no mundo, que é assim, como aqui descrito, o leitor deve fazer X, para ter poder e sucesso".

Como vimos, Veja constrói pacotes-mapas para aqueles que desejam a vitória, visibilidade, prazer e sucesso no mundo capitalista. O enunciador da revista convoca claramente o seu leitor - que é implicitamente instado a pertencer a um grupo seleto de bem sucedidos, que conhecem o sabor da vitória e possuem o conhecimento sobre o caminho que deve ser percorrido para se chegar "lá". Trata-se de um discurso baseado no conjunto de palavras de ordem que oferecem um contrato de comunicação construído já na capa da publicação, que oferece claramente mapas de identidade e principalmente de mobilidade social/profissional no mundo globalizado. Sendo assim, o leitor irá adquirir os valores-Veja.

Na perspectiva do consumo

Uma pergunta essencial que devemos fazer para que possamos visualizar o anseio do indivíduo por novos pacotes de identidade e discursos modalizadores é "O que quer dizer consumir como forma de vida? Significa consumir para se transformar positivamente, a fim de ter mais visibilidade e reconhecimento social, diferenciar-se dos mais abaixo, caminhar na direção oposta ao saber e na direção elevada do artista, da celebridade e daqueles que têm visibilidade social nas superfícies midiáticas ou profissionais.

Para tanto, a mercadoria é o caminho da salvação e o espetáculo é a relação social idealizada para se tornar o "a mais". A experiência, neste caso, se torna reduzida ao monolinguismo do marketing e da super produção semiótica. Portanto, pode-se concluir que o consumo é o nome da ação de resposta pragmática às modalizações dos dispositivos comunicacionais contemporâneos e as convocações buscam a adesão á programas que se propõem capacitar o leitor em um determinado campo e modalizá-lo para o gozo, para ser o melhor, para se sentir bem, ser o melhor profissional e fazer o melhor no que se refere à obter sucesso.

Uma questão que indagou este estudo é como formas de vida podem ser vendidas nos discursos midiatizados? Percebe-se que a captura da energia dessas formas de vida permeia todos os tipos de classes sociais sendo altamente eficaz em todos os campos. Os tecnólogos do discurso extraem os sentidos e os transformam em novos programas de superprodução semiótica, com o objetivo de criar um valor-signo e por fim, oferecê-lo como um pacote de modalização aos seus leitores.

Para que isso ocorra de maneira eficaz, o enunciador mapeia o que deve ser feito para atingir o gozo, o "a mais" e sempre haverá enunciadores que irão oferecer novas convocações para aqueles que anseiam um papel de destaque no espaço simbólico, elevando ainda mais a onda do capital contemporâneo.

Referências
AIDAR PRADO, Luis (2013). *Convocações biopolíticas dos dispositivos comunicacionais.* São Paulo: Editora Educ Puc.
CARLO, Maria Fernanda (2013). *O prazer, o biopoder e as convocações mediáticas.* Artigo publicado pela Revista do Programa de Pós-Graduação em Comunicação e Linguagens Universidade Tuiuti do Paraná.
BAITELLO JUNIOR, Norval (2012). *O Pensamento Sentado: Sobre glúteos, cadeiras e imagens.* São Paulo: Unisinos.
FOUCAULT, Michel. Vigiar e Punir. 19a ed. Petrópolis: Vozes, 1999.
SANTAELLA, Lúcia (2004). *Corpo & Comunicação.* São Paulo: Editora Paulus.

13

Era Digital: A Dicotomia da Interação Social e da Solidão do Homem nas Redes Sociais

Reynaldo Issao Endo

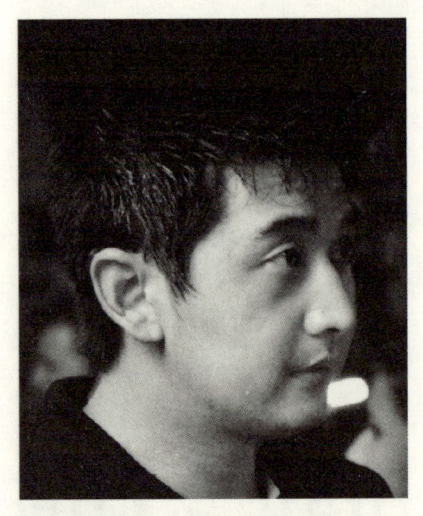

Reynaldo Issao Endo

Formado em Relações Públicas pela Universidade Estadual Paulista (UNESP) e em Administração de Empresas pela Universidade Presbiteriana Mackenzie, Pós-Graduado em Marketing e Comunicação Mercadológica com seis anos de experiência na área de Marketing e atua na empresa Hypermarcas S.A.

Contato
reynaldoendo@hotmail.com

As novas tecnologias de comunicação e informação (*Smartphones, Laptops, SmartTV, Tablet, Smartwatch*) surgiram no final do século XX trazendo consigo novas formas de interação social e muitos questionamentos e debates em diferentes campos de estudos desde a Antropologia, Sociologia, Economia, Política até ao Marketing das grandes corporações nacionais e multinacionais.

O debate sobre a internet, o mundo digital, o consumo *online*, as mídias e redes sociais e as novas formas de interação social nunca se esgotarão, pois a internet tem o importante papel da experiência do homem no mundo virtual e que influencia a sua relação com o mundo real.

Segundo Marcondes (2005,p.51) a sociedade atual é tão afetada por esta nova dinâmica relacional entre o homem e as novas tecnologias de comunicação e informação que o torna um sujeito em progressivo isolamento social, ou seja, ele se aliena da sua realidade e vive em um mundo da simulação digitalizada.

A experiência do homem com o mundo real diminuiu devido à virtualização das relações sociais. O contato humano se faz cada vez mais por objetos eletrônicos como o celular, o *tablet*, a televisão, o rádio e a internet sendo os intermediadores das relações humanas (ORTIZ, 2000:50).

Além disso, o avanço da informática, eletrônica e dos transportes possibilitou o encurtamento do espaço e tempo, e criou a "sociedade da velocidade", que está em transição contínua, porque precisa ver tudo, ter tudo, fazer tudo, conhecer tudo, e da forma mais rápida possível – e é na internet e nos produtos das grandes corporações multinacionais e no capitalismo neoliberal que o homem se encontra (MARCONDES, 2005,p.96).

De acordo com Santos (2001:49) o consumismo e a competitividade pregados pelo capitalismo neoliberal leva ao empobrecimento intelectual e moral do homem, e reduz sua capacidade de enxergar o mundo à sua volta, fazendo o cidadão se perder em si mesmo diante de uma avalanche de imagens e informações que o faz aceitar a realidade através da ética do narcisismo, imediatismo e egoísmo.

> Age (pouco) e reage (muito), como se fosse programado por um deus globalizante. Já existe uma "fórmula" de "homem-consumidor" previsível. A tal ponto que as multinacionais, ao lançarem um produto, sabem como e por quanto tempo ele será consumido, pois nada é mais previsível do que esse "homem-consumidor" que a globalização criou para substituir um perigoso animal em extinção: o cidadão, ou simplesmente, o homem. (CHIAVENATO, 1997:67)

Assim, a solidão do homem na era digital se deve ao distanciamento do contato humano e de sua experiência com o mundo real. Além disso, o capitalismo neoliberal e o consumismo alienam o homem que está imerso na "sociedade da velocidade", essa que encurtou o espaço e o tempo. Todavia, o homem tem cada vez menos tempo de pensar e refletir, já que sua atenção é disputada por uma avalanche de dados, informações, propagandas enviadas todos os dias aos seus sentidos, querendo ofertar um produto ou serviço (CHIAVENATO, 1997,p.67).

A dicotomia do isolamento do homem e o crescimento dos usuários nas novas tecnologias de comunicação e informação, especialmente, na internet e nas mídias e redes sociais criaram um novo modelo de interação entre homem, máquina e sociedade. Segundo o instituto de pesquisa DATAFOLHA juntamente com a agência F/Nazca (2014), mais de noventa milhões da população brasileira acima dos 12 anos de idade utilizam a internet, ou seja, 57% da população interagem no meio digital. Se existe um isolamento do homem na sociedade moderna, porque tantas pessoas se encontram dentro do ambiente virtual?

Estes números se tornam ainda mais expressivos quando aprofundada a sua leitura: dessas quase noventa milhões de pessoas que acessam a internet, a maioria se encontra no público que compõe a classe C, com quarenta e oito milhões, classe AB trinta e oito milhões e sete milhões na Classe DE. Analisando as informações nota-se a existência da interação social entre as classes econômicas, mas a exclusão social também existe no mundo digital devido à desigualdade econômica do mundo exterior. (DATAFOLHA, 2014)

Ainda segundo a pesquisa DATAFOLHA (2014), o meio digital é jovem: 73% dos brasileiros que acessam a internet tem idade inferior a 35 anos, e seu principal meio de interação no meio virtual são as redes sociais, já que 94% dos brasileiros participantes da pesquisa acessam pelo menos uma rede social.

É assim que, na "era conectada", as novas formas de interagir se apresentam nesta nova geração da "cultura da convergência": todas as mídias se encontram em uma única plataforma *online*, desde o jornal, televisão, rádio até as redes e mídias sociais como Facebook, Whatsapp, Google, Skype, Instagram e Twitter (JENKINS, 2008:67).

As novas interações sociais dentro do ambiente virtual estão em constante transformação. Recentemente houve o boom da rede móvel por meio dos *tablet* e *smartphones*, e sete em cada dez pessoas utilizam a tecnologia mobile no Brasil para acessarem a internet. Nos últimos dois anos os usuários da internet via mobile dobraram de número, saindo de trinta e sete milhões para sessenta milhões de usuários. As novas tecnologias de comunicação e informação como as mídias e redes sociais, juntamente com a "sociedade da velocidade" esclarecida pelo autor Milton Santos (2001), criaram um meio multicanal integrado, reativo, proativo, personalizado e em constante transformação (DATAFOLHA, 2014).

Como exemplo das novas formas de interação e transformação propiciadas pelo mundo virtual figura o *crowdfunding*, que é a forma de se obter fundos de investimento de interesse coletivo para fins diversos e que tem como premissa que a maior parte das doações venha de uma multidão dentro do ambiente virtual, já que é a plataforma que possibilita a interação dos milhões de usuários da internet para um único objetivo. Nesse financiamento através da multidão, os internautas unidos conseguem realizar projetos que vão desde a gravação de um CD até o financiamento de campanhas políticas como a de Barack Obama, em 2008 (JUNIOR, 2010:45).

O *crowdsourcing*, diferente do *crowdfunding*, é a integração de diversos sujeitos que pensam e dão novas ideias para inovar produtos ou serviços, dando ao seu público a possibilidade de ser mais participativo por meio das redes sociais, fomentando o espírito empreendedor e acima de tudo a interatividade crítica e construtiva que o novo ambiente virtual propicia – a inovação e a interação social (FLENITO, 2011:38).

Segundo Jenkins (2008:43), a "cultura participativa", com as novas tecnologias de informação, possibilitam aos diferentes públicos das mídias virtuais exercerem influência de poder não apenas como espectadores, mas como produtores da informação. O *crowdsourcing* utiliza o meio virtual, e tem crescido dentro da "cultura participativa" que nela existe e que pode ser relacionada com o termo "inteligência coletiva", do autor Levy, que seria um modo de inteligência distribuída coletivamente em tempo real e em constante aprimoramento, e que resulta na mobilização efetiva em prol de um objetivo em comum, sendo o enriquecimento cultural mútuo entre as pessoas (LEVY apud BRABHAM, 2008:43).

As mobilizações sociais se tornam cada vez mais frequentes nas redes sociais, o que corrobora para que as pessoas se unam em prol de uma causa política, social ou até mesmo econômica, em benefício do bem estar social. O autor Ortiz (1997:119) dissertou sobre os efeitos da nossa sociedade com as novas tecnologias de comunicação e informação em que o homem passou a absorver os valores do capitalismo neoliberal, deixando de lado a generosidade, o companheirismo e a caridade, mas vemos uma nova variável à interação social e a prática da cidadania através das redes sociais, a qual sai do ambiente virtual para atuar e influenciar o mundo real.

Segundo a pesquisa do DATAFOLHA (2014) as mobilizações sociais ocorrem principalmente por meio dos comentários e publicações em redes sociais, e em segundo lugar por sites como Terra, UOL ou Globo.com. Além disso, 51% dos participantes da pesquisa acreditam que as redes sociais ajudam na mudança de opinião sobre um problema social, ou seja, existe a troca de ideias e de opiniões no ambiente virtual.

Contudo, a pesquisa informa que o maior interesse dos usuários na internet, com 53% de respostas, é o consumo de produtos *online* e a pesquisa de preços, e em segundo lugar a busca de informação de seu interesse (43%). Ao mesmo tempo em que a internet possibilita as manifestações sociais e o exercício da cidadania por meio das redes sociais existe a influência do consumismo, ou seja, as duas realidades são inter-relacionadas e exercem influência nas relações sociais e na forma de as pessoas agirem tanto no ambiente real como no virtual (DATAFOLHA, 2014).

A internet também é um ambiente de convergência de informações, opiniões e de oportunidades para as empresas globais atingirem os consumidores do mundo todo por meio do *e-commerce*, mas a mudança de postura dos consumidores é visível quando eles conseguem trocar informações sobre produtos, serviços e sobre a responsabilidade social da empresa com a sociedade. O capitalismo neoliberal alcançou o mundo por meio das novas tecnologias de informação e da expansão dos produtos e serviços das grandes corporações multinacionais, no entanto não é a internet e as redes sociais que alienam e isolam o homem do mundo do real, mas sim o consumismo e a cultura capitalista neoliberal.

> Entre a felicidade consumista e o medo dos ricos, entre luta dos pobres e seus sonhos, o consumo equilibra e equipara a alienação de uns e outros. E o Brasil, entre sequestros, drogas, fome, miséria e violência, prova ao mundo, mais uma vez, a sua cordialidade: todos convivemos em paz." Uma das contribuições dessa "paz alienada" tem sido o processo de globalização. A abertura da economia satisfaz e fortalece a ideologia consumista aproveitando-se desses fatores. (CHIAVENATO, 1997:32)

As relações sociais se alteram, o consumismo persiste, a cidadania encontra espaço para ser debatida, as pessoas e as minorias ganham vozes no mundo virtual e as ações no mundo real influenciam e são influenciadas pelas redes e mídias sociais, e não podemos mais negar o papel das redes sociais no ambiente digital e na vida das pessoas. Por exemplo, o Facebook, a rede social mais acessada no Brasil segundo pesquisa do IBOPE (2014), é acessada em média por 45% da população brasileira, ou seja, noventa e dois milhões de pessoas acessam essa plataforma. As redes sociais são uma nova forma de se comunicar em tempo real ou não, de opinar, criticar, ouvir, mas é também utilizada como meio de propaganda pelo mercado.

O poder das redes sociais tem um peso muito alto em nossa sociedade: mais de um bilhão de usuários no mundo utilizam o Facebook, o que a classifica como a maior rede social do mundo. Segundo o IBOPE (2014), há no Brasil mais de sessenta e dois milhões de usuários acessando diariamente a rede social. E não se pode apenas comparar o mundo real com o virtual, mas entender que são duas realidades que coexistem e que dialogam uma com a outra, e se transformam a todo o momento.

A teoria da informação cognitiva explica as transformações contínuas no mundo virtual e real para tentar elucidar o processo que temos na sociedade atual entre o homem, as novas tecnologias de informação e as redes sociais. A teoria cognitiva da informação se relaciona com o estudo da informação como processo de formação do conhecimento na mente do homem. A ciência cognitiva é o esforço contemporâneo com fundamentação empírica para responder questões epistemológicas de longa data, principalmente, aquelas relativas à natureza do conhecimento, sua origem, seus componentes e seu desenvolvimento. Ou seja, as sensações que nos levam a atenção dos dados que passam pela percepção e se transformam em informação que, com a subjetividade de cada sujeito histórico, forma o conhecimento que se vincula ao sujeito em sua memória e passa a ser parte integrante do seu ser, passando para o processo decisório e para a ação (SIMÕES, 2005:45).

Na internet, temos um mundo de informações à nossa disposição em tempo real, e muitas vezes isso prejudica a introspecção reflexiva em razão de a relação e a experiência humana serem substituídos pela interação nas redes sociais por meio de novas tecnologias da informação. A falta de atenção do homem para com a sua realidade devido à sua alienação reduz o seu potencial sensitivo, já que a atenção é o filtro da nossa realidade objetiva, para que ela possa fluir em nossa subjetividade individual (SIMÕES, 2005:46).

As redes sociais possibilitam um novo meio de interação social. No entanto, assim como o mundo real, o mundo virtual não é perfeito, e não é a salvação da sociedade atual. O que deve ser notado é que o contato com a realidade, juntamente com a experiência das relações humanas, diminuiu e as pessoas passam parte de suas vidas em uma realidade do simulacro. A dicotomia da nossa sociedade é que o homem tem um mundo de informações e possibilidades a partir das novas tecnologias da informação e comunicação, mas ainda busca o consumo e a cultura do entretenimento dentro do mundo virtual, conforme pesquisa do DATAFOLHA (2014).

Há duas fases dentro do meio virtual: a primeira fase é a da disseminação da informação no sentido objetivo e subjetivo (objetivo porque a construção do sentido ocorre através de textos ou figuras, e subjetivo porque precisa da interpretação do homem – por exemplo, portais como o UOL e o Terra, e os Blogs). A segunda fase do conhecimento é aquele em que as mídias e as redes sociais possibilitam a experiência subjetiva do indivíduo dentro do ambiente virtual, e que se forma por meio da experiência histórica individual vivida por cada um em um acontecimento, fato, momento ou algo que acaba fazendo parte do seu ser (SETZER apud SIMÕES, 2005:60).

Por fim, as mídias e redes sociais fazem parte do cotidiano da sociedade atual e o ambiente virtual e o real são influenciadores e influenciados. As duas realidades convergem e criam novas formas de interação social e geração de conhecimento. O capitalismo neoliberal e o consumismo fazem parte da nossa realidade, assim como a falta de caridade, o individualismo e a competição. O homem se isola porque vive na "sociedade da velocidade", em que o contato humano é substituído por figuras e mensagem nas redes sociais e o convívio e a experiência humanos diminuiu devido à falta de tempo e à falta de atenção para com o outro. Contudo, as informações no mundo virtual possibilitaram a interação de diferentes culturas, ritos e mitos por todo o mundo em tempo real, e o conhecimento, que é puramente subjetivo, encontra através das redes sociais o meio de se desenvolver, pela troca de ideias e experiências que vão do virtual ao real, fazendo parte do ser humano e das suas idiossincrasias.

A sociedade atual não pode ver o homem como vítima e um objeto do capitalismo neoliberal, como se ele fosse um ser atomizado ou solitário no mundo. É preciso, sim, ver o homem como sujeito de suas ações, crítico e esclarecido, para que passe a contestar a sua realidade tanto virtual como real, sendo ele politicamente ativo, lutando pelo meio ambiente e percebendo que sua relação com as novas tecnologias da informação e com a sociedade estão em constante transformação.

Referências

BRABHAM, D. C. *Crowdsourcing: A model for leveraging online communities*. In A. Delwiche & J. Henderson (Eds.), The Routledge handbook of participatory cultures. New York: Routledge, 2011.

CATARSE. 2011. *A primeira plataforma de financiamento coletivo*. Disponível em: htt p://catarse. me/pt. Acesso: 20/10/2013.

CHIAVENATO, Idalberto. *Gerenciando Pessoas*. 4. ed. São Paulo: Prentice Hall, 2002.

CHIAVENATO, Júlio José. *Ética Globalizada & Sociedade de consumo*. São Paulo: Moderna, 1997.

DATAFOLHA. 2014. *Pesquisa Datafolha e Fnazca*. Disponível em: <http://www.fnazca.com.br/index.php/2014/12/16/fradar-14%C2%AA-edicao/>. Acesso: 23/08/2015.

FELINTO, E. *Em Busca do Tempo Perdido: o Sequestro da História na Cibercultura e os Desafios da Teoria da Mídia*. Matrizes: Revista do Programa de Pós-Graduação em Ciências da Comunicação da Universidade de São Paulo, ano 4, n. 2:43-56, 2011.

IANNI, Octávio. *A Era do Globalismo*. Rio de Janeiro, Civilização Brasileira, 1997.

IBOPE. 2014. *Pesquisa Ibope Facebook*. Disponível em: <https://www.facebook.com/business/news/BR-45-da-populacao-brasileira-acessa-o-Facebook-pelo-menos-uma-vez-ao-mes>. Acesso em: 23/08/2015

JENKINS, Henry. *Cultura da convergência*. São Paulo: Aleph, 2008.

JUNIOR, J.J.; LEITE, F.C. 2010. *Reconfigurando as teorias da comunicação: as indústrias culturais em tempos de internet*. In: G.M. FERREIRA; A. HO- HFELDT; L.C. MARTINO; O.J. MORAIS (Orgs). Teorias da comunicação: Trajetórias investigativas. Porto Alegre, EDIPUCRS:233-254.

LÉVY: *A Inteligência Coletiva: por uma Antropologia do Ciberespaço*. São Paulo: Loyola, 1998.

MARCONDES, Ciro. *Sociedade Tecnológica*. São Paulo: Scipione, 2005.

ORTIZ, Renato. *Mundialização e Cultura*. São Paulo: Brasiliense, 2000.

RHEINGOLD, H. *Smart Mobs: The Next Social Revolution*. Cambridge: Basic Books, 2002.

ROCHA, LYGIA CARVALHO. *Criatividade e inovação: como adaptar-se às mudanças*. Rio de janeiro: LTC, 2009.

SANTOS, Milton. *Por uma outra Globalização do pensamento único à consciência universal*. Rio de Janeiro: Record, 2001.

SIMÕES, Roberto Porto. *Informação, Inteligência e Utopia: contribuições à teoria de relações públicas*. São Paulo: Summus, 2006.

TAKAHASHI, Sérgio; TAKAHASHI, Vania P. *Gestão de inovação de produtos*. Rio de Janeiro: Elsevier, 2007.

14

O segmento de mídias sociais e o trabalho na Economia Criativa: uma análise setorial

Wilson Emanuel Fernandes dos Santos

Wilson Emanuel Fernandes dos Santos

Doutorando e Mestre em Ciências Sociais pela Universidade de São Paulo (USP). Possui MBA em Gestão Financeira (FGV - Fundação Getulio Vargas), especialização em Gestão Bancária e bacharelados em Administração e em Ciências Sociais (USP). Tem experiência profissional em gestão no setor público financeiro e na área cultural e experiência em docência no ensino superior nas áreas de Estratégia e Gestão das organizações, Administração e Ciências Sociais aplicadas e atua no apoio ao desenvolvimento e à gestão de projetos artísticos e culturais. Atualmente coordena a Incubadora Belas Artes.

Contatos
wilson.santos@belasartes.br
wilson.santos@usp.br

A utilização de mídias sociais por profissionais

As redes colaborativas são as mais recentes inovações no setor das mídias sociais voltadas aos profissionais. Elas podem conectar o empregador aos candidatos a oportunidades e também profissionais em busca de parceiros em trabalhos e projetos nas mais diversas áreas.

Várias são as mídias sociais utilizadas para a busca de relacionamentos profissionais. O modelo mais conhecido de redes sociais profissionais é o Linkedin, rede criada para fins profissionais que permite a exposição de um currículo, a troca de experiências entre usuários e a interação sobre novas práticas de empresas, além da atualização sobre os acontecimentos do mercado.

Segundo muitos especialistas de RH, hoje as indicações de profissionais e oportunidades de trabalho ocorre mais através de *networking* que pela entrega de currículos diretamente às empresas ou em sites de vagas de emprego. O *networking* (rede de relacionamentos) é muito facilitada pelas redes sociais, *hubs* e sites voltados a contatos profissionais.

As possibilidades trazidas pela utilização da internet permitem filtros para seleção de perfis e buscas de palavras chave que facilitam o trabalho dos interessados por encontrar parcerias de trabalho na web e também dos selecionadores de vagas.

Mercado e conjuntura

A maior parte dos dados setoriais do mercado de redes sociais e sites para profissionais são encontrados em números estatísticos dos consumidores desses produtos.

As mídias sociais podem ser de diversos tipos e adquirir a forma de sites de redes específicas ou plataformas como blogs, fóruns e *wikis*, até *chats* ou um site de compras *online* em que o consumidor pode fazer comentários sobre produtos específicos. Conforme dados da UNCTAD, mais de 200 sites de rede social estão ativos em todo o mundo. Segundo estudo de sua autoria, em 2010, o poder de uma rede social cresce de acordo com o número e a natureza dos relacionamentos e interações, na medida em que os membros individuais compartilham informações, ideias e influências. Os serviços de rede social utilizam softwares de computador para criar e verificar comunidades *online* de pessoas que compartilham interesses e atividades ou que estão interessadas em explorar os interesses e atividades de terceiros.

Os telefones celulares são o equipamento principal de acesso às redes sociais: 91% das pessoas que acessam a web a partir de *smartphones* e outros dispositivos móveis visitam sites de rede social, enquanto que 79% das que acessam internet a partir de um computador pessoal utilizam redes sociais, segundo dados da UNCTAD.

O Brasil se destaca dentre outros países no que se refere a usuários de redes sociais: o país tem a maior porcentagem (86%) de usuários da internet que visitam redes sociais. O tempo gasto em redes sociais equivale a 22% de todo o tempo gasto *online*. Desde 2009, 75% dos usuários de internet visitam blogs e outros sites de mídia social.

Mídias sociais e Economia Criativa

Os setores da economia relacionados à denominada Economia Criativa no Brasil cresceram 6,13% em 2013, índice superior ao crescimento médio do PIB (4,3%), e mais que a média de crescimento mundial, de acordo com dados do Ministério da Cultura (MinC). É um mercado de 251 mil empresas em 2013 (com ou sem empregados), o que representou um crescimento de 69,1% em dez anos, quando eram 148 mil empresas. Estima-se que a indústria criativa brasileira gere um Produto Interno Bruto de R$ 126 bilhões, ou 2,6% do total produzido no Brasil em 2013, frente a 2,1% em 2004, o que mostra um crescimento de 69,8% em termos reais, acima do avanço de 36,4% do PIB brasileiro nos mesmos dez anos, conforme dados da Federação das Indústrias do Estado do Rio de Janeiro (FIRJAN) de 2014.

☐ PIB - Economia Criativa (em R$ bi)

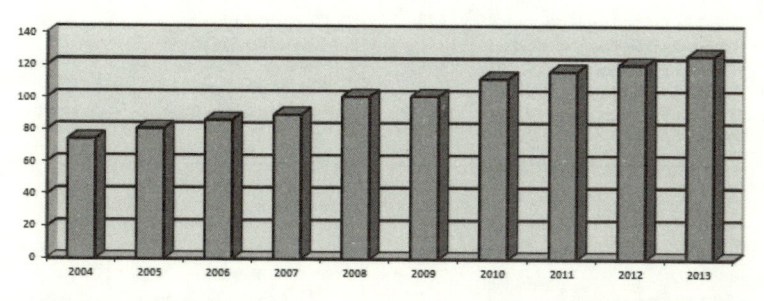

Fontes: MinC, 2013; FIRJAN, 2014.

A Economia Criativa no Brasil é composta por 892,5 mil profissionais formais, segundo dados da FIRJAN de 2014. Entre 2004 e 2013 o crescimento do número de profissionais ligados aos diversos segmentos da Economia Criativa foi de 90%, enquanto que o mercado de trabalho brasileiro em geral cresceu 56% no mesmo período. A participação das categorias profissionais criativas no total de trabalhadores formais brasileiros foi de 1,8% em 2013, frente a 1,5% em 2004. Dentre os Estados, São Paulo com 349 mil e Rio de Janeiro com 107 mil trabalhadores se destacam pelo número de profissionais ligados ao trabalho criativo, o que representa, respectivamente 2,5% e 2,3% do mercado de trabalho desses Estados.

Levantamento realizado pela FIRJAN em 2013, com base em dados do IBGE mapeou o número de profissionais nos diversos segmentos da Economia Criativa no Brasil entre 2004 e 2013. Os dados da quantidade de profissionais em alguns desses segmentos, permitem mensurar o tamanho do mercado profissional e seu crescimento, assim como o potencial dos negócios que os envolvem, como apresentado a seguir.

Número de profissionais em segmentos da Economia Criativa em 2013

Profissionais de **Design** (Produto, Interiores, técnico)	Qtde
Total de Profissionais no Município São Paulo	13.130
Total de Profissionais no Estado São Paulo	35.066
Total de Profissionais no Brasil	86.984

Profissionais de **Publicidade**	Qtde
Total de Profissionais no Município São Paulo	50.631
Total de Profissionais no Estado São Paulo	80.451
Total de Profissionais no Brasil	154.782

Profissionais de Música	Qtde	Profissionais de Moda	Qtde
Total de Profissionais no Município São Paulo	1.145	Total de Profissionais no Município São Paulo	6.207
Total de Profissionais no Estado São Paulo	3.586	Total de Profissionais no Estado São Paulo	22.048
Total de Profissionais no Brasil	12.022	Total de Profissionais no Brasil	56.676

Profissionais de Arquitetura	Qtde	Profissionais de Editorial	Qtde
Total de Profissionais no Município São Paulo	23.213	Total de Profissionais no Município São Paulo	9.408
Total de Profissionais no Estado São Paulo	39.484	Total de Profissionais no Estado São Paulo	16.698
Total de Profissionais no Brasil	124.470	Total de Profissionais no Brasil	50.816

Fonte: FIRJAN, 2013

Crescimento do número de profissionais em segmentos da Economia Criativa entre 2004 e 2013

Segmentos profissionais	2004	2013	Crescimento
Publicidade	45,7	154,8	238,5%
Design	42,6	87,0	104,3%
Arquitetura	62,7	124,5	98,5%
Editorial	27,8	50,8	82,5%
Patrimônio e Artes	10,2	16,4	60,9%
Música	7,5	12,0	60,4%
Mídias	64,2	101,4	58,0%
Cultura	43,3	62,1	43,6%
Audiovisual	36,3	50,6	39,1%
Moda	60,5	56,7	-6,3%

Fonte: FIRJAN, 2013

A crescente importância e expansão das ferramentas das redes de comunicação sociais influencia cada vez mais a Economia Criativa, conforme se observa no relatório da UNCTAD de 2010. As empresas ligadas à Economia Criativa utilizam os serviços de mídias sociais para oferecer seus produtos e serviços a públicos mais amplos, em alguns casos alcançando mercados globais.

As mídias sociais permitem aos empreendedores criativos e aos pequenos negócios expandirem seus contatos e clientes a um baixo custo. As mídias sociais também podem ser utilizadas para propaganda na forma de *banners* e anúncios de texto. O marketing digital inclui as mídias sociais como forma de as empresas promoverem suas marcas.

As mídias sociais também fazem parte da Gestão do Relacionamento com os Clientes (CRM - *Customer Relationship Management*) das empresas, mostrando-se muito dinâmicas e eficazes nessa função.

No contexto do chamado Marketing 3.0, as mídias sociais desempenham papel fundamental de viabilizar a conexão entre empresa e seus seguidores – clientes ou não – com a intenção de aperfeiçoar seus produtos, serviços, processos e estratégias de posicionamento no mercado. A utilização das ferramentas de mídias de comunicação sociais permite às micro e pequenas empresas utilizarem canais de comunicação em condições e alcance muito semelhantes às grandes empresas.

Matriz SWOT

Forças	Fraquezas
▪ Mercado com crescente participação no PIB	▪ Competição internacional no setor de tecnologia
▪ Participa da cadeia produtiva de diversos outros setores da economia	▪ Carga tributária elevada
▪ Setor considerado estratégico para o crescimento econômico em todo o mundo	▪ Baixo nível de investimento no Brasil
▪ Margens de lucro potencialmente altas em relação à indústria tradicional	▪ Segmentos exploram pouco a integração e sinergia nos negócios
▪ Setores da economia que passam a ter atenção maior dos governos	▪ Forte dependência de financiamento público e patrocínios
▪ Baixos custos fixos em relação aos setores tradicionais da economia	▪ Necessidade de maior qualificação profissional
	▪ Barreiras de entrada a empresas novas exigem altos investimentos em publicidade e estratégia eficaz de inserção no mercado

Oportunidades	Ameaças
▪ Mercado crescente no país e no exterior	▪ Necessidade de redução de custos das empresas no Brasil afetam investimentos em tecnologia e inovação e gastos que envolvem áreas criativas
▪ Tendência de crescente utilização de mídias sociais em todas os segmentos profissionais	▪ Desvalorização do real aumenta os custos de insumos importados muito utilizados no setor
▪ Participação crescente e potencialmente crescente no PIB	▪ Nível de endividamento mais alto da população afeta gastos com segmentos ainda considerados supérfluos como cultura e artes
▪ País apresenta potencial criativo	
▪ Visibilidade do país no exterior facilita a expansão de empresas nacionais	

Referências

ABREU, Adriana; PELEGRINO, Caroline. *Empresas buscam profissionais que dominem mídias sociais*. Jornal Folha de São Paulo, 22 Ago. 2010. Disponível em: <http://www1.folha.uol.com.br/mercado/786978-empresas-buscam-profissionais-que-dominem-midias-sociais.shtml>. Acesso em: 20/04/2015.

CONFERÊNCIA DAS NAÇÕES UNIDAS PARA O COMÉRCIO E O DESENVOLVIMENTO - UNCTAD – ONU. Relatório de Economia Criativa. Nações Unidas: São Paulo, 2010.

COSTA, Armando Dalla; SOUZA-SANTOS, Elson Rodrigo de. *Economia criativa: novas oportunidades baseadas no capital intelectual.* Revista Economia e Tecnologia, v. 25, abr./jun. 2011:1-8.

FEDERAÇÃO DAS INDÚSTRIAS DO ESTADO DO RIO DE JANEIRO – FIRJAN. *Mapeamento da indústria criativa no Brasil*. 2014. Disponível em: <http://www.firjan.org.br/economiacriativa/pages/default.aspx>. Acesso em: 25/04/2015.

INSTITUTO BRASILEIRO DE GEOGRAFIA E ESTATÍSTICA - IBGE. Disponível em: <www.ibge.gov.br>. Acesso em 17/04/2015.

MINISTÉRIO DA CULTURA – MINC. *Observatório brasileiro da Economia Criativa*. 2013. Disponível em: <http://www2.cultura.gov.br/economiacriativa/c/estudos-e-pesquisas/>. Acesso em: 25/04/2015.

VIEIRA, Leticia G. *Redes sociais mudam rotina de profissionais da comunicação*. Jornal Brasileiro de Ciências da Comunicação. 2014. Disponível em: <http://metodista.uol.com.br/unesco/jbcc/editorias/mercado/redes-sociais-mudam-rotina-de-profissionais-da-comunicacao>. Acesso em: 20/04/2015.

MERCADO E PUBLICIDADE PENSANDO O CONSUMO

15

O mercado consumidor e sua segmentação para atuação estratégica de marketing

Cristiano Lynn Villas Morley

Cristiano Lynn Villas Morley

Publicitário, professor, especialista em Comunicação Publicitária pela Faculdade Cásper Líbero, MBA em Marketing pela Fundação Getulio Vargas, especialista em Design e Cultura pela Universidade Fumec e graduado em Comunicação Social – Publicidade e Propaganda – pela mesma instituição. Demais cursos em áreas afins: Key Account Management, Planejamento de Comunicação e Gerenciamento por Categoria no Varejo pela ESPM/SP, Bootcamp de Planejamento pela Miami Ad School/ESPM-RJ e Planejamento Estratégico, Inteligência de Mercado e Análise da Concorrência pelo Ibramerc. No mercado desde 2002, atuou em criação publicitária pelas agências Bros. Design e Interativa Comunicação, em planejamento e atendimento pela Agência Nube. Em marketing, foi coordenador do setor na Athos Farma, com passagens por São Paulo-SP e Rio de Janeiro-RJ. Atua no marketing da indústria relojoeira Seculus da Amazônia, com passagens pelos setores de inteligência de mercado e trade marketing. Lecionou comunicação, linguagem, imagem e mídia no MBA do B.I. International e realizou palestras sobre planejamento de comunicação, marca, trade marketing e comportamento do consumidor, com artigo deste tema publicado no livro "Coleção – Comunicação em Cena", org.: Liana Gottlieb, vol. 4. Fundador e editor do blog sobre marketing: www.oplanodevoo.com.

Contato
cristiano.morley@gmail.com.

Introdução

Atuar no mercado e buscar compreender para quem se deseja vender, quem são os consumidores e como compram, torna-se um diferencial estratégico determinante de sucesso para a empresa varejista. Conhecer o público a quem se pretende impactar pode ser entendido como uma oportunidade de mercado na medida de satisfação de suas necessidades e desejos de consumo em produtos e serviços. Este é um processo que visa a entender e definir segmentos da população escolhidos, a quem destinar força produtora e, por consequência, estratégias de atuação de marketing e demais operações do negócio. A segmentação de mercado por fatores específicos é importante vetor de abrangência de determinado agrupamento de pessoas por características comuns.

A abordagem de comunicação com a condução da mensagem em adequação ao público-alvo esperado consolida o planejamento estratégico de portfólio. Observa-se ainda a importância do posicionamento de mercado, que envolve o propósito do negócio em alinhamento com seus produtos ou serviços e da maneira como o consumidor deve percebê-lo. Neste contexto, a compreensão do público-alvo para o mercado, através da atividade de segmentação, é estratégica para a empresa que deseja se colocar no mercado de forma competitiva. Modelos de segmentação do mercado consumidor são descritos e correlacionados a fim de que se possam identificar rotas de sucesso na construção das atividades de desenvolvimento de produtos e divulgação, perpassando por canais tanto de comunicação quanto de venda adequados e, fundamentalmente, alinhados.

Marketing de Segmentos

> Considerando a massa humana como uma grande máquina devoradora de produtos e serviços, parece lógico que basta produzir para que o bem ou serviço seja consumido. Assim se pensava na era industrial, especialmente após a Segunda

> Grande Guerra, quando o mercado, ávido por produtos, tinha de adquirir o que lhe era oferecido. Com o aparecimento da concorrência e com o avanço tecnológico, os produtos foram ficando semelhantes, tornando cada vez mais difícil a sua diferenciação. Houve então a inversão de processos. O mercado é que passou a determinar o que desejava, cabendo ao fabricante produzir o que lhe estava sendo solicitado, porque a massa consumidora não pensa de forma homogênea, formando grupos com determinadas características e preferências que os diferenciam dos demais. (CORRÊA, 2006:243).

A atuação mercadológica das empresas é entendida como forma de ofertar para um determinado grupo de pessoas que apresenta necessidades específicas, as quais ela consiga atender, em produtos e serviços. Para identificação desta fatia de consumidores pode-se realizar análises sob critérios tais como as características do consumidor, considerando aspectos demográficos, geográficos e situacionais. "Um *segmento de mercado* é um *grupo de consumidores com necessidades e comportamentos semelhantes que diferem do restante do mercado*." (BLACKWELL; MINIARD; ENGEL, 2005:41, grifo dos autores). Neste aspecto as empresas definem seu mercado-alvo para execução de suas atividades, considerando a afinidade com compradores esperados em função das oportunidades comerciais de suas relações de consumo. Segundo Kotler (2000:30), "Para cada mercado-alvo escolhido, a empresa desenvolve uma oferta ao mercado. A oferta é posicionada na mente dos compradores-alvo como possuidora de algum(s) benefício(s) fundamental(ais)." Ele identifica níveis de segmentação de mercado, tidos como força para incrementar a eficiência do marketing da empresa: marketing de segmento, de nicho, local e individual. Além disso, especifica como ponto de partida para abordagem sobre segmentação o marketing de massa, o qual conceitua como quando "o vendedor se dedica à produção, distribuição e promoção em massa de um produto para todos os compradores" (KOTLER, 2000:278). Ressalta, também, que com o marketing de massa cria-se um mercado potencial, que gera custos menores conduzindo a margens mais altas ou a preços mais baixos.

Para o marketing de segmento, o grupo alvo se baseia em características similares, como poder financeiro, comportamentos de compra e critérios geográficos. Segundo Kotler (2000:278), essa abordagem situa-se entre o marketing de massa e o individual. Já o marketing de nicho adota uma abordagem mais estrita, considerando um mercado com necessidades não totalmente satisfeitas, podendo ser uma subdivisão de um segmento ou identificando um grupo alvo por atitudes diferentes. A terceira abordagem trata do marketing local como critério geográfico por determinado grupo de pessoas, com objetivo de atender suas necessidades e desejos. Entretanto, para Kotler (2000), a execução do programa de marketing pode ter seus custos aumentados em função da perda de economia de escala, o que pode ser complementado com a complexidade maior da logística. Para o quarto nível de marketing, o individual, a abordagem chega à customização e impacto de um para um.

Necessidades, desejos e demandas

A expectativa de atendimento do mercado, definido em ofertas de produtos e serviços, deve considerar compreender a diferenciação entre necessidades, desejos e demandas. Para Kotler (2000:33), "As pessoas precisam de comida, ar, água e abrigo [...]", necessidades tidas como questões de sobrevivência. Os desejos são considerados à medida que as necessidades são direcionadas a produtos específicos para satisfazer as pessoas. Oportunidades de mercado em segmentos com desejos não atendidos podem ser relevantes para sucesso do negócio, justificando o porquê das empresas compreenderem o reconhecimento das necessidades de seus consumidores.

As demandas perpassam pelos desejos das pessoas, cotejados com a capacidade de pagamento. Segundo Kotler (2000:33, grifo do autor), "Um *produto* é qualquer oferta que possa satisfazer a uma necessidade ou a um desejo." No entendimento das necessidades reais do cliente, Kotler (2000:43) distingue cinco tipos: necessidades declaradas, as reais, aquelas não declaradas, necessidades de "algo-mais" e as secretas. Para o autor, o consumidor apresenta necessidades de que não tem total ciência, aliados à incapacidade de expressar-se corretamente. Para entendimento das motivações humanas sobre necessidades específicas, Abraham Maslow apresentou em sua teoria uma escala em formato de pirâmide, onde cada um dos cinco níveis traz uma hierarquia de satisfação, em ordem sequencial.

> A resposta de Maslow é que as necessidades humanas são dispostas em uma hierarquia, da mais urgente para a menos urgente. Em sua ordem de importância, elas são

necessidades fisiológicas, necessidades de segurança, necessidades sociais, necessidades de estima e necessidades de auto-realização. (KOTLER, 2000:194).

Segmentação mercadológica

Relevante considerar o propósito de alinhamento da segmentação adotada, no ambiente do negócio, com a estratégia de comunicação aos consumidores, à medida que se abrange grupo-alvo com características identificadas em análises do mercado. Blackwell, Miniard e Engel (2005:41) definem que o propósito é [...] identificar esses grupos de pessoas com comportamento similar, de forma que o produto ou embalagem, ou estratégias de comunicação, possam ser adaptados para responder às suas necessidades específicas [...]".

As análises de segmentações do mercado consumidor para definição de estratégias de venda e aderência ao *shopper* consideram as características dos consumidores como indicadores de compra, conotando esperados comportamentos. A adequação das formas de atuação no mercado, com distinção de canais de distribuição, venda e mix promocional devem, portanto, ter em consideração o perfil do consumidor definido como alvo. Assim, ressalta-se a importância de um posicionamento estruturado e em diálogo com os objetivos de negócio, portfólio e com o mercado consumidor. Segundo Ries e Trout (2002:05) a proposta básica do posicionamento consiste em lidar com o que está na mente do consumidor, devendo reatar as conexões já existentes e não em se criar algo novo ou diferente.

A segmentação dos mercados consumidores é classificada para os autores entre características do consumidor, geográficas e situacionais. A segmentação por características do consumidor adota, no critério demográfico, identificação por idade, gênero, etnia, renda, educação, família, nacionalidade, estágios da vida, estado civil, ocupação, religião e moradia, conforme Blackwell, Miniard e Engel (2005:43). Para Kotler (2000:285), "As variáveis demográficas são as bases mais usadas para se distinguir grupos de clientes. Uma das razões para isso é que as necessidades, os desejos e os índices de utilização dos consumidores estão frequentemente associados a variáveis demográficas". Juracy Parente (2013:85) observa que os esforços do varejo no mercado, como propaganda, sortimento e serviços devem se basear para atender as necessidades dos mercados selecionados por meio de combinação das variáveis que mais impactam no negócio.

Um fator financeiro na segmentação demográfica se refere à renda, e Parente (2013) contextualiza o ambiente econômico brasileiro observando o Produto Interno Bruto (PIB) como indicador da área, ressaltando que "O PIB reflete o potencial de mercado disponível em certa região, e é, portanto, um dos indicadores da atratividade da região para novos investimentos varejistas." (2013:99). O autor apresenta o "Critério Brasil" como recurso de pesquisa consolidando vetores como "[...] nível de renda, ocupação e grau de instrução do chefe da família, nível de conforto doméstico e posse de determinados bens duráveis para classificação em classes sociais." (PARENTE, 2013:108).

A segmentação geográfica exige "[...] a divisão do mercado em diferentes unidades geográficas, como nações, estados, regiões, condados, cidades ou bairros.", segundo Kotler (2000:285), observando ainda a atenção da empresa em considerar as variações locais.

Na segmentação psicográfica há a divisão em grupos de compradores com base em seu estilo de vida, valores e personalidade, conforme ensina Kotler (2000). As características psicográficas, segundo Blackwell, Miniard e Engel (2005:43) pertencem às características do consumidor, que envolve ainda os temas: atividades, interesses e opiniões. A psicografia para Kotler (2000:191) é a ciência que mede e categoriza o estilo de vida do consumidor. Enquanto as mensurações demográfica, comportamental e socioeconômica identificam quem compra, as psicográficas identificam o motivo da compra. Elas servem como análise para compreensão do mercado de atuação e definição de mercado de segmento. Como exemplificado por Blackwell, Miniard e Engel (2005:230), "[...] mulheres solteiras com idade entre 25 e 30 anos que participam ativamente de esportes ao ar livre e se preocupam com a nutrição.". Já para Kotler (2000:191), "Pessoas de mesma subcultura, classe social e ocupação podem ter estilos de vida bem diferentes".

Kotler (2000:191), cita o VALS 2-*Values and Lifestyle System*, desenvolvido pela SRI International, considerado como um dos sistemas de classificação mais utilizados, com grande aceitação geral, o qual classifica adultos norte-americanos em oito grupos, baseado em atributos psicológicos. Os objetivos e comportamentos aos quais os entrevistados aspiram conduzem a modelos de auto-orientações. Segundo Blackwell, Miniard e Engel (2005:232), além da auto-orientação, outra dimensão da tipologia do sistema atende aos recursos físicos, materiais, psicológicos, materiais e demográficos, definindo assim as categorias de estilos de vida. Elas podem servir aos profissionais de marketing como suporte em suas atividades de posicionamento e propaganda para impactar seu público-alvo, considerando como referencial ainda o critério econômico de quantidade de recurso financeiro. Desta forma Blackwell, Miniard e Engel (2005:232) apresentam aqueles orientados por princípios, os denominados "Satisfeitos", sendo consumidores com mais recursos e bem-sucedidos, e os "Crentes", com menos recursos, porém mais maduros e práticos. Os orientados pelo status contemplam os "Controladores", com mais recursos e orientados pela carreira, e os "Esforçados", com menos recursos e preocupados com sua aprovação social. Os orientados pela ação consideram os "Experimentadores", com mais recursos e com interesse por produtos novos, além dos "Fazedores", de poucos recursos, que têm foco na autossuficiência. Outros dois estilos de vida são os "Realizadores", detentores de mais recursos, que apresentam sucesso profissional e dão importância à sua imagem, além dos "Lutadores", com menos recursos e em sua maioria com menor escolaridade.

"Esse conhecimento pode ser utilizado por varejistas para procurar responder mais efetivamente às preferências e expectativas dos consumidores e para orientar campanhas promocionais direcionadas para esses diferentes segmentos." (PARENTE, 2013:107). Segundo Blackwell, Miniard e Engel (2005:196), para tomada de decisão no mercado não é suficiente considerar apenas o critério demografia. As pessoas atuam de forma diferente em função de seus perfis de constituição sociopsicológica, ou seja, suas personalidades, estilos de vida e valores não se apresentam iguais, mesmo sob situações similares de idade, renda ou geografia.

A segmentação de mercado comportamental, segundo Kotler (2000:289), ocorre quando se divide os consumidores em função do conhecimento dos produtos em relação à atitude, uso e resposta a eles. Ele apresenta também a segmentação de multiatributos em análise geodemográfica (*geoclustering*), que combina variáveis para buscar identificar grupos-alvo pequenos e melhor definidos. O foco em vários segmentos também é colocado por Kotler (2000), a exemplo de situações nas quais uma empresa atua em único segmento, e em seguida expande para outros, em sua atuação de mercado.

Tendências Sociais

> Considerando-se um mercado com as características do brasileiro, no qual as mudanças são constantes e imprevisíveis, falar no futuro pode parecer um contra-senso. Além disso, as preocupações presentes são tantas que mantêm qualquer administrador bastante ocupado no aqui-e-agora. No entanto, qualquer empresa que objetiva permanecer em atividade necessita prever as eventuais ocorrências para saber que rumo tomar. (LAS CASAS, 2012:331)

Compreender os consumidores para prever seu comportamento deve ser uma prática regular para o negócio, à medida que não se deseje perder competitividade, pois eles estão em constante mudança, não se apresentando com determinantes fixos. "Alguns dos anunciantes mais efetivos seguem as tendências de estilo de vida dos seus mercados-alvo e refletem esses estilos de vida em seus anúncios[...]" (BLACKWELL; MINIARD; ENGEL, 2005:228).

As tendências sociais, segundo Parente (2013:101), podem oferecer muitas oportunidades de mercado quando analisadas, no entendimento das influências que afetam o consumidor. Nesse contexto, os estudos de tendências sociocomportamentais dos futurólogos John Naisbitt e Faith Popcorn se destacam. Parente entende que o primeiro estudioso identificou dez megatendências, como: Globalização da Economia, Liderança Feminina, Renascimento Religioso. Faith Popcorn, por sua vez, identificou dezesseis tendências culturais que influenciam o comportamento do consumidor americano, como Encasulamento, Pensamento Feminino e 99 Vidas. "As tendências ajudam a prever o futuro e podem ser definidas como uma direção ou sequência de eventos que tem algum momento ou durabilidade." (KOTLER1, 2000 apud PARENTE, 2013:101). Parente também apresenta outras tendências, tais como Saúde e Nutrição, o Retardamento do Envelhecimento, Tempo e Conveniência, Educação, Consciência Ambientalista, Renascimento Espiritual e Consumidor Vigilante.

Considerações Finais

A importância de se conhecer o mercado consumidor onde se atua torna-se relevante ao negócio como fator de sucesso em adequação ao modelo de atuação estratégico selecionado. O entendimento dos desejos e necessidades do público eleito como alvo fomentam oportunidades de mercado que exigem a execução das ferramentas de marketing e canais de vendas adequados. A comunicação ao mercado consumidor pretendido torna-se executável, assim, em aderência à segmentação adotada como construção do referencial de produtos e serviços para ele ofertado.

As definições dos níveis de segmentação de marketing, bem como dos modelos de segmentação do mercado consumidor, exigem constante atenção aos ambientes externos e tendências sociais, uma vez que a visão se dá para grupos de pessoas que podem apresentar comportamentos diversos ao longo do tempo. As tendências sociais devem, portanto, ser consideradas na medida em que as estratégias do negócio se consolidam, através de embasamentos de pesquisas e estudos sociocomportamentais.

Nota: KOTLER: Marketing management. New Jersey : Prentice Hall, 2000. p. 136.

Referências
BLACKWELL, Roger D.; MINIARD, Paul W.; ENGEL, James F. *Comportamento do consumidor*. Trad. Eduardo Teixera Ayrosa (coord). São Paulo: Pioneira Thompson Learning, 2005. 606p.
CORRÊA, Roberto. Comunicação integrada de marketing: uma visão global. São Paulo: Saraiva, 2006. 266p.
KOTLER, Philip. *Administração de Marketing: a edição do novo milênio*. Trad. Bazán Tecnologia e Linguística. 10° ed, São Paulo: Pearson, 2000. 764p.
LAS CASAS, Alexandre Luzzi. *Marketing de Varejo*. 4ª ed, 3ª reimpr., São Paulo: Atlas, 2012.
PARENTE, Juracy. *Varejo no Brasil: gestão e estratégia*. 1ª ed, 12ª reimpr., São Paulo: Atlas, 2013. 388p.
RIES, Al; TROUT, Jack. *Posicionamento: a batalha por sua mente*. Trad. Roberto Galman. ed. 20° aniversário, São Paulo: Pearson Makron Books, 2002; 223p.

16

Identidade Corporativa e a Gestão da Marca

Flávio Tófani &
Lígia Fascioni

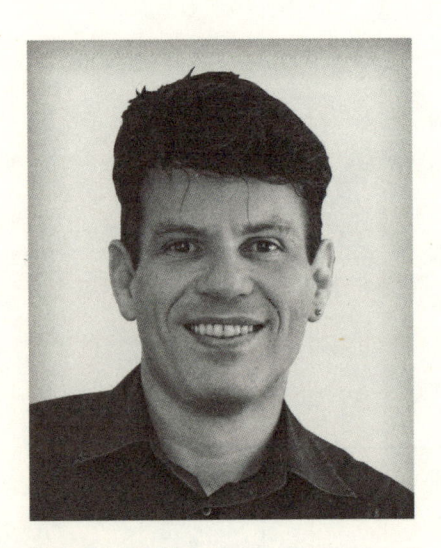

Flávio Tófani

Conhecido como Tio Flávio, é graduado em Comunicação Social, com especializações em Gestão de Pequenas Empresas e em Gestão Estratégica de Marketing e Mestrado em Engenharia da Produção. Criador do Tio Flávio Cultural.

Contato
tioflavio.com
tio@flaviotofani.com.br

Lígia Fascioni

É Engenheira Eletricista, Mestre em Engenharia Elétrica na área de Automação e Controle Industrial, Especialista em Marketing e Doutora em Engenharia de Produção e Sistemas, com foco em Gestão Integrada do Design. É autora de diversos livros e palestrante internacional.

Contato
ligia@ligiafascioni.com.br

Introdução

Há muitos termos que surgem na literatura, inclusive de negócios, para marcar época, e que vão, ao longo dos tempos, se aperfeiçoando, evoluindo. Esse é o caso do *branding*, que por muitas pessoas e organizações ainda não é bem compreendido, mas que passa a ser fundamental nos processos de gestão, seja para um autônomo, uma banda de música, movimentos sociais e, certamente, empresas.

A marca representa o significado de uma empresa, pessoa ou produto para a sociedade (ou para algumas partes dela). Batey (2010) defende que uma marca é um "agrupamento de significados" que podem ser bem entendidos a partir do momento em que se busca conhecer a identidade, a essência das organizações.

Como afirma Fascioni (2010), a identidade corporativa é o que a empresa é na sua essência. A marca gráfica, o nome, o atendimento, as diretrizes organizacionais, as comunicações – incluindo as propagandas e as mídias digitais, são apenas "manifestações físicas" da sua identidade. Assim, a identidade (sendo essência) e a marca (sendo significado) precisam do *branding*, que pode ser entendido como a gestão de todos esses processos, "traduzindo-os" nos vários momentos de contato das organizações com os grupos de interesse: sejam clientes, funcionários, fornecedores, comunidade, etc.

Ao trabalhar tudo isso é necessário que as pessoas e as organizações tentem encontrar resposta para uma pergunta: "para que estamos aqui?", sugerida por SISODIA, SHETH E WOLFE (2008). E, ainda mais, é urgente entender o que propõe Sinek (2012): o objetivo não é fazer negócio com pessoas que precisam do "o que" você tem, mas inspirar aquelas que acreditam no "por que" (motivo, razão, propósito) a empresa existe. Assim, o autor defende que toda organização (ou a própria pessoa) deva partir não do que oferecer ao mercado, mas descobrir o seu real propósito de vida.

O *branding* pode ajudar a tornar reais a essência, os significados e o propósito das empresas, gerenciando os momentos de contato e criando o que Kotler (2010) denominou de "Marketing Espiritual", entendendo-se por espírito tudo aquilo que não é material e que gera valor (além do monetário) para as pessoas.

Pensando em pessoas com propósitos e marcas fortes, é importante entender o que propõe Csikszentmihalyi (1999), que trabalha a psicologia positiva e sugeriu o conceito de fluxo, afirmando ser o estado de total absorção numa determinada atividade, que, embora possa ser exigente ou até mesmo estressante enquanto você a está realizando, oferece posteriormente um profundo senso de satisfação.

Branding, essência, significado, espírito, satisfação: tudo isso depende de gente e já faz parte da vida das pessoas. Precisa, no entanto, ser entendido com serenidade e emoção, pois os tempos mudam e as pessoas tendem a achar os verdadeiros significados dos seus "sonhos", antes de traçarem seus "planos", parafraseando Sinek (2012).

O que é a identidade corporativa?

A definição da identidade corporativa da empresa é o primeiro passo para pensar a gestão organizacional e da marca, pois o autoconhecimento é imprescindível para que todas as suas ações e comunicações sejam coerentes e sintonizadas.

Capriotti (2005:140) explica que "a identidade corporativa seria o conjunto de características, valores e crenças com as quais a organização se autoidentifica e se autodiferencia das outras organizações concorrentes no mercado".

O autor ainda ressalta que a identidade corporativa é a personalidade da empresa e que, por isso mesmo, a definição é ampla e genérica. Ele apresenta duas perspectivas que podem servir de referência na análise da identidade:

1. **Filosofia corporativa:** é a concepção global da organização estabelecida para alcançar metas e objetivos e compreende a missão, os valores e a visão.
2. **Cultura corporativa:** o conjunto de normas, valores e referências de conduta que são compartilhadas pelos colaboradores e refletem seu comportamento, mesmo que não escritas. Essa cultura sofre influências da personalidade do fundador, da personalidade das pessoas-chave, da evolução e história da empresa, dos êxitos e fracassos, da personalidade dos colaboradores e do entorno social.

Costa (2003:62) esclarece que "a identidade da empresa é seu DNA. Por isso, e não por outro motivo, toda empresa é única, diferente e irrepetível." O autor ainda completa que a identidade é a substância que diferencia a empresa das demais e que a cultura é a forma como essa substância se manifesta.

Minguez (1999) afirma que o conceito de identidade corporativa não possui um caráter simplesmente visual (boa parte da literatura utiliza identidade corporativa como sinônimo de identidade visual ou gráfica), pois abarca aspectos culturais, ambientais e de comportamento.

Fascioni (2006) afirma ainda que a representação gráfica e o nome não são e nem fazem parte da identidade corporativa. Esses elementos apenas traduzem a identidade, e, mesmo assim, nem sempre com fidelidade.

Fascioni (2006:13) define:

> Identidade corporativa é o conjunto de características essenciais que tornam uma empresa única, especial, inigualável (...) A identidade de uma empresa é a sua essência, seus princípios, crenças, manias, defeitos, qualidades, aspirações, sonhos, limitações.

Sendo assim, exclui-se do conceito de identidade corporativa a sua marca gráfica, a sua papelaria e os demais de materiais normalmente considerados como identidade. Esses aspectos, para fins de conceituação, serão aqui considerados como *manifestações físicas da identidade*, e não a própria identidade.

Há diferença entre identidade e imagem corporativas?

Os termos identidade e imagem corporativas são muitas vezes usados erroneamente como sinônimos. A distinção, porém, é notória: enquanto a identidade trata da realidade interna da empresa, a imagem ocupa-se da percepção externa da mesma.

Brandt e Johnson (1997) apresentam um quadro bastante esclarecedor sobre as diferenças entre os dois conceitos.

IMAGEM	IDENTIDADE
Aparência	Essência
Ponto de vista dos receptores	Ponto de vista dos emissores
Passiva	Ativa
Reflete qualidades superficiais	Reflete qualidades duradouras
Visão retrospectiva	Visão voltada para o futuro
Tática	Estratégica
Associações existentes	Associações que se quer construir

Quadro 1: Diferenças entre imagem e identidade

Minguez (1999) define a imagem como "o conjunto de significados que uma pessoa associa a uma organização". Discute ainda que o processo de formação de uma imagem é sempre complexo, pois é o resultado de uma abstração que cada indivíduo forma em sua mente a partir de operações de simplificação com atributos mais ou menos representativos para ele. Estes atributos são, em sua maioria, provenientes de três fontes de informação: os meios de comunicação de massa, as relações interpessoais e a experiência pessoal. Em resumo, a imagem corporativa é constituída por retalhos do que a empresa é, o que a empresa faz e o que a empresa diz.

Costa (2001:58) atenta para o fato de que o termo imagem é geralmente associado ao sentido da visão, ou, na melhor das hipóteses, às percepções sensoriais. Mas imagem corporativa, para o autor, é muito mais: "A imagem é a representação mental, no imaginário coletivo, de um conjunto de atributos e valores que funcionam como um estereótipo e determinam a conduta e as opiniões dessa coletividade".

Fascioni (2006) propõe uma analogia simples para entender esses conceitos, supondo que a imagem corporativa é como uma tela em branco que as pessoas possuem em suas mentes em relação a uma determinada empresa com a qual ainda não tiveram contato. A imagem é o preenchimento dessa tela, como se fosse um quebra-cabeça. As pessoas vão construindo a imagem com peças que a própria empresa fornece. Se a empresa não sabe muito bem como é a tela original (a identidade), não consegue distribuir as peças corretas para preencher a tela na cabeça das pessoas (a imagem). Isso faz com que se forme uma imagem confusa, onde as peças não se encaixam.

Mas como definir a identidade corporativa?

As principais conclusões, resultantes da discussão dos maiores especialistas do mundo no *Foro Europeo de Madrid* de 2002, segundo Costa (2003:70), revelam a importância da identidade corporativa: "somente as empresas com identidade definida sobreviverão" e "a identidade é o principal ativo de todas as empresas, já que é o único elemento diferenciador entre os competidores. Mas há poucas coisas mais difíceis para uma empresa do que definir a sua própria personalidade".

O desconhecimento da identidade corporativa provoca um problema frequente: a contradição entre a identidade objetiva (o que a empresa é na realidade) e a imagem subjetiva (o que a empresa induz o mercado a pensar), tratado por alguns autores como posicionamento.

Capriotti (2005) indica que há instrumentos que podem ser utilizados no trabalho de pesquisa para a definição da identidade: questionários, visitas à empresa, observação do ambiente de trabalho, entrevistas pessoais, reuniões grupais (este último, segundo o autor, é um dos mais eficientes).

Por uma questão de custos, praticidade e até de conveniência diplomática, alguns profissionais acabam optando pela entrevista pura e simples com os contratantes (em geral, os gestores da empresa) na construção do *briefing*.

Ocorre que, por melhor e mais elaborada que seja a estratégia da entrevista, sua prática pode comprometer os resultados. Seguem alguns dos motivos identificados:

- Os gestores tendem a querer enfatizar apenas o melhor da empresa, desprezando os aspectos que não julgam adequados, apesar de existentes.
- Os gestores possuem uma visão parcial da empresa, pois a enxergam apenas de um ponto de vista (o deles). Essa visão é tão incompleta quanto a das secretárias ou a dos estagiários.
- Os gestores podem imaginar que existam respostas "certas" para a pergunta: "quem é a sua empresa?".

Gestão Integrada da Identidade Corporativa - GIIC®

Para que se trabalhe com a gestão das marcas é necessário, no entanto, que a empresa se identifique, defina o que ela é e a sua relevância para as pessoas. Com o objetivo de atender a essa demanda, desenvolveu-se o método GIIC® que vem sendo aprimorado no decorrer das aplicações. O GIIC® foi concebido para alinhar a imagem (o que a empresa parece ser) à identidade (o que ela é) de maneira clara e estruturada. Para tanto, o método é organizado em onze módulos independentes, que podem ser aplicados em qualquer ordem (desde que precedidos pelo módulo Identidade), conforme as prioridades e necessidades da empresa. A ideia é que, uma vez definida a personalidade de uma empresa (Módulo Identidade), ela possa traduzir seus atributos sob dez perspectivas: Nome, *Webdesign*, Impressos, Atendimento, Apresentações, Ambiente, Pessoas, Comunicação, Identidade Visual e Produtos.

O módulo Identidade, do GIIC®, estruturado em um *workshop* de identidade corporativa, foi concebido para reduzir a distorção dos métodos usuais, fazendo com que todos os colaboradores da empresa (ou pelo menos uma amostra representativa) participem da definição de sua identidade.

A operacionalização faz-se por meio de analogias, confrontações semânticas, estudos de caso e representações. O facilitador vai, na verdade, repetir a mesma pergunta de variadas maneiras: "quais são as características dessa empresa?". É importante que as formas de questionamento sejam variadas para que possam ficar claras as contradições e que os atributos reais sejam enfatizados em várias oportunidades.

O método utiliza a técnicas de enfoque participativo e visualização móvel e gera um relatório denominado "Identidade Corporativa", que descreve as atividades do *workshop* e conclui com a definição formal da identidade da instituição, redigida conforme as diretivas apreendidas durante o trabalho. Por simples que pareça a aplicação do método, é importante destacar que o facilitador que orientará o *workshop* deverá ter profundo conhecimento dos conceitos de identidade e imagem, pois várias vezes os participantes se sentirão tentados a descrever como a empresa deveria ser, e não como ela é. A esse profissional é necessária também a competência em gestão de conflitos e a ampla capacidade de síntese para que o trabalho possa ser bem traduzido, já que a identidade aqui é definida em termos de atributos essenciais e acidentais, conforme explanação a seguir.

Chauí (2005) explica que as coisas possuem alguns atributos necessários (os chamados "essenciais", pois, sem eles, não se pode chegar a uma definição — a sua ausência impediria a coisa de ser tal como é) e os atributos "acidentais" (sua presença ou ausência não afetam a essência). Na definição da identidade corporativa buscam-se sempre os atributos essenciais, apesar dos acidentais também serem descritos. Um dos maiores desafios do trabalho, uma vez descrita a identidade da empresa, é diferenciar os atributos essenciais dos acidentais. Os essenciais deverão permanecer fiéis descritores da instituição, a despeito das transformações que ela venha a sofrer ao longo dos anos. Já os atributos acidentais auxiliarão em muito o gestor na tomada de decisões e na gestão da empresa, porém, é de se esperar que eles se alterem ao longo da história, podendo refletir o atual posicionamento da empresa, momentos de crise ou de sucesso, substituições de pessoas-chave, etc.

O *workshop*, cuja duração de 5 a 8 horas, dependendo do número de participantes, utiliza-se de cinco tipos diferentes de dinâmicas como forma de mascarar a mesma pergunta: quais são as características da empresa?

1. **Analogia:** Esse tipo de dinâmica pede para que os grupos imaginem que uma empresa em exercícios variados: que características a empresa teria se ela fosse uma pessoa, por exemplo? Seria homem

ou mulher? Por quê? Que grau de instrução teria? Qual a situação familiar, financeira, social? Quais seriam seus *hobbies*? O mesmo poderia ser feito para um animal, um objeto ou uma celebridade, dependendo do perfil da empresa.

2. **Estudos de caso:** Este tipo de dinâmica apresenta histórias e pergunta aos participantes como a empresa reagiria em determinadas situações.
3. **Adjetivos:** Esse exercício pode ser realizado de várias maneiras; pode-se solicitar aos grupos que indiquem adjetivos positivos e negativos; pode-se pedir que os adjetivos sejam listados sem juízo de valor ou ainda experimentar a variação individual, livre ou dirigida (cada pessoa escolhe 10 adjetivos de uma lista de 100). Essa variação se justifica em casos onde o estilo de liderança constrange a livre expressão dos participantes.
4. **Referências e desejos:** Aqui se solicita aos grupos que escolham uma empresa (de qualquer área) que seja alvo de admiração. Eles devem listar também as características dessa empresa pelas quais ela é tão reconhecida. Pode-se observar se há uma observância da concorrência (apesar de não ser obrigatório, é um bom sinal que sejam citadas empresas do mesmo setor, num exercício de *benchmarking*), se as características admiradas serão ou não conquistadas e se a empresa em questão está atuando para chegar nesses níveis de excelência. Outra dinâmica interessante é solicitar aos participantes que escrevam o que gostariam de ler sobre a empresa em uma manchete de jornal ou revista.
5. **Representações:** Essas dinâmicas solicitam aos grupos para representarem a empresa e o mercado de variadas maneiras, dependendo da área de atuação da empresa analisada. Pode ser com o auxílio de massa de modelar, recortes de revistas ou outros apetrechos; pela criação de um comercial de TV (dramatização), pela criação de um anúncio impresso.

A operacionalização se faz por meio do trabalho em grupos. Encerrado o tempo planejado para cada atividade, todos se reúnem para debater as respostas e definir um consenso.

O facilitador deverá utilizar toda a sua capacidade de observação para identificar contradições e ênfases, influências ou constrangimentos, registrando todas as impressões no relatório final. Há casos em que o resultado de um exercício é completamente descartado por não refletir a vontade do grupo, que se submeteu a um líder de hierarquia superior. Há casos (raros) também em que o consenso não é atingido (votação não é consenso).

As características mais marcantes, que aparecem em boa parte das dinâmicas e de maneira enfática e incontestável integram o conjunto dos atributos essenciais da empresa. As demais, colhidas ao longo do trabalho, que refletem acontecimentos atuais, crises ou programas em andamento, que se contradisseram ou que foram esquecidas, passam a fazer parte das características acidentais. Após a conclusão do relatório, há uma apresentação final a todos os participantes, bem como a entrega das versões impressa e eletrônica para posterior consulta.

Referências
ALBERT, S. e WHETTEN, D. *Organizational identity. In Cummings, C.C. and Staw, B. M. (Eds), Research in Organizational Behaviour*, Vol. 7, JAI Press, Greenwich, CT, pp. 63-76.
BATEY, Mark. *O significado da marca: como as marcas ganham vida na mente dos consumidores*. Rio de Janeiro: Best Business, 2010.
BRANDT, Marty e JOHNSON, Grant. *Power Branding: building technology brands for competitive advantage*. Probrand, 1997.
CAPRIOTTI, Paul. *Planificación estratégica de la imagen corporativa*. 2a ed. Barcelona: Editora Ariel, 2005.
CHAUI, Marilena. *Convite à filosofia*. 13ª ed. São Paulo: Ática, 2005.
CSIKSZENTMIHALYI, Mihaly. *A descoberta do fluxo: A psicologia do envolvimento com a vida cotidiana*. Brasil: Rocco, 1999. (Ciência Atual)
COSTA, Joan. *Imagen corporativa en el siglo XXI*. 2a ed. Buenos Aires: La Crujía Ediciones, 2001.
FASCIONI, Lígia. *Quem a sua empresa pensa que é?* Rio de janeiro: Editora Ciência Moderna, 2006.
FASCIONI, Ligia. *DNA empresarial: identidade corporativa como referência estratégica*. São Paulo: Integrare Editora, 2010.
HATCH, Mary Jo and SCHULTZ, Majken. *Relations between organizational culture, identity and image. European Journal of marketing*, Volume 31, 5/6, 1997. MCB University Press. pp. 356-365.
KOTLER, Philip. *Marketing 3.0: as forças que estão definindo o novo marketing centrado no ser humano*. Rio de Janeiro: Elsevier, 2010.
SINEK, Simon. *Por quê? Como grandes líderes inspiram ação*. São Paulo: Saraiva, 2012, 222p.
SISODIA, R. S.; SHETH, J. N.; WOLFE, D. B. *Os segredos das empresas mais queridas: como empresas de classe mundial lucram com a paixão e os bons propósitos*. Porto Alegre: Bookman, 2008.
MINGUEZ, Norberto. *Un marco conceptual para la comunicación corporativa*. Revista de Estudios de Comunicación, n. 7, maio 1999. Bilbao.

17

Estratégias para reconhecimento de marca por meio de programas jornalísticos, como o Mundo S/A, da Globonews

Juliana Verboonen

Juliana Verboonen

Jornalista pela Universidade Metodista de São Paulo, pós-graduada em Administração de Empresas pela PUC/SP e em Comunicação Organizacional e Relações Públicas, pela Fundação Cásper Líbero. Foi prestigiada por três prêmios de Jornalismo: CNT, Denatran e Abraciclo. Atualmente, apresenta o Jornal da Gazeta Edição das Dez, às 22h na TV Gazeta. É uma das idealizadoras do projeto ABC do Pequeno Cidadão. Trabalhou também nas rádios BandNews FM, SulAmérica Trânsito, Bandeirantes e BandVale, além da TV Panrotas, Canal 21/Play TV, TV BandVale e Vanguarda.

Contato
jujuhv@yahoo.com.br

Este trabalho analisa a participação de empresas no programa Mundo S/A, da GloboNews. As observações serão feitas sob a ótica da organização.

O programa, que existe desde 16 de outubro de 2006, se tornou uma referência para consagrar cases de empresas. A partir disso, é possível mostrar os impactos da participação no Mundo S/A para a organização apresentada.

As organizações escolhidas foram: Osklen e Conceição Bem Casados.

Mundo S/A

O programa Mundo S/A tem entre 10 e 12 minutos de arte e tem duas novas edições por semana. A exibição acontece em diversos momentos, porque é reprisado ao longo da semana. O conteúdo fica disponível no site da emissora. No ranking da **GloboNews**, os vídeos do Mundo S/A estão quase sempre entre os três mais vistos da semana.

De acordo com Eliane Camolese, editora executiva do Mundo S/A, a inspiração das pautas vem de várias fontes: jornais, revistas, *release*, observação, conversa entre amigos.

A equipe oficial é de apenas duas pessoas: a diretora executiva e uma diretora assistente. Todo o restante é rotativo. São repórteres, produtores, editores de imagens, iluminadores, motoristas, cinegrafistas e outros profissionais contratados pela GloboNews que se revezam entre os produtos.

De acordo com o Ibope, o público é categorizado como "adultos contemporâneos", com mais de 25 anos, sendo que 86% são das classes AB.

De acordo com Eliane Camolesi, que está à frente do Mundo S/A desde 2010, não houve caso de insatisfação da empresa com o conteúdo do programa exibido.

Reconhecimento de marca

Para disputar espaço no mercado, as empresas criam mecanismos para melhorar visibilidade e garantir reconhecimento. As estratégias são elaboradas a partir de avaliações de concorrentes, *market share*, pontos de venda, público alvo, perfil dos produtos ou serviços entre outros aspectos que podem influenciar no tamanho do negócio.

McCARTHY e PERREAULT (1997:43) definem o planejamento estratégico como "um processo administrativo destinado a manter o equilíbrio entre os recursos de uma organização e suas oportunidades de mercado".

Outra importante referência sobre o tema vem de KOTLER (2000:111). Ele afirma que ao abordar o planejamento estratégico os diferentes níveis da empresa devem discutir o processo de marketing e a entrega de valor, além dos tópicos que devem necessariamente compor o plano de marketing: resumo executivo e sumário; situação atual de marketing; análise SWOT; objetivos; estratégia de marketing; programas de ação; demonstrativos de resultados projetados e controles.

Estudo de caso 1: Osklen

Marca brasileira de moda masculina e feminina, desenvolvida em Ipanema no Rio de Janeiro, existente desde 1989. Criada por Oskar Metsavaht, une aspectos urbanos e elementos da natureza. Está posicionada entre as marcas *premium*, as de *sportwear* e *ecobrands*.

A primeira loja foi em Armação dos Búzios, no litoral fluminense. Inicialmente masculina, só no fim dos anos 90 é que entrou com coleção para as mulheres.

A Osklen tem 62 lojas pelo Brasil, além de Nova York, Miami, Tóquio e Roma. Os *showrooms* estão na Itália, Espanha, Grécia, França e Portugal. Exporta produtos para Bélgica, Chile e Oriente Médio.

A marca no Mundo S/A

A introdução (cabeça da matéria) fala das origens. Logo no início são mostrados os números de lojas, produção, empregos e como funciona a produção.

Aparecem fotos em revistas, desfiles e as costureiras. Características artesanais de produção são ressaltadas. Há destaque para quando os estilistas e produtores se reúnem no jardim. Eles ouvem música.

O vídeo destaca a preocupação com o meio ambiente e usa isso para justificar o alto custo das peças. Um passeio pelo prédio de São Cristóvão ressalta a preocupação histórica que a Osklen tem. Há um forte discurso referenciando as questões sociais do país.

No fim aparece um desfile e a sonora exaltando estilo de vida e qualidade de produtos.

Considerações da Osklen

A avaliação é Nelson Camargo, *Head of Fashion Marketing* da marca. Para ele, "o conteúdo reflete exatamente o que somos".

Este engajamento entre a expectativa da marca e o resultado no ar está relacionado ao conhecimento profundo da marca pelos envolvidos na pauta do programa.

HOOLEY (2001:41) é um dos autores que trabalham a introdução do conceito de vantagem diferencial: "O fator determinante da vantagem reside no fato dela ser um valor para o cliente (preço menor, melhor qualidade ou atendimento, por exemplo)". No caso em estudo, esses elementos são destacados ao longo do programa sendo reforçados pelos porta-vozes da empresa.

Os funcionários passam por reciclagens periódicas para entenderem a ideia do estilista a cada estação. Esta prática garante a unidade do discurso e o envolvimento emocional com a marca.

Os produtos vendidos na Osklen são direcionados ao público classe A. O tíquete médio é de 300 reais. O programa conseguiu demonstrar esta diferenciação, de acordo com Nelson.

No Mundo S/A, quatro pessoas foram porta-vozes da marca: Luziete Mendonça, Michele Valentim, Oskar Metsawaht e Nina Almeida Braga. "A escolha de cada um está diretamente relacionada ao domínio do assunto abordado, clareza e objetividade no discurso", explica Nelson Camargo. Ele acrescenta ainda que nenhuma dessas pessoas passa por um programa de *media training*.

Estudo de caso 2: Conceição Bem Casados

Conceição Bem Casados surgiu do talento de uma doceira. Há 50 anos, dona Conceição abandonou todos os doces para ficar apenas com o preferido: os bem casados. E cinco décadas depois, se tornou uma grife desejada.

A empresa tem 50 funcionários, distribuídos em diferentes partes da produção. Para garantir o segredo do sucesso, a receita permanece secreta. Nenhum funcionário tem acesso a todo o processo.

Há equipamentos industriais que garantem que saiam todos iguais. Mas, há etapas artesanais. Um exemplo é quando os bolinhos saem do forno e são recheados. O processo é manual e deve ser rápido. Como os doces são produzidos na véspera da festa, a empresa precisa ter uma produção organizada e rápida. O recorde da empresa foi 7 mil doces para um único casamento.

O controle de qualidade é feito por dona Conceição. A Conceição Bem Casados tem crescido de 5% a 10% ao ano. O filho da doceira é quem cuida dos negócios.

O desafio da marca é inovar sem modificar. A receita permanece a original. Não são permitidos sabores diferentes. Com isso, a inovação fica nas embalagens e parcerias. Estilistas como Glória Coelho, Reinaldo Lourenço e Alexandre Herchcovitch dão sofisticação às embalagens.

A marca no Mundo S/A

Usando imagens de álbuns de casamentos, o programa mostra que a cerimônia se adaptou aos tempos mais modernos, mas não caiu em desuso. Então, entra a história da Conceição Bem Casados, que se tornou referência no assunto.

Uma noiva fica indecisa sobre qual embalagem escolher. Há uma exploração das imagens das diferentes apresentações e algumas são ressaltadas por terem sido elaboradas por estilistas famosos.

Dona Conceição aparece comprovando que continua com a "mão na massa". A repórter alerta que a receita é secreta, mas tenta mostrar um truque. Ela diz que um segredo é que os bolinhos de pão de ló devem ser recheados ainda quentes e logo receberem a calda de açúcar. Isso evitaria que o bem casado fique murcho. Dona Conceição afirma que há segredinhos em todas as etapas.

Mais para o fim, fala o filho de dona Conceição. Ele explica a dificuldade de inovar sem alterar o doce. Aparece, então, o estoque de matéria-prima para embalagens. E termina com dona Conceição provando o bem casado.

Considerações da Conceição Bem Casados

A análise foi realizada pelo filho da doceira e administrador do negócio, Fábio Amaral. Para ele, o programa conseguiu alinhar o texto com a proposta da marca, de ser uma grife em bem casados. Os objetivos de comunicação da empresa foram retratados em sua totalidade pelo programa.

A empresa considera importante que o público possa conhecer o processo de fabricação, a estrutura, o profissionalismo.

Conceição Bem Casados não faz propaganda. A empresa escolheu o caminho da tradição, da mídia espontânea e, eventualmente, em eventos destinados a pessoas interessadas em se casar.

"No caso do Mundo S/A, a aceitação foi feita pela credibilidade do programa, o fato de levar cases de sucesso e agregar valor à marca e ao produto", afirma o administrador. Segundo ele, não houve interferência por parte da empresa na pauta, tudo o que foi pedido pela equipe foi mostrado, e a reportagem teve acesso a todos os espaços do processo de fabricação.

"A única coisa que poderia ter sido ressaltada é que apesar dos equipamentos, até hoje 80% do processo é artesanal. Mas, a falta desta informação não interferiu na qualidade do programa, que consideramos muito boa", diz Fábio.

Três pessoas foram porta-vozes da empresa: o próprio Fábio, dona Conceição e Margarida Amaral (também filha da doceira).

Depois de aparecer no Mundo S/A houve um grande número de clientes que identificaram a marca e elogiaram a qualidade produtiva. "Esse retorno foi percebido, mas não mensurado. Não sei se houve encomendas feitas estimuladas pelo programa. Portanto, não é possível avaliar se houve um retorno financeiro. Mas, sem dúvida, houve uma exposição importante da Conceição Bem Casados".

Segundo Pohl e Oliveira-Castro (2008:3), "consumidores geralmente coletam informações antes de efetuar suas compras. Eles procuram, entre outras coisas, por bons preços, boas condições de pagamento, marcas específicas, características dos produtos".

Conclusões

As duas empresas conseguiram transmitir com clareza os valores, a missão e a visão das marcas. Mas, em ambas é possível perceber a falta de preparo dos porta-vozes. No caso em estudo, todos conseguiram transmitir a ideia. Mas a postura, a roupa escolhida para dar uma entrevista, os gestos poderiam ser melhorados por meio de *media training*.

Media training é "o treinamento que orienta porta-vozes das empresas para lidar com a mídia" (PASSADORI e ASSAD 2009:50).

Num período de forte concorrência, em que o mercado é extremamente competitivo, um passo errado, uma palavra mal colocada pode causar enormes danos. Em relação a isto, Bueno (2003:46) afirma que "os desafios que a 'nova economia' impõe às organizações – entidades, associações etc. – resvalam, sempre em questões que afetam o bom desempenho da comunicação".

TÁLAMO; CARVALHO (2004) afirma que "os gestores empresariais são constantemente desafiados a diferenciar-se no mercado de atuação de suas empresas e a inserir sua marca em uma posição de destaque no segmento-alvo escolhido".

Desta forma, aparecer em um produto jornalístico, com qualidade reconhecida pelo público, de fato pode ser um diferencial importante em relação aos demais concorrentes. E serve como motivador na escolha de um produto ou serviço.

"O valor de uma marca é o valor de seus ativos. No entanto, antes disso, vem o valor na mente dos consumidores – valor este que leva a uma recompensa para a marca, traduzida em lucros, vendas e dividendos na Bolsa" (AAKER, 2002:92).

Os produtos jornalísticos ajudam a reforçar a identidade e admiração do consumidor. E criam vínculos na medida em que admiraram a história da empresa e a trajetória dos envolvidos.

Para participar do programa, ambas as empresas avaliaram a credibilidade do produto jornalístico e a capacidade de consolidar a história. Para ambas, o programa Mundo S/A, da GloboNews, serviu como um importante modo de comunicação com o consumidor.

Por fim, a imagem das organizações é resultado de uma série de quesitos observados nas mensagens transmitidas de acordo com a identidade organizacional. É um instrumento estratégico que, se bem dominado, pode trazer retornos importantes.

Embora não se consiga mensurar exatamente o retorno, entende-se que esse tipo e exposição gera investimento e aderência de marca, o que pode se traduzir em dividendos e atividades econômicas para a empresa.

Referências
AAKER, David A. *O ABC do valor da marca*. HSM Management, Barueri, v. 6, n. 31:92-96, mar./abr. 2002.
BUENO, W.C. *Comunicação empresarial: teoria e pesquisa*. Barueri (SP): Manole, 2003.
HOOLEY, G. J. et al. *Estratégia de Marketing e Posicionamento Competitivo*. São Paulo: Prentice Hall-Makron, 2001.
KOTLER:*Administração de Marketing*. 10a. ed. São Paulo: Prentice Hall, 2000.
MCCARTHY, E. J.; PERREAULT, W. D. *Marketing Essencial: Uma abordagem gerencial e global*. São Paulo: Atlas, 1997.
PASSADORI, R; ASSAD, N. *Media training: como construir uma comunicação eficaz com a imprensa e a sociedade*. São Paulo: Gente, 2009.
POHL, Roberta H. B. F.; OLIVEIRA-CASTRO, Jorge M. *Efeitos do nível de benefício informativo das marcas sobre a duração do comportamento de procura*. Curitiba, v. 2, n. 3, art. 6, set./dez. 2008.
TÁLAMO, J. R.; CARVALHO, M. M. *Seleção dos objetivos fundamentais de uma rede de cooperação empresarial*. Gestão & Produção, v. 11, n. 2:239-250, maio-ago., 2004.

18

Alcoolismo e comunicação, possíveis influências nos hábitos de consumo da cerveja Devassa por universitários

Luciano Silva

Luciano Silva

Tem desenvolvido sua carreira nas áreas de gestão de negócios e treinamento na Indústria Farmacêutica, atuando paralelamente com atividades de consultoria em comunicação publicitária e design. Desenvolvendo ao longo dos últimos anos estudos e palestras em diversas entidades, sempre com temas ligados às áreas de prevenção à dependência química. Pós-graduado em Comunicação Social, área de Teorias e Práticas da Comunicação pela Faculdade Cásper Líbero (2014), pós-graduado extensão em Gestão de negócios pela Fundação Dom Cabral (2014), graduado em Publicidade e Propaganda pela Universidade Nove de Julho (2008).

Contato
luciano.ssilva@hotmail.com

Álcool e Alcoolismo

O alcoolismo é considerado um grave problema de saúde pública no Brasil e no mundo. Segundo a OMS (Organização Mundial de Saúde) estima-se que 12% da população mundial (aproximadamente 840 milhões de pessoas) sejam dependentes do álcool, e um número muito maior de pessoas sofre com os problemas relacionados ao abuso de bebidas alcoólicas: cerca de 60% dos acidentes de trânsito e 70% dos laudos cadavéricos das mortes violentas.

Em seu relatório Global sobre álcool e saúde, publicado em 12/05/2014, a OMS afirma que o álcool é a droga mais consumida no mundo, e as mulheres são as que mais sofrem em consequência do abuso do álcool.

Mundialmente falando, o alcoolismo [...] "é a terceira doença que mais mata no mundo, só sendo superado pelo câncer e pelas doenças cardiovasculares". (FERRARINI, 2002 p. 161)

Uso seguro do álcool

Um dos cuidados mais importantes que devemos ter, quando o assunto é consumir habitualmente álcool de forma nociva, é com relação aos sintomas da Síndrome de Dependência do
Álcool. A dependência significa que beber de forma social, eventual e prazerosa deixou de ter sua função e passou a ficar disfuncional, ou seja, sem controle. O indivíduo não conseguirá mais decidir se quer ou não beber e o mais complicado de tudo isso é que esse processo ocorre progressivamente e muitas vezes de forma imperceptível.

Uma das formas de avaliar o consumo seguro do álcool é através da unidade de bebida padrão, ou seja, é contabilizada uma unidade por cada 10 gramas de álcool ingerido. Para os homens, o valor diário aceitável é de 3 unidades e para as mulheres, 2 unidades. Um homem, por exemplo, poderia beber até duas (2) latas de cerveja (700ml) por dia (salvo exceções) e uma mulher até 1 lata e meia de cerveja (525 ml), ou uma dose pequena de vinho ou cachaça, especialmente às refeições, sem que este mínimo consumo, causasse prejuízos à saúde. "Consumo maior não é indicado" segundo os especialistas Ilana Pinsky e Ronaldo Laranjeira (1997:14).

Fatores de risco e prevenção ao alcoolismo entre estudantes universitários

Para Dimef & Baer et. al., (2002:26) o padrão de consumo de bebidas alcoólicas por estudantes universitários varia bastante ao longo do ano acadêmico e está "classicamente ligado a eventos importantes, por exemplo, recepção de novos calouros, formaturas, festas consideradas universitárias etc.".

Ao percorrer as principais universidades e faculdades paulistanas constatamos o considerável número de bares em torno das faculdades e muitos universitários demonstrando vulnerabilidade com relação ao consumo de bebidas alcoólicas, mesmo durante o dia, nos intervalos ou pós-aula.

Além dos prejuízos acadêmicos e de saúde física e emocional decorrentes do consumo pesado do álcool por universitários, o que também nos chamou bastante a atenção foi um estudo encabeçado pela Dra. Camila Magalhães (2011), docente e psiquiatra do Hospital das Clínicas de São Paulo. Sua pesquisa concluiu que dos bebedores que "enchem a cara" nos finais de semana (e ultrapassam as doses seguras preconizadas pela OMS), a cada três avaliados, um vai desenvolver a dependência do álcool. O estudo indica também as fases de progressão do uso do álcool, evidenciando que, quanto mais cedo (idade) for o início do uso do álcool, mais cedo as consequências (alcoolismo e doenças relacionadas) poderão aparecer.

O consumo excessivo de álcool por estudantes universitários tem outras graves consequências sociais e de saúde, como acidentes automobilísticos, brigas e discussões, sexo sem proteção e o baixo rendimento nas aulas e nos exames finais, por ser comum o aluno chegar atrasado ou dormir em sala de aula, conforme PILLON e WEBSTER (2006:326).

Sugerem Dimef & Baer, et al., (2002:28) que programas de prevenção dentro das instituições universitárias ajudariam os estudantes a atravessarem com segurança esse período de risco de alcoolismo. E alguns gestores de saúde das universidades propõem proibir toda e qualquer droga no campus, patrocinar festas universitárias sem bebida e outras atividades alternativas à bebida, além de integrar a educação sobre álcool e os esforços preventivos nas atividades já existentes no campus, por exemplo, incorporar conferências sobre o álcool e problemas potenciais nos cursos regulares.

Estudo de caso: Possíveis influências nos hábitos de consumo da cerveja Devassa por Universitários

Segundo Pinsky (2009:30), *apud* Oliveira et. al., (2011), a publicidade de álcool no Brasil, principalmente de cerveja, é bastante apreciada por sua qualidade e criatividade, e os adolescentes e adultos jovens parecem estar especialmente expostos a ela, sendo seus alvos preferenciais.

É importante destacar que as propagandas de bebida veiculam, por meio de imagens, "uma relação estreita entre consumo e lazer". São imagens de festas, bares, reuniões entre amigos em diferentes contextos, praia, campo ou cidade, dentre outras situações, "sempre com relação direta com aquelas vivenciadas no tempo disponível", apresentando invariavelmente belos jovens, corpos sarados e muita alegria e sensualidade, especialmente veiculadas nos bares ao redor das faculdades. Além disso, buscam "vender" uma ideia, tornando o produto parte da vida das pessoas, preferencialmente uma determinada tribo ou grupo específico, que possivelmente fará da marca, sua religião, seguindo-a de forma muitas vezes irracional.

Para Klein (2003:175), "[...] O que se quer não é tanto mais consumidores, mas uma tribo de fiéis que seguirão sua empresa/marca como se seguissem a banda de rock predileta ou seu herói esportivo".

Essa estratégia costuma ser bastante efetiva, principalmente quando as empresas escolhem, como público alvo, pessoas jovens, em fase de transição, sequiosas por socialização e interessadas em participar ou se sentir inseridas em tribos ou grupos.

Apesar de não inovar, é notório que a estratégia da cerveja Devassa nos últimos anos 2011/2012, especialmente 2013/2014, foi de fisgar e fidelizar jovens universitários, sugerindo em suas comunicações a busca pelo prazer, associando o uso do álcool com sexo, festas e vida acadêmica através da valorização da cultura da imagem.

Segundo Leite et. al., (1998), *apud* CABRAL et. al., (2007:73) [...] "a cerveja é a bebida mais consumida pelos alunos" e o segmento universitário representa uma ótima oportunidade para a indústria de alcoólicos, devido à quantidade de festas e eventos em geral.

A marca de cerveja Devassa foi escolhida para esta análise, pois está presente em diversos momentos em que os universitários estão reunidos (fig. 2), especialmente com cartazes nos bares em torno das faculdades, participando muitas vezes na condição de co-criadora e patrocinadora de diversas festas universitárias.

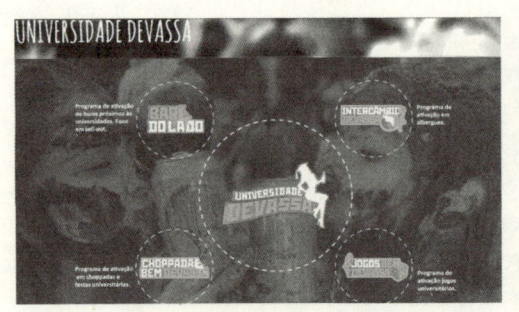

Fig. 1 – Descrição do projeto Universidade Devassa, estratégia de fidelizar jovens

Fig. 2 – Descrição do impacto e dos resultados atingidos conforme estratégia

Dessa forma, percebemos o quão vulneráveis ficam os universitários, pois não há nenhum controle ou orientação com relação à quantidade de bebidas consumidas por jovens, salvo o alerta do rótulo: "Beba com moderação".

A estratégia da Devassa segue os passos de um forte posicionamento e cria uma raiz na participação da vida acadêmica dos estudantes, conforme indica alguns dos pilares da ação de marketing (fig. 1): "bar ao lado", "chopada universitária" e demais eventos que estimulam o vínculo da marca com os diversos momentos da vida universitária.

Conforme indica um dos pilares da estratégia, com relação a maior participação e presença nos bares em volta das faculdades, percebemos em nossa pesquisa conforme (fig. 3 e fig. 4) o incentivo ao consumo de álcool com pôsteres, faixas e cartazes nos pontos de venda, com práticas de preço e chamadas comunicacionalmente falando, que têm o propósito de dialogar com o universo dos alunos.

Fig. 3 - Bar ao lado da Universidade UNIP em Santos, destacando o bar como local de aula. Foto de Luciano Silva realizada dia 05/11/2014 às 11 horas da manhã. Estratégia de preço baixo como forma de incentivo ao consumo de álcool.

Fig. 4 - Cartaz Devassa (Campinas e região) fazendo menção ao circuito de volta às aulas: bares em torno das faculdades. Fazendo também alusão de que beber Devassa é o melhor jeito de enfrentar as dificuldades da faculdade (DIFACULDADES).

Além destas comunicações que reforçam os falsos conceitos para estimular o consumo do álcool, o que mais evidencia a influência nos hábitos de consumo por estudantes universitários é a ação que os próprios criadores da estratégia explicam: "Durante o período de provas, a marca bancou as 'xerox' dos estudantes sob o pretexto de que eles deveriam guardar o dinheiro para o que realmente importava naquele momento de caos: a merecida cervejinha pós-prova".

Fonte: http://republica.ag/portfolio/camiseteria/.

Outro ponto, que também contribui para o aumento do consumo de álcool por universitários conforme as pesquisas (Dimef & Baer, et. al. 2002) e (CABRAL et. al. 2007), está relacionado à participação destes jovens em eventos importantes e nas famosas consideradas festas universitárias.

Assim sendo, uma das estratégias da Devassa é participar como patrocinadora e criadora de muitos destes eventos. É bom frisar que a Devassa patrocinou no ano de 2014 o evento "CARNAFACUL" em todos os Estados e cidades brasileiras, considerado o maior evento universitário do Brasil.

Para Klein (2003 p. 178), as marcas que pretendem integrar-se com o universo do seu público, tornando parte do seu todo também, patrocinam e organizam festas, pegando carona na cultura jovem, transmitindo a eles que ser jovem é também consumir determinado produto.

Figura 5

Figura 6

Figura 7

Em diversas regiões e festas universitárias, é forte a presença do álcool como ícone para atrair o público jovem. Sua mensagem sugere que festa com álcool pode ser muito mais atrativa e divertida, pois associa sua imagem aos considerados grandes astros da música, realizam promoções e praticam preços diferenciados (fig. 5, 6 e 7).

Fica evidente a intenção da marca de impor o "estilo Devassa de ser", posicionando na mente destes jovens que, ao consumir cerveja você pode ficar mais desinibido, pode conquistar interessantes parceiros sexuais, pode superar os problemas e dificuldades de uma forma mais tranquila, pois o que importa mesmo é "tomar cerveja e nada mais".

É imoral essa intenção, pois segundo Dimef & Baer et. al. (2002), o consumo de álcool é uma constante em quase todos os problemas comportamentais e de saúde dos jovens adultos, aí incluídos agressões sexuais, desempenho acadêmico prejudicado, vandalismo e brigas, doenças sexualmente transmitidas, além de danos a prédios residenciais, e desistências escolares.

Dados levantados com os questionários

O questionário quali/quantitativo foi criado com base nos critérios do uso seguro do álcool e do Teste para identificação de Problemas Relacionados ao Uso do Álcool (AUDIT), ambos instrumentos desenvolvidos e preconizados pela OMS. O objetivo central foi ouvir os estudantes sobre alcoolismo e consumo de álcool; de que forma estão fazendo uso do álcool (uso seguro ou nocivo) e quantos destes estudantes estão sob o risco de desenvolver alcoolismo e demais doenças relacionadas.

A amostra foi composta por 64 estudantes universitários de diferentes cursos e diversas faculdades de São Paulo, Grande São Paulo, Campinas e Baixada Santista, divididos em dois grupos, sendo 32 de Pós-Graduação e 32 de Graduação. No grupo da graduação eram 55% do sexo masculino, e 44% do sexo feminino. No grupo da Pós-Graduação eram 56,25% do sexo feminino e 43,75% do sexo masculino. Na sequência, dados obtidos com a pesquisa/questionário.

87% dos entrevistados consomem com frequência bebidas alcoólicas e apenas 14% são considerados abstêmios. 33% fazem uso seguro do álcool (até 525 ml de cerveja por dia pra mulher e 700 ml para homens ou uma dose de destilado ou uma taça de vinho preferencialmente às refeições) e 54% consomem álcool de forma nociva, estando bem acima destes limites, sendo que 13% apresentam sintomas de dependência do álcool (alcoolismo) principalmente devido a frequência e quantidades consumidas em um dia típico.

O padrão de consumo identificado em nossa pesquisa está em linha com as pesquisas dos autores Pillon e Webster (2006 p.325), pois eles afirmam que 73,2% dos jovens entre 18 e 24 anos já fizeram uso de bebidas alcoólicas alguma vez na vida e 15,5% apresentam sintomas de dependência.

Os dados revelados em nossa pesquisa, também estão em linha com a pesquisa de (Guerra et. al., 2010) que ouviu 18 mil jovens matriculados no ano letivo de 2010 em 100 instituições de ensino superior, nas 27 capitais do país, evidenciando que 86% dos universitários já consumiram álcool em algum momento da vida e 47% já utilizaram produtos derivados de tabaco, 36% já consumiram bebida em excesso (cinco doses ou mais dentro de duas horas para homens e quatro doses ou mais no mesmo período para mulheres segundo a OMS) no último ano e 25% nos 30 dias anteriores à pesquisa. Além disso, 22% dos alunos de universidades estão sob o risco de desenvolver dependência de álcool.

Percebemos no grupo de pós-graduação que ambos os sexos estão consumindo álcool de forma nociva e apesar de no grupo das mulheres ter mais abstêmios, 22,22% comparados com 14,29% do sexo masculino, quase não houve diferenças consideráveis de consumo e frequência entre os sexos. A pesquisa evidenciou que as mulheres sempre que consomem cervejas tendem a consumir também outras bebidas. Já entre os homens do grupo de pós-graduação, o ponto de destaque é com relação à frequência, consumindo mais semanalmente e diariamente e muitas vezes em quantidades que evidenciam possíveis sintomas de dependência do álcool.

Um dos motivos que 22% dos universitários estão sob o risco de desenvolver alcoolismo conforme (Guerra et. al., 2010), é devido a não saberem seus limites com relação ao uso do álcool e acerca do alcoolismo e demais doenças relacionadas ao consumo excessivo. Em nossa pesquisa, para ambos os grupos quando questionado se eles achavam que os universitários tinham consciência sobre seus limites com relação ao álcool, para a grande maioria, ou seja, 76,50% dos 64 entrevistados consideram que "os universitários não conhecem seus limites com relação ao álcool", não havendo diferenças consideráveis entre os grupos.

Uma contradição nos chamou bastante a atenção. Apesar da maioria dos entrevistados afirmar que os universitários não conhecem seus limites com relação ao uso do álcool, quando questionado sobre a autoconsciência a respeito da mesma questão, para a grande maioria, ou seja, 83,50% afirmaram que "sabem seus limites com relação ao uso do álcool". Consideramos contraditórias as respostas, pois 53% dos entrevistados consomem álcool de forma nociva, uma evidência que os grupos em questão não conhecem a respeito do consumo seguro do álcool.

Já com relação aos mitos e falsos conceitos que estão impregnados na opinião dos universitários (Cabral et. al., 2007), contribuindo diretamente para o aumento do consumo do álcool, nossa pesquisa evidenciou que é exatamente no grupo de graduação que os mitos e falsos conceitos acerca do álcool estão mais impregnados na mente dos estudantes, claro que assim como estão também impregnados na opinião do grupo de pós-graduação, pois boa parte dos entrevistados respondeu que buscam o álcool para "esquecer os problemas", "aliviar tensão pós-aula" e para se "sentirem mais encorajados".

Reforçamos que todos esses mitos e falsos conceitos são herdados de suas famílias, sendo mais fortalecidos pela publicidade, a fim de que busquem o álcool como se buscassem um alívio para suas buscas, fato este que (cf. Magalhães, 2011) contribui diretamente para o aumento de jovens intoxicados correndo sério risco de desenvolvimento do alcoolismo.

A pesquisa evidenciou também que 87% dos 64 entrevistados não se recordam ou nunca ouviram falar de propagandas sobre a prevenção do alcoolismo. A maioria dos entrevistados também demonstrou desconhecimento com relação às doenças que o consumo excessivo do álcool pode causar, havendo apenas alguns relatos de doenças mais conhecidas pela população, por exemplo, cirrose e o próprio alcoolismo. Isso demonstra que além das propagandas de prevenção não surtirem efeito, ainda há muito desconhecimento com relação ao alcoolismo e demais doenças causadas devido ao consumo abusivo do álcool, sendo necessária a criação de campanhas e ações estratégicas, especialmente no âmbito da política e principalmente dentro das faculdades.

Para finalizar nossa pesquisa e com o intuito de medir e avaliar o impacto que uma propaganda para ponto de venda da marca de cerveja Devassa teve para os diversos estudantes, foi proposto aos entrevistados que respondessem uma análise semântica de um cartaz da Devassa.

O cartaz que foi julgado pelos grupos traz Paris Hilton sobreposta em um balcão, com uma roupa íntima e posição sexual, uma metáfora que dialoga com o universo masculino e com o feminino, pois enquanto o texto chama a atenção mais das mulheres com um convite para que sejam Devassas, a posição sexual, sendo uma verdadeira alusão ao sexo e o beber cerveja, chama a atenção dos homens.

Após responderem o questionário, ocorreu algo curioso, porém ao mesmo tempo esperado, especialmente do ponto de vista da proposta da comunicação: alguns entrevistados do sexo masculino do grupo da pós-graduação revelaram, em particular, que sentiram desejo sexual e vontade de procurarem suas parceiras após a visualização e responder o questionário.

Vejamos a seguir o cartaz em questão e os resultados do questionário:

Ambos os grupos e sexos, em média, concordaram que o cartaz é muito masculino, muito quente e bastante banal, sendo que este último adjetivo foi mais fortemente presenciado na opinião das mulheres nos diferentes grupos.

Percebemos que a publicidade cria certa confusão para que suas comunicações não sejam analisadas pelo crivo da razão, especialmente quando o público alvo são os jovens.

A pesquisa evidencia que a publicidade da cerveja Devassa dialoga com o universo juvenil e fortalece em suas mentes falsos conceitos com relação ao álcool, especialmente do ponto de vista sexual conforme evidenciamos na análise semântica de Osgood. Também estimula os jovens a interpretarem que a cerveja combina muito bem com momentos de alegria, euforia, excitação e especialmente festas e diversão. Conceitos falsos que os incitam a procurarem o álcool com o intuito de saciar as suas mais diversas buscas e os seus prazeres.

Considerações finais

As propagandas de bebidas alcoólicas visam jovens adultos, sugerindo que festas, baladas, encontro com amigos, vida universitária, descobrimento da sexualidade e até mesmo esportes, combinam perfeitamente com o "beber cerveja", e quem estiver de fora, pode ser considerado "careta".

Assim sendo, precisamos reforçar sempre que abusar do álcool constantemente pode levar ao desenvolvimento do alcoolismo entre outros prejuízos ao nosso organismo físico e mental, lembrando que é uma doença silenciosa, desenvolvida ao longo do tempo e não tem cura, apenas tratamento e requer muita força de vontade.

O alerta de DISPOTTI (2011) que diz que "[...] muitas vezes não imaginamos que pessoas tão próximas de nosso coração, poderão cair nesse vício, pois, nossa visão da dependência química, ainda é ingênua e preconceituosa", nos demonstra a necessidade do diálogo procurando conhecer e reconhecer em nós e em pessoas à nossa volta possíveis sinais deste problema, livrando-nos da visão preconceituosa acerca da dependência química.

O site português www.bebacomacabeca.pt tem como propósitos esclarecer a respeito dos perigos do consumo exagerado do álcool, e possibilitar, através de um simulador, identificar como estamos utilizando o álcool: de maneira segura ou nociva e possíveis consequências.

Com esta pesquisa, ficou claro que, muitas vezes, bebemos simplesmente porque existem dentro de nós mitos e falsos conceitos acerca do álcool que muitas vezes são transmitidos geracionalmente através do tempo, ou para legitimarmos nossa presença na vida adulta. Bebemos muitas vezes por causa da liberalidade e legalidade das leis sociais e até mesmo das religiões que ainda veem o álcool como indispensável nos rituais.

Muitos são os falsos conceitos impregnados em nossa opinião de forma geral e especialmente na opinião dos universitários conforme Cabral et. al. (2007), tendo esses falsos conceitos um peso considerável na busca pelo álcool.

Com a análise dos questionários fica evidente que os jovens universitários captam as mensagens que são produzidas pelas empresas de cerveja, sendo que boa parte dos entrevistados afirma que muitas vezes são influenciados por tais propagandas, legitimando a hipótese de que a propaganda de bebidas alcoólicas, especialmente as da marca da cerveja Devassa, influencia os hábitos de consumo de boa parte dos universitários contribuindo para que aumentem os casos de alcoolismo nesse grupo.

E lembremos que para Pinsky e Ronaldo Laranjeira (1997:21), "[...] qualquer pessoa que sofre constantes intoxicações de álcool é um forte candidato a desenvolver alcoolismo e outras doenças físicas, psicológicas e sociais [...]".

Sob o aspecto da prevenção ao alcoolismo entendemos que a comunicação exerce papel fundamental no processo de construção de uma nova era, pois para Gillo Dorfles, *apud* Bordenave (1984:11),

> A comunicação entendida em sua acepção mais vasta, como comunicação escrita, falada, cantada, recitada, visual, auditiva e figurativa, está sem dúvida, na base de todas as nossas relações intersubjetivas e constitui o verdadeiro ponto de apoio de toda nossa atividade pensante.

Muito do que discutimos durante a nossa pesquisa, girou em torno da própria vida e da eterna busca em satisfazer nossos mais íntimos e escondidos desejos, e nesse aspecto o álcool muitas vezes é entendido como um verdadeiro alento para a felicidade e celebração da vida, e a comunicação, como ponto de apoio de toda nossa atividade pensante, é crucial para despertar na consciência coletiva, especialmente nos jovens que são o futuro do amanhã, os aspectos reais que o consumo excessivo do álcool pode causar.

E as propagandas de bebidas alcoólicas convidam o interpretante a considerar que a bebida alcoólica (especialmente a cerveja) está amplamente ligada à felicidade e a momentos de alegria, e por sabermos que tais mensagens não condizem com a total realidade, relembramos um trecho da poesia de Mario Quintana, para terminar: "Da felicidade, quantas vezes a gente, em busca da ventura, procede de tal e qual o avozinho infeliz: Em vão, por toda parte, os óculos procura, tendo-os na ponta do nariz!"

A felicidade, ninguém a pode vender para nós, ninguém a pode nos dar, pode até algumas vezes nos proporcionar, mas só podemos de fato encontrá-la dentro de nós mesmos.

Referências
CABRAL, Lídia do Rosário; FARATE, Carlos Manuel da Cruz; DUARTE, João Carvalho. *"Representações Sociais sobre o Álcool em Estudantes do Ensino Superior"*, Coimbra: revista Portuguesa Referência, IIº série nº. 4, Junho de 2007.
KLEIN, Naomi. Texto: *"Marcas globais e poder corporativo" in Por uma outra comunicação – Mídia, mundialização cultural e poder.* MORAES, Denis (org.). Rio de Janeiro: Record. 2003.
DIMEF, Linda A. BAER, Jonh S.; KIVLAHAM, Daniel R.; MARLATT, Allan G. *"Alcoolismo entre estudantes Universitários: Uma abordagem de redução de danos."* São Paulo: UNESP, 2002.
DISPOTTI, Vilson. *"Drogas: um novo alerta que você precisa saber. Revista "O Semeador".* São Paulo: FEESP, Setembro/2011. Disponível em: http://www.redeamigoespirita.com.br/group/artigosespiritas/forum/topics/drogas-um-novo-alerta-que-voce-necessita-saber-dr-vilson-disposti - acessado em 20/10/2014.
DISPOSTI, Vilson. *FILHOS DA DOR – Prevenção e tratamento da dependência de drogas – Relatos de casos reais.* Ed. Intelítera. São Paulo. 2010.
FERRARINI, Edson. *O que devem saber pais, professores e jovens, "Tóxico e Alcoolismo".* São Paulo: Apêndice, 202.
MAGALHÃES, Camila. *Journals Alcohol And Alcoholism.* Oxford Unifersity Press, 2011, volume 46.
OLIVEIRA. Marcela et. al. LAZER E JUVENTUDE: ANÁLISE DAS PROPAGANDAS DE CERVEJA VEICULADAS PELA TELEVISÃO. Revista da Educação Física/UEM. Maringá, v. 22, n. 4:535-546, 4. trim. 2011
PEREIRA, Carlos Américo Alves. *Ensaios 119 "O Diferencial Semântico (Uma Técnica de Medida nas Ciências Humanas e Sociais).* São Paulo: ÁTICA, 1986.
PINSKY, Illana.; LARANJEIRA, Ronaldo."*Mitos e realidades sobre o alcoolismo*". 2. Ed. São Paulo; Contexto, 1997.
PINSKY, Illana. *"Publicidade de bebidas alcoólicas e os jovens".* 1. ed. São Paulo: FAPESP, 2009.
Pedrosa AAS, Camacho LAB, Passos SRL, Oliveira RVC. Consumo de álcool entre estudantes universitários. Cad Saúde Pública. 2011;27(8):1611-21.
http://www5.usp.br/22980/nova-edicao-de-revista-da-usp-traz-dossie-sobre-alcoolismo/ acesso em 12/06/2014
http://mais24hrs.blogspot.com.br/2013/02/um-em-cada-tres-bebedores-abusivos-se.html acesso em 12/05/2013
http://mais24hrs.blogspot.com.br/2012/09/alcool-e-juventude.html#.U5pldrC5fIU acesso em 02/06/2014
http://mais24hrs.blogspot.com.br/2012/09/alcool-e-juventude-ii.html#.U5pNwbC5fIU acesso em 02/06/2014
http://www.cisa.org.br/artigo/3439/entrevista-com-dra-camila-magalhaes-silveira.php acesso em 02/06/2014
www.bebacomacabeca.pt / acesso em 10/08/2014.

*Referencial teórico e resultados da pesquisa realizada para a monografia de conclusão do curso de pós-graduação lato sensu da Faculdade Cásper Líbero, em 2013 e 2014.

19

Branded entertainment como solução de propaganda em meios audiovisuais on demand

Mateus Bastos

Mateus Bastos

Especialista em Marketing e Comunicação Publicitária pela Faculdade Cásper Líbero e bacharel em Design Digital pelo Centro Universitário Senac. Experiência profissional na área de computação gráfica desenvolvendo trabalhos em produtoras, agências de publicidade e emissoras de televisão. Estudos voltados para novas tecnologias no mercado de entretenimento e mídias digitais. Atuação como professor pelo Centro Universitário Senac.

Contato
mateusmbrf@gmail.com

Introdução

A experiência de assistir um filme, um seriado ou até uma matéria jornalística vêm sofrendo uma evolução. Antes se tinha a experiência passiva de selecionar um canal, sentar a frente da televisão e se adequar para assistir a programação em um horário pré-determinado. Atualmente a experiência de consumo de conteúdo se tornou muito mais interativa. Não é mais necessário assistir algo exclusivamente pelo aparelho de televisão, com a conexão da internet o conteúdo encontra-se disponível para ser acessado de aparelhos como *tablets*, computadores e celulares. O usuário deixou de ser um expectador escravo de uma programação e começou a selecionar o conteúdo que deseja na hora que lhe é mais conveniente.

Os *players* do mercado começaram a perceber a necessidade de oferecer conteúdos sob demanda (*on demand*) para os usuários, surgiram empresas de conteúdo via *streaming* como a Netflix, Amazon Instant Videos e Hulu, porém se depararam com o problema de como monetizar um conteúdo através de propaganda se agora o usuário não está mais consumindo de forma linear. Algumas das soluções foram cobrança de mensalidades e abolir a propaganda, obrigar o usuário a assistir uma propaganda inteira ou trechos dela antes do vídeo começar, interromper o conteúdo para passar um filme publicitário, inserir propagandas na interface em que o vídeo se encontra (*banners* em sites ou em interfaces interativas de TV a cabo). Esse tipo de prática pode gerar uma repulsa por parte dos usuários, caso a propaganda não tenha relação com o conteúdo que se está vendo, faça-o ter que aguardar para ver um vídeo, atrapalhe sua imersão e ainda em casos piores faça com que ele gaste seu consumo de dados de internet para fazer download de uma propaganda ou seja obrigado a assistir propagandas usufruindo de um serviço pago.

Uma solução interessante para esses problemas pode ser não anunciar fora do conteúdo, mas dentro dele. A princípio colocar ou citar produtos discretamente em filmes, jogos e programas de rádio pode parece ser um tipo de propaganda pouco eficiente se comparado aos filmes publicitários tradicionais que aparecem interrompendo o conteúdo. Porém esse tipo de propaganda pode se mostrar muito útil se for levado em consideração o ambiente de interação com o conteúdo em que se anuncia, a capacidade das pessoas de trabalharem com o inconsciente e atribuírem significados próprios às informações recebidas e acima de tudo uma maior aceitação dos usuários. O curioso é que mesmo uma empresa como o Netflix que cobra mensalidade por não ter propagandas, acaba por divulgar marcas e produtos, pois estes estão inseridos no conteúdo que ela transmite, se isso acontece, porque não se beneficiar dessa prática para tornar o negócio mais sustentável?

Comumente chamado de "merchandising", o *product placement* pode ser uma solução muito vantajosa para os anunciantes, principalmente quando relacionada a marca, pois o *branded entertainment* (entretenimento de marca) é uma boa forma de agregar valor e consciência de marca para o público. Ações de *branded entertainment* buscam atrelar produtos e marcas com conteúdos de entretenimento com um público-alvo semelhante, fazendo com que a propaganda seja muito mais direcionada. Vale lembrar que a interação não termina nas telas, no caso de conteúdos audiovisuais, mas na mente do espectador e essa memória pode ser alimentada diversas vezes por divulgações realizadas em outras mídias.

Definição dos termos

A técnica de inserir produtos em cenas de filmes não é uma novidade. O filme Wings (Asas) de 1927, foi o primeiro a ganhar um Oscar de Melhor Filme. Essa obra do cinema mudo contava com a inserção de um chocolate Hershey's em uma das cenas. Na realidade, desde a criação do cinema, os irmãos Lumière já faziam *product placements*, como no filme "La sortie des usines Lumière" (Louis Lumière, 1895)[1], em que utilizaram suas próprias fábricas como cenário de um dos primeiros curtas metragens da história.

Apesar de antiga essa prática de expor produtos em meios de entretenimento, a discussão a cerca dos conceitos que definem as especificidades dessa técnica ainda é recente. A Branded content Marketing Association (BCMA)[2], um órgão internacional fundado em 2003, busca reunir e beneficiar criadores, proprietários e organizações de publicidade com estudos

---

1 Filme: A saída da fábrica Lumière.
2 Site oficial: <http://www.thebcma.info/>. Acesso em: 25 jul. 2013.

sobre o *branded content*. Lançou em 2013 o ebook *Best of Branded content Marketing*³, no qual curiosamente um dos autores, Andrew Canter, afirma que ainda estão trabalhando em um conceito definitivo do que é *branded content* com base em pesquisas. A definição usada atualmente é a seguinte:

> '*Branded content*' é qualquer coisa que uma marca faça que não esteja ligada diretamente a comunicação. Atualmente ele é definido como conteúdo financiado pela marca, criado para se comunicar com os clientes de uma maneira envolvente, divertida e relevante através de qualquer canal de mídia escolhido, atingindo os objetivos de marketing da marca, ou colocado de uma forma mais simples é o marketing editorialmente-liderado. (CANTER, 2013:4, grifo do autor, tradução nossa)⁴

Já o *branded entertainment* é definido como todo o tipo de publicidade inserida e relacionada ao conteúdo e aos meios de entretenimento, sejam telenovelas, videogames, filmes, peças de teatro, shows, programa de rádio, etc. Segundo Andrew Canter (2013:4, tradução nossa) branded entertainment significa: "Um veículo baseado em entretenimento, que é financiado por uma marca e complementar a estratégia de marketing de uma marca".⁵

Sendo assim, a diferença entre *branded entertainment* e *branded content* é que o *branded entertainment* é quando existe um produto de entretenimento ao qual marcas integram-se anunciando nele ou utilizando o seu nome. Já o *branded content* é quando um conteúdo exclusivo de entretenimento é criado com o único fim de promover uma marca.

Uma das técnicas de *branded entertainment* é o *tie-in*. Uma ação de marketing conjunta da marca em diversas mídias, ou seja, vincular uma marca ou produto a uma história ou personagem. Segundo o "Dicionário de Comunicação" (2001) em termos editoriais, *tie-in* significa: "Negociação de direitos autorais de uma obra a ser adaptada para outro veículo. Por exemplo, de livro para filme." (RABAÇA; BARBOSA, 2001:724, grifo do autor). Jean-Marc Lehu define *tie-in* de uma forma mais condizente com os meios

---

3 Disponível gratuitamente em: <https://itunes.apple.com/us/book/best-branded-content-marketing/id638884547>. Acesso em: 25 jul. 2013
4 'Branded content' is anything a brand does that is not directly about communication. Currently, it is defined as a brand funding content, created to communicate with customers in an entertaining, engaging, relevant way across any chosen media channel, achieving brand marketing objectives. Or more simply put it is editorially-led marketing.
5 Branded entertainment: An entertainment-based vehicle that is funded by a brand and complementary to a brand's marketing strategy.

audiovisuais, explicando de forma ilustrativa como que funciona a integração de ações em meios diversos e no ponto de venda:

> A maioria das grandes produções de filmes atualmente desfruta de um orçamento de marketing equivalente a, ou muitas vezes superior, ao dedicado à produção somente. Restam operações de *tie-in* nos contratos que permitem um anunciante fazer referência a um filme em que sua marca ou produtos foram colocados. (LEHU, 2007:83, tradução nossa).[6]

O termo *merchandising* foi amplamente banalizado no Brasil, sendo usado para referenciar todo tipo de propaganda que acontece fora dos espaços comerciais e é introduzido em algum tipo de conteúdo de entretenimento, principalmente audiovisual. Porém inicialmente essa expressão representava: "Conjunto das operações de planejamento e de supervisão da comercialização de um produto ou serviço, nos locais, períodos, preços e quantidades que melhor possibilitarão a consecução dos objetivos de marketing". (RABAÇA; BARBOSA, 2001:483, grifo dos autores) Ou seja, merchandising nesse caso é entendido como um planejamento para ser mais assertivo na quantidade de produtos e preços de uma ação em um determinado espaço físico, o ponto de vendas. Por esse motivo será adotado nesse texto o termo *product placement*, a fim de evitar essa dualidade que pode gerar um desentendimento.

Product placement é a inserção ou menção de produtos, marcas ou serviços em conteúdos de entretenimento. Do inglês, no sentido literal, *product placement* significa "colocação de produtos". Como nem sempre essas inserções são de objetos, pode-se adotar também o termo *brand placement*, que significa "colocação de marca". Segundo Lehu (2007:1, tradução nossa) a definição de *product placement* é a seguinte: "A expressão '*product placement*', ou '*brand placement*', descreve essencialmente a locação ou, mais especificamente, a integração de um produto ou marca dentro de um filme ou série televisiva.".[7]

Andrew Canter complementa ainda o conceito de *product placement* com um novo termo que vem sendo utilizado, o *brand integration* (integração de marca), que nada mais é do que não apenas inserir a marca em

---

[6] The majority of large film productions nowadays enjoy a marketing budget equivalent to, or often greater than, that dedicated to their production alone. Tie-in operations rest on contracts allowing an advertiser to make reference to a film in which its brand or products are placed.

[7] The expression 'product placement', or 'brand placement', essentially describes the location or, more accurately, the integration of a product or a brand into a film or televised series.

um conteúdo, mas fazer com que ambos estejam integrados. A marca faz parte daquele conteúdo: "Uma evolução do *product placement*, em que a marca é escrita de maneira mais sutil no meio de entretenimento, principalmente no filme, e permite uma maior exploração através da criação de conteúdo único." (CANTER, 2003:5, tradução nossa) [8]

Categorias de *Product placement*

O *product placement* pode ser no formato de áudio, visual ou ambos ao mesmo tempo. Isso significa que a inserção desde um logo ou a menção de um produto, até o próprio produto em si ou sua embalagem são formas de *product placement*. (LEHU, 2007:5).

Segundo Lehu (2007:5), existem quatro tipos básicos de *product placement* que se classificam de acordo com o tipo de inserção e conteúdo inserido, são eles: O *placement* Clássico (Classic Placement), que consiste na simples colocação de um objeto em cena, como por exemplo, um personagem utilizando um notebook de determinada marca. O segundo é o corporativo (Corporate Placement), que tem uma ênfase maior na marca do que no produto em si. Não utiliza um produto específico para anunciar a marca, mas o nome dela ou o logotipo o que faz com que na maioria das vezes ele seja mais durável. O terceiro tipo é o *placement* evocativo, normalmente é bem integrado com a história do filme, a marca não necessariamente aparece e normalmente não é citada com clareza, é o caso de um produto muito específico que só de ver suas cores, embalagem ou formato, pode-se identificá-lo. E o último tipo é o *placement* discreto que é aquele que não é mencionado, nem mostrado. São inserções que não dão nenhuma pista sobre aquela marca, produto ou serviço. Esse *placement* pode ser um perfume, um serviço de maquiagem ou corte de cabelo. Não só nesse tipo de *placement*, mas algo em comum a todos é que podem passar despercebidos. Por esse motivo recomenda-se sempre utilizar ações de *tie-in* para complementar o *placement*. Pode-se, por exemplo, anunciar um perfume como o perfume oficial do James Bond. Da mesma maneira que Orozco Gómez (OROZCO, 1988 apud OROZCO, 2007:56) afirma que a interação não acaba quando se desliga a televisão. Isso significa que a possibilidade de compra e divulgação não termina no *product placement*, mas pode se estender com técnicas como a do *tie-in*.

[8] Brand Integration: An evolution of product placement, whereby the brand is more subtly written into the entertainment format, primarily in film. Enables further exploitation through unique content creation.

Product placement como alternativa em meios interativos

O *branded entertainment* cada vez mais se torna uma tendência de propaganda. Com a evolução das interfaces dos eletrônicos se tornando cada vez mais interativas, em sistemas onde o usuário cria sua própria programação *on demand* e escolhe o seu conteúdo, quanto mais integrada à propaganda, mais chances ela terá de ser percebida e bem aceita. O que se pode ver atualmente são comerciais que são exibidos de modo forçado, por exemplo, o YouTube há alguns anos apenas hospedava e exibia vídeos, porém agora são inseridos filmes publicitários (semelhantes aos da televisão) antes do vídeo que o usuário deseja ver. Esse tipo de propaganda obriga o usuário a assistir no mínimo 5 segundos de vídeo, em alguns casos até que o assista inteiro. Além disso, anda existem *pop-ups* que flutuam em cima do conteúdo do vídeo que atrapalham a experiência.

Caso o *product placement* não seja bem integrado, é provável que haja um grande índice de rejeição do público, principalmente em meios *online*, onde o usuário dá um *feedback* momentos após assistir ao conteúdo. "Para alguns, ver marcas em todos os lugares é uma fonte de irritação. Outras pessoas encontram diversão em detectá-las. Há aqueles que os ignoram como pouco mais do que parte do contexto da vida do consumidor" (LEHU, 2007:1, tradução nossa)[9].

Outro exemplo de propaganda que funciona da forma convencional em meios interativos e pode gerar rejeição pelos usuários é o que ocorre com o aplicativo para mobile "Crackle"[10], uma ferramenta para assistir filmes gratuitamente. Ao baixar o aplicativo o usuário escolhe o filme que deseja assistir via *streaming* gratuitamente. Uma das reclamações mais frequentes sobre o aplicativo na *App Store* é referente às propagandas. O problema principal das propagandas é a frequência com que aparecem, aproximadamente de 10 em 10 minutos. O que faz com que um filme de duas horas seja interrompido 12 vezes ou mais. Não é possível pular os comerciais e para agravar um pouco mais a situação em quase todas as interrupções os anúncios que aparecem são repetidos.

O cenário atual é das mídias se tornando cada vez mais interativas e os usuários não querendo perder tempo, que poderiam gastar assis-

---

[9] For some, seeing brands everywhere is a source of irritation. Other people derive amusement from spotting them. There are those who blank them out as little more than part of the consumer backdrop of life.

[10] Disponível em: <https://itunes.apple.com/ca/app/crackle-movies-tv/id377951542>. Acesso em 20 out. 2013.

tindo a conteúdos, vendo propagandas. No caso da TV, após o advento do controle remoto o espectador passou a mudar constantemente de canal para evitar as propagandas, o que se chama de *"zapping"*. "Em 1965, 80% dos norte-americanos podiam ser atingidos por três spots de TV, enquanto hoje são necessários 97 *spots*" (STERNTHAL, LEE, 2006:127, grifo do autor). Além disso, o público tende a se distrair durante os intervalos comerciais, o que não ocorre ao assistir o conteúdo, o que torna o *placement* mais eficaz.

> O artigo cita uma pesquisa realizada pela s.s.c.&b. Lintas Brasil, de julho de 1983: apenas 49% dos telespectadores permanecem no recinto da televisão durante todo o intervalo comercial, 30% permanecem na sala durante parte dele e 21% ausentam-se durante todo o tempo para realizar outras atividades.
> A estes dados podem somar-se aos efeitos do zap, do controle remoto que permite passear pelos outros canais durante o break. Isso obrigou as agências a inserir comerciais fora do intervalo comercial. (CALAZANS, 2006:201, grifo do autor)

Os intervalos comerciais estão perdendo espaço, o que antes atingia o público com poucas propagandas, hoje é necessário, para uma campanha, uma repetição muito grande do mesmo conteúdo de maneira multimidiática para atingi-lo. Surgiu a necessidade das marcas se fazerem presentes em diversas mídias, as empresas estão investindo mais em companhas na internet e em sistemas de TV pagos que possuem recursos interativos. Alguns desses recursos possibilitam a gravação de conteúdos, visualização em múltiplas câmeras e *replays* de eventos ao vivo, existem ainda sistemas que automaticamente identificam e eliminam os intervalos comerciais da programação que foi gravada pelo usuário.

> Outra tendência recente é o declínio da audiência de TV entre as pessoas de 18 a 34 anos de idade durante a programação das manhãs e tardes. Mesmo entre aqueles que mantêm o hábito de assistir TV, o TiVo e outros aparelhos de gravação digital de vídeo facilitam a supressão dos intervalos destinados aos comerciais.
> Não obstante essas preocupações, os gastos em propaganda estão em crescimento. Em 2004, o crescimento dos gastos em propaganda foi de 8%, enquanto a propaganda na Internet e nos canais a cabo obteve crescimento de dois dígitos. (STERNTHAL, LEE, 2006:127)

Product placement digital

A desvantagem do *product placement* é que a inserção da propaganda deve ser feita com antecedência e uma vez que o filme foi gravado com aquela inserção sempre irá ser transmitido com as mesmas "propagandas". Felizmente o *product placement* pode contar também com a ajuda da tecnologia digital. Os *placements* digitais são inserções realizadas com a utilização de técnicas de pós-produção, ou seja, há a possibilidade de inserir a marca no produto depois que ele já foi gravado. Essa técnica é a mesma utilizada para a realização de efeitos visuais em filmes. Funciona da seguinte forma, uma cena é gravada com um objeto genérico, uma embalagem de detergente, por exemplo, posteriormente o rótulo dessa embalagem (ou a embalagem inteira) é mudado digitalmente para a marca que se desejar.

As possibilidades desse tipo de inserção digital são inúmeras. Por ser realizado depois da cena pronta, torna-se possível inserir diferentes produtos em um mesmo espaço e modificá-lo diversas vezes. Por exemplo, pode-se gravar o vídeo com uma lata de refrigerante qualquer e depois inserir digitalmente por cima da imagem uma lata de Coca-Cola, depois de um ano é possível pegar o mesmo vídeo atualizar o rótulo da Coca-Cola, reinserindo uma nova imagem na lata. Com o digital *product placement* pode-se ainda, tomando como exemplo um seriado transmitido em diversos países, inserir uma Coca-Cola no episódio que será transmitido no Brasil e uma Fanta no mesmo episódio que será transmitido na China. Toda vez que se quiser fazer opções de produtos para aquela cena, não é preciso gravar diversas tomadas de um mesmo plano com produtos diferentes, apenas substituí-los digitalmente em uma única tomada. As possibilidades são ainda maiores ao se imaginar o *product placement* em mídias interativas. Em um jogo de videogame, por exemplo, um espaço reservado a propaganda pode mudar de tempos em tempos ou de fase em fase. Pode-se iniciar a fase com um outdoor da Audi e instantes depois ter a propaganda de uma marca de pneus. A propaganda pode mudar a todo tempo, dentro do conteúdo, como se fosse um *banner* de internet, mas totalmente contextualizado.

Outra vantagem do *placement* digital é que pode-se gravar o vídeo deixando aquele espaço de uma embalagem reservada para publicidade e apenas depois do conteúdo pronto, vende-se para o anunciante aquele espaço. Isso agregará valor à venda e deixará mais palpável para o anunciante o que ele está comprando e qual o resultado final da cena. Caso o anunciante em potencial decline, o espaço continua livre. É uma forma de inverter o processo se for do interesse de quem está produzindo o conteúdo. Posteriormente ainda há a possibilidade de agregar dados de pesquisas com *eye tracker* (mecanismo que grava o espectador observando a tela e mapeia os locais para onde ele olhou), para mostrar o quanto aquele produto foi visualizado em testes com o público. Existem empresas especializadas em *placement* digital como é o caso da MirriAd, que além de inserir os produtos também faz esse tipo de mensuração.

Considerações Finais

> Amando ou odiando, *product placements* não deixam de ser cada vez mais uma parte de nossas diária de nossas vidas. No futuro, eles serão a principal peça de uma progressiva e mais sofisticada estratégia de comunicação no tabuleiro de marketing que é o *'branded entertainment'* – ou, literalmente, entretenimento por ou em conjunto com uma marca (LEHU, 2007:1, grifo do autor)[11] .

Realmente, o *branded entertainment* é uma estratégia que abre um novo espaço para os anunciantes. Com a propaganda televisiva que acontece nos intervalos comerciais perdendo força, anunciar durante os programas torna-se uma proposta muito interessante para o anunciante e vantajosa financeiramente para o anunciante e o produtor. O *product placement* abre um novo leque para empresas de vídeo via *streaming on demand*, é possível que elas criem acordos com produtoras de conteúdo e recebam parte do dinheiro das inserções digitais. Para uma empresa como o Netflix, por exemplo, que além de comprar o direito de transmitir determinados filmes e séries também produz os seus próprios, as possibilidades são ainda maiores, ela tem o poder de gravar suas séries e deixar o espaço reservado para a inserção e direcionar de acordo com o perfil do seu público a propaganda que desejar, fazendo com que o anunciantes atinja um público mais seg-

---

11 Love them or hate them, product placements are nonetheless increasingly a part of our daily lives. In future, they will be the principal piece of a progressively more sophisticated communication strategy on the marketing chessboard that is 'branded entertainment' - or, quite literally, entertainment by or in conjunction with a brand.

mentado e obtenha um maior retorno. E ainda vender um mesmo espaço várias vezes e fazer contratos com data de validade.

O *product placement* pode também ser considerado uma técnica bem versátil, já que pode ser aplicado não apenas em meios audiovisuais, mas em jogos de videogame, teatro, rádio, literatura, etc. Sua maior vantagem é fazer parte do conteúdo, isso faz com que o público-alvo sejam pessoas de um perfil bem definido, atingidos com maior facilidade e em um momento de grande atenção.

Inegavelmente o *branded entertainment* pode agregar valor a uma marca ou produto, mas é sempre necessário que seja feito com planejamento, seja testado e mensurado para poder se visualizar esse resultado. O *placement* parece ser uma solução mais amigável em meios interativos do que obrigar o espectador a assistir propagandas antes ou durante o conteúdo que está consumindo, por ser uma técnica que não interfere na interação. Apesar dessas incertezas, uma questão clara é que esse tipo de propaganda não se trata de volume de vendas, mas de agregar valor, trazer o consumidor para uma relação mais íntima com aquela marca que estará presente em um conteúdo que ele se identifica.

Referências
Livros:
CALAZANS, Flávio. *Propaganda Subliminar Multimídia.* 7. ed. São Paulo: Summus, 2006.
CANTER, Andrew et al. *Best of Branded Content Marketing.* 19 abr. 2013. Disponível em: <https://itunes.apple.com/us/book/best-branded-content-marketing/id638884547>. Acesso em: 27 mai. 2013.
LEE, Angela Y.; STERNTHAL, Brian. *Construindo marcas por meio de propaganda eficaz.* In: TYBOUT, Alice M.; CALKINS, Tim (Org.). Branding. 1 ed. [S.I.]: Atlas, 2006. cap. 7:197.
LEHU, Jean-Marc. *Branded entertainment: Product placement & Brand Strategy in the Entertainment Business.* 1. ed. Filadélfia, Estados Unidos: Kogan Page, 2007.
MARTINO, Luís Mauro Sá. *Teoria da Comunicação: Ideias, conceitos e métodos.* 3. ed. Petrópolis, RJ: Vozes, 2012.
MLODINOW, Leonard. *Subliminar: Como o inconsciente influencia nossas vidas.* Rio de Janeiro: Zahar, 2013.
OROZCO GOMES, Guillermo. *La audiencia frente a la pantalla.* In: Revista Dia-Logos de la Communicación, n. 30, 1990. Lima: Felafacs.
RABAÇA, Carlos Alberto; BARBOSA, Gustavo Guimarães. *Dicionário de Comunicação.* 3. ed. Rio de Janeiro: Elsevier, 2001.

Trabalhos Acadêmicos:

JINNEMO, Marie; PETTERSSON, Sandra. *How to Place Products Without the Use of Product placement*. 2011. 91 p. Mestrado de ciências em Economia e Negócios - Linnaeus University, Växjö, Suécia, 2011.

MCDONNELL, John; DRENNAN, Judy. 2010. *Virtual product placement as a new approach to measure effectiveness of placements*. Journal of Promotion Management, 16 (1 & 2). pp. 25-38. Disponível em: <http://eprints.qut.edu.au/35668/1/c35668.pdf>. Acesso em 19 out. 2013.

Site:

BRANDED CONTENT MARKETING ASSOCIATION. Disponível em: <http://www.thebcma.info/>. Acesso em: 27 mai. 2013.

EDUCAÇÃO E EDUCOMUNICAÇÃO DESENHANDO UM NOVO FUTURO

20

Comunicação, Qualidade na Educação e Interdisciplinaridade

Ana Rita da Cunha Melo

Ana Rita da Cunha Melo

É Pedagoga, especialista em Psicopedagogia, Comunicação Organizacional e Relações Públicas. Atua há 29 anos na área da Educação e é Diretora do Centro de Educação Infantil Chácara Bela Vista I, em São Paulo.

Contato
cunhamelo.ana@gmail.com

Introdução

O cenário educacional vem mudando ao longo dos anos. Na década de 30, a Educação teve caráter quantitativo, recebendo investimento para a expansão da rede de ensino e para combate ao analfabetismo. Isso, todavia, velava a verdadeira intenção: aumento do eleitorado, já que o voto do analfabeto era proibido. Com a exigência de mão de obra especializada, por sua vez exigindo investimento na Educação, foi criado o Ministério de Educação e Saúde Pública.

Do fim da década de 40 até a década de 60, adota-se uma nova Constituição de cunho liberal e democrático, a qual define a obrigatoriedade de oferecer o ensino primário e dá à União poder para estabelecer diretrizes e bases da Educação. Como ação decorrente, é promulgada em dezembro de 1961 a Lei 4.024, que garantia igualdade entre a escola pública e privada, igualdade essa que dava direito a ambas de receberem verba pública.

No período conhecido como Ditadura Militar, houve privatizações do Ensino, crescimento do Ensino Profissionalizante e reformas no Ensino Superior. Muitas instituições de ensino privado surgem com a conotação de que seu ensino é de "qualidade", enquanto a escola pública amarga o estigma de inferior e responsável pela evasão e fracasso escolar.

Pensando em ferramentas que podem nortear e contribuir para uma Educação de qualidade, num diálogo interdisciplinar, destaco a Comunicação Organizacional e o Planejamento Estratégico, que podem melhorar a organização da escola sem anular sua essência como meio de construção de valores, cultura, conhecimento, socialização e experiências para a vida.

Educação e Qualidade Total

A Filosofia da Qualidade Total teve como fundadores vários consultores empresariais americanos: William Edwards Deming, Joseph M. Duran e Armand V. Feigenbaum. As siglas TQM (*Total Quality Management*), TQC (*Total Quality Control*) e QT (*Qualidade Total*), sendo este último o termo mais popularizado em nosso país, tem o mesmo significado. Considerada como um milagre para a economia de muitos países, essa abordagem ganha adeptos que querem implantá-la na área da Educação, acreditando que este modelo desenvolvido pela indústria podia ser implantado no Ensino e produzir uma Educação de qualidade. Essa Filosofia, constituída por métodos e ferramentas executadas nas empresas, atrelados ao modelo de gestão, tinha como objetivos: a obtenção de produtos de qualidade, menor custo, melhor desempenho na produção com o comprometimento dos funcionários e, especialmente, a satisfação do cliente.

A década de 80 foi considerada como uma "década perdida", dado as perdas econômicas ocorridas, o aumento das desigualdades, o pouco investimento na Educação, enfraquecimento do mercado, não só na América Latina, mas em todo o mundo. Mas ela foi também uma década que, especialmente aqui no Brasil, ficou marcada pelas mobilizações populares através de greves e manifestações políticas e crise na ditadura militar.

Tem início a abertura política, e em 1984, o Brasil vai às ruas em busca das eleições diretas, caracterizado como o maior movimento de massa vivido em nossa nação. A nova Constituição Nacional é promulgada em 1988, e em 1989 o povo elege de forma direta seu presidente, Fernando Collor de Melo.

Neste cenário, o neoliberalismo se instala, e logo tem início a regressão no campo social e político: as taxas de desemprego sobem; muitas empresas governamentais são privatizadas; serviços públicos são relegados a um segundo plano – dentre eles, a Educação – além de haver corrupção e desvio de verbas, também ligadas ao próprio Governo. No que diz respeito à Educação, o Governo garante a Educação Básica, e abre espaço para instituições privadas.

Diante desse contexto, o modelo da Filosofia da Qualidade Total ganha adeptos, com a proposta de que a educação seja moldada de forma estratégica em paralelo ao modelo empresarial, para atender às exigências do mercado.

Os defensores desse modelo justificam que um mal planejamento pode provocar retrocessos na Educação, mas se o planejamento for bem elaborado, isso pode reconstruir uma nação, como aconteceu no Japão.

RAMOS (1992), representante no Brasil dessa corrente, cita em sua obra o psiquiatra americano William Glasser que, baseado na teoria de Deming, formulou sete pontos norteadores para a educação:

1º Gestão envolvida com a escola;
2º Liderança da comunidade escolar pelo diretor;
3º O professor como líder dos alunos;
4º A escola como ambiente de satisfação das necessidades de seus integrantes;
5º O ensino com base na aprendizagem cooperativa;
6º A auto-avaliação feita pelo aluno de suas produções, e
7º O Trabalho escolar como produto de qualidade.

A Pedagogia que tem como base as teorias de Glasser ficou conhecida como a "Pedagogia da Qualidade Total". A citação a seguir revela a sua filosofia:

> O sucesso e a produtividade na escola, como organização de educação, dependem, no seu entender, de dois grandes fatores: a Qualidade do trabalho do aluno e as habilidades dos dirigentes – professores e diretores – para juntos fazerem com que o trabalho dos estudantes seja realmente de Qualidade. (Ramos, 1992:41)

MEZOMO (1993), também adepto dessa corrente de pensamento, diz que não há como negar as mudanças vertiginosas. Cita a cultura do desperdício presente em todos os setores, inclusive na área de Ensino, e levanta características de organizações de sucesso, atribuindo seu resultado ao trabalho gerencial qualificado. Ele afirma que:

> Estas características das organizações de sucesso aplicam-se também, evidentemente, à escola, tanto mais que ela está inteiramente estruturada em função de seus clientes (internos: administração, professores e funcionários; e externos: alunos, familiares, comunidade e empregadores) e pelo fato de haver uma simultaneidade entre a produção do serviço: educação e seu consumo. (MEZOMO,1993: 9)

Os adeptos da QT na escola acreditam que a busca pela qualidade deve ser constante e contínua; que produzirá resultados; que as perspectivas serão fortalecidas e novos conceitos de qualidade provocarão mudanças.

Visões críticas sobre o assunto surgem. Em uma análise clara sobre o neoliberalismo e sua força na sociedade, e de igual modo na Educação, o livro *Neoliberalismo, Qualidade Total e Educação* [GENTILI & TADEU DA SILVA (orgs.) 1995:98], traz para reflexão o risco da acomodação ao discurso neoliberal, que omite uma realidade e apresenta outra, impedindo o cidadão de pensar e se posicionar como autor de sua própria vida.

Os autores, numa discussão crítica das propostas neoliberais para a Educação e a Escola, chamam a atenção para a forma mercantilizada de se ver essa Escola: ela caracteriza pais e alunos como consumidores e a Educação como mercadoria.

No século XIX, muito se falou sobre a escolarização de massas para que o indivíduo se descobrisse e, consequentemente, produzisse uma sociedade mais justa e melhor, sendo a Educação acessível a todos. Mas a QT na educação não está ligada ao direito do cidadão em exercer influência política e social, e sim, focada no desenvolvimento econômico do país, que precisa responder "às agências reguladoras internacionais", na busca pela homogeneização da educação.

Falando sobre *O discurso da qualidade e a qualidade do discurso*, ENGUITA, in GENTILI & TADEU (1995:98), discorre sobre a mensuração da qualidade da educação através de linguagem do mercado, numa invocação constante de diversas realidades, focando mais o resultado com o mínimo custo do que com os recursos, desvirtuando a lógica dos serviços públicos para a produção empresarial privada. Ele acrescenta:

> Hoje em dia se identifica antes com os resultados obtidos pelos escolares, qualquer que seja a forma de medi-los: taxas de retenção, taxas de promoção, egressos dos cursos superiores, comparações internacionais de rendimento escolar, etc. Esta é a lógica da competição de mercado. [GENTILI & TADEU DA SILVA (orgs.) 1995:98]

A escola acaba buscando adequar-se a essa filosofia de competição do mercado, o que GENTILI (1995) critica, por ser esse conceito de qualidade voltado para o mercado, que, por sua vez, provoca discriminação, submetendo a maioria à indiferença, já que o ensino deve ser direito de todos e não de uma minoria, o que acaba lhes negando o direito como cidadãos. Ele é categórico:

> Não existe "qualidade" com dualização social. Não existe "qualidade" possível quando se discrimina, quando as maiorias são submetidas à miséria e condenadas à marginalidade, quando se nega o direito à cidadania a mais de dois terços da população. (GENTILI, 1995:177).

Segundo ENGUITA, in GENTILI & TADEU (1995:108), a perspectiva de um ensino de qualidade, corpo de docentes bem formados, melhor estrutura física e organizacional, acaba gerando uma competição entre a escola privada e a pública, o que dá à escola privada uma conotação de melhor estruturada, e, portanto, denominada de "melhor qualidade". Isso acentua o dualismo, marginalizando o ensino público à "qualidade inferior".

SILVA (1995:18) diz que as operações centrais do pensamento neoliberal e especificamente na educação, não são tratadas como "questões políticas e sociais", e sim, como "questões técnicas", e ocultam a natureza política do modelo educacional hoje. Para ele as escolas privadas não são mais eficientes que as escolas públicas por causa da qualidade, mas por ter um grupo privilegiado em termos de recursos e poder que as financiam. As escolas públicas, por sua vez, não estão em mal estado porque gerenciam mal seus recursos ou por seus métodos e currículos serem arcaicos, mas por não terem os recursos que lhes são devidos, pelo fato das classes a quem elas servem estarem colocadas num patamar de subordinação, controle e poder. E conclui:

> A qualidade já existe – qualidade de vida, qualidade de educação, qualidade de saúde. Mas apenas para alguns. Nesse sentido, qualidade é apenas sinônimo de riqueza e, como riqueza, trata-se de um conceito relacional. Boa e muita qualidade para uns, pouca e má qualidade para outros. (SILVA, 1995:20).

Para SILVA (1995:21) a aliança entre neoconservadorismo e neoliberalismo mantém o controle sobre a população, impedindo a participação do cidadão nas relações sociais e a construção de um sujeito crítico, participante direto no processo histórico e que possa fazer suas escolhas de forma consciente. O discurso de satisfação e participação dos clientes e a falsa ideia de democracia, nada mais são do que uma estratégia da QT, impedindo que se pense a educação de outra maneira.

> Os "clientes" estão livres para determinar o que querem, mas aquilo que querem já está determinado antecipadamente quando todo o quadro mental e conceitual está previamente definido em termos empresariais e industriais. (SILVA, 1995:21).

REICH (1997), em seu livro Escuta, Zé Ninguém, critica a inércia diante dos opressores e a submissão a todo tipo de controle. Para ele, ficar mudo diante do perigo das ideologias e do domínio político e social provoca visão turva, que impede que se enxergue a realidade. Ele alerta para o perigo das indiferenças governamentais, da inércia da população, da falsa democracia e da luta pelos menos favorecidos, que nada mais é do que um jogo de poder para ludibriar os desatentos. O poder político e social luta para que as pessoas não tenham suas mentes iluminadas, o que facilita o controle sobre elas.

ENGUITA, in GENTILI & TADEU (1995:103,104,105), diz que nas décadas de 60 e 70 a escola viu-se transformada numa instituição supostamente "garantidora da igualdade de oportunidade de vida". Contudo, nos anos 80 a ideologia de mercado toma força e traduz uma ofensiva contra as políticas igualitárias das outras décadas, alegando uma "queda geral de nível".

Diante do exposto, não há como negar que o discurso que atribui à Educação a falta de crescimento e o desemprego, colocou sobre ela um fardo pesado, tornando-a o "bode expiatório", isentando o mundo empresarial de suas responsabilidades nas tomadas de decisões, geração de empregos e investimentos, como discorre ENGUITA (1995:103).

Em suas posições críticas, os autores chamam a atenção para a reflexão e posicionamento que o assunto exige. GENTILE (1995:172) diz que desafio é duplo e há que se levar em conta sua complexidade, além de ser necessário ter a consciência de que não é apenas "melhorar o sentido da qualidade", mas "destruí-lo", pois não é possível maquiar os fatores sobre o desafio de qualidade, e sim buscar uma transformação radical deles, ou seja: transformar a qualidade em um direito e não uma mercadoria.

Para avançar contra essa nova retórica, GENTILI (1995) formula três conclusões básicas:

> Primeira: "*qualidade* para poucos não é *qualidade*, é privilégio". Segunda: "a *qualidade*, reduzida a um simples elemento de negociação, a um objeto de compra e venda no mercado, assume a fisionomia e o caráter que define qualquer mercadoria: seu acesso diferenciado e sua distribuição seletiva". Terceira: "em uma sociedade democrática e moderna, a qualidade da educação é um direito inalienável de todos os cidadãos, sem distinção". (GENTILI, 1995: 176)

Partindo do pressuposto que a escola pública é o espaço onde se exercita o direito à qualidade, e não o mercado, o desafio é criar esse espaço, dando voz às maiorias esquecidas, para que tenham direito a "uma educação radicalmente democrática".

Concordo com os autores: os desafios são múltiplos. Enquanto a Filosofia da Qualidade Total na Educação mede a escola, os pais e os alunos pelos critérios mercadológicos, para oferecer a eficiência, e coloca o Ensino como uma moeda de compra e venda, é preciso defender a postura democrática, de que a Educação forma cidadãos para exercer seus direitos e consequentemente contribuir para o desenvolvimento do país.

Atualizando essa discussão sobre Qualidade Total na Educação, GADOTTI (2014) a considera complexa, pois envolve fatores socioculturais e socioambientais, exigindo um olhar mais amplo e diz: "Não concordo com aqueles que veem a educação apenas como um investimento econômico e defendem a qualidade em função apenas dos 'resultados' econômicos do investimento em educação". Para ele a Educação de qualidade não pode ser boa só para alguns, mas alcançar a todos – que seja emancipadora, respeite os direitos humanos, rejeitando qualquer forma de opressão ou dominação. Cita como ameaça à qualidade na Educação a mercantilização, e afirma que não se pode atribuir um valor econômico à Educação, porque ela é um direito.

Planejamento, Comunicação e Educação de Qualidade

Uma instituição educacional apresenta muitas demandas, e precisa de estratégias de ação. O planejamento, portanto, é importantíssimo para uma Educação de qualidade – é preciso que haja um processo que cria outros planos com durações e ações diferentes, como por exemplo: o Projeto Político

Pedagógico, que direciona as decisões na organização pedagógica da escola; o planejamento do professor; o plano de aula, etc.

O planejamento deve ser baseado na realidade da escola, ou seja, deve confrontar percepções e construir um espaço em busca de suas metas e consciência de seu papel formador e educativo, interna e externamente. Tem que ser trabalhado diariamente, discutido e avaliado por toda a escola.

É comum as escolas focarem nas metas e não planejarem ações que possam prever riscos ou fracassos, e assim acabam sucumbindo embrenhada em questões burocráticas e intermináveis relatórios que apontam apenas números, e não a promoção ou desenvolvimento dos alunos.

A Educação vem sofrendo para manter sua identidade porque todas as turbulências políticas e sociais são jogadas sobre seus ombros. Neste contexto falta força para enfrentar os desafios e planejar ações para resolver uma gama tão grande de problemas. Essa identidade comprometida se estende às unidades escolares que acabam reproduzindo a cultura do "não tem solução". A escola faz parte do contexto político e precisa saber quem ela é, conhecer seu público, pensar estrategicamente, planejar múltiplas ações com dinamismo e comprometimento. Além das demandas internas, têm que ser planejadas ações para a comunidade na qual a escola está inserida – afinal, ela faz parte de uma realidade social, seja nos centros urbanos ou na periferia, com um público que sempre tem expectativas em relação à escola.

As ações têm que ir além dos muros. Durante muito tempo as escolas erigiram altos muros em torno de si mesmas, e esqueceram do seu papel social e transformador dentro de uma comunidade. Essa postura tornou-as prisioneiras e sem forças para atuar como instrumento transformador. As escolas precisam conhecer bem o passado, romper com velhas práticas e buscar inovações. Não perseguir apenas metas e resultados no sentido mercadológico, mas indicar o caminho, firmar vínculos de confiança e credibilidade no futuro através de um planejamento que possa prever para prover.

CORELLA, in KUNSCH (2009:97), diz que as organizações são criadas por humanos, que produzem bem-estar na sociedade e satisfazem as necessidades das pessoas e do seu grupo social. Ela compara a organização com um corpo, no qual há uma interdependência de todos os membros. A falta de qualquer um deles acarreta o mal funcionamento do mesmo, e acrescenta:

> Na busca de uma definição da organização, entendemo-la como um subsistema inserido em seu meio, orientado para certas metas, integrado por indivíduos que utilizam conhecimentos, técnicas, equipamento e instalações bem como trabalham juntos em atividades integradas, se inter-relacionando socialmente, coordenados por um planejamento e um controle centrais. Nas

> organizações entram em jogo fatores humanos, técnicos, científicos e materiais. [KUNSCH, (Org.) 2009:97]

NASSAR, in KUNSCH (2009:327), na mesma linha de pensamento, discorre sobre as "narrativas empresariais produzidas na lógica maniqueísta e binária", que não escondem o desejo de controlar todos os processos da comunicação, tornando-a estéril, sem tempero, autoritária e manipuladora. Critica muitos comunicadores organizacionais, e os considera unidimensionais e desumanos, porque dão mais valor à máquina, ações, mercados e acionista, e completa:

> São seres que destroem as marcas humanas e as pessoas em nome de processos, em nome do retorno do investimento em comunicação, dos movimentos econômicos e produtivos inimigos da vida, dos valores globais e dos direitos meta-humanos. (NASSAR in KUNSCH, 2009:327).

A comunicação interna se concretiza por meio das pessoas, e é um fator humanizador nas relações dentro do trabalho, tornando-se fator primordial para gerar resultados. Quando essa comunicação é vivenciada, o comprometimento de cada indivíduo contribui para o êxito da organização e, por envolver pessoas, a comunicação é um dos processos que dará o norte do crescimento da instituição. Ela deve ser clara e objetiva, colaborar para a solução de problemas, gerar confiabilidade e ser autêntica para abrir caminhos, nos quais toda equipe, fortalecendo as estruturas, os sistemas e os processos, atinja os resultados.

Enfim, a comunicação requer escuta, porque facilitará a relação dialógica e contribuirá na interpretação de sentimentos, necessidades, norteando a forma de intervenção. ALVES (2003) expressa de forma poética o valor da escuta quando diz:

> Para ouvir não basta ter ouvidos. É preciso parar de ter boca. Sábia, a expressão: "sou todo ouvidos" – deixei de ter boca. Minha função falante foi desligada. Não digo nada nem para mim mesmo. Se eu dissesse algo para mim mesmo enquanto você fala seria como se eu começasse a assobiar no meio do concerto. (ALVES, 2003:69)

Faz-se necessário salientar que o fato de uma escola lançar mão dos elementos da Comunicação e do Planejamento Estratégico não significa que ela está pronta para ser uma escola de qualidade. Muitos outros fatores precisam estar atrelados a esses, como se fossem várias peças que formam um todo. Não se pode exigir um nível de qualidade, sem ao menos aplicar os recursos que a ela convém, e esse é um fator relevante. Traçar apenas metas ou um bom planejamento não é o suficiente, como revela PARO (2010) em suas palavras:

> Somente conhecendo em profundidade o que se passa no interior da escola, poderemos conceber e implementar medidas para transformá-la de modo que ela justifique sua razão de ser, como instituição que concorre para uma sociedade mais democrática. (PARO, 2010:74)

Levando em conta o planejamento e a boa comunicação a escola encontrará um meio de organizar suas ações, ter uma relação dialógica com seus públicos e construir um processo educativo de qualidade, que prepare seus alunos para a vida.

FÉTIZON, in PARO (2007), no prefácio do livro *Educação como exercício do poder*, critica o senso comum em Educação, citando uma lenda na qual um homem reconhece que a criação foi proveitosa, mas questiona a utilidade do horizonte, e diz a Deus:

> Há uma de vossas criações que não entendo. O horizonte, Senhor. Por que criaste – algo tão inútil que, quanto mais procuramos alcançá-lo, mais de nós se afasta? E o Senhor respondeu: Foi exatamente para isso que o criei: para fazer-vos caminhar. (FÉTIZON, in PARO, 2007:7)

Sem querer ser utópica, defendo uma prática de educação através de ações planejadas estrategicamente e conectadas com a realidade de nossos alunos, para revolucionar suas vidas, e construirmos uma nação mais justa, acreditando na qualidade de uma educação que rompe com limites e amarras, e vê potencial de superação e aprendizagem no ser humano, independentemente de sua classe social. Qualidade que não pode ser aferida por meio de testes, pois é inerente ao ser humano, e está pronta para ser provocada e trazida à tona.

Essa educação de qualidade requer ousadia.

O site "Aprender a ser" disponibiliza um texto que narra a história de uma terra onde todos estavam acostumados a usar muletas, e justificavam esse uso dizendo que podiam cair e tinham que cuidar bem delas, para não estragarem. Certo dia, um jovem inconformado foi contra a tradição e, é claro, julgado e criticado por todos. No início caiu, pois suas pernas estavam atrofiadas, porém, aos poucos começou a correr, pular, andar a cavalo.

Essa história é uma analogia perfeita para ilustrar o que vivemos hoje na Educação. Por isso a necessidade de ter ousadia. A escola não pode se submeter aos estigmas a ela atribuídos. É necessário um olhar profundo para sua essência, e então se locomover, mesmo que seja com passos trôpegos, mas acreditar na sua missão e reiniciar sua caminhada.

Como bem definiu FREIRE (2014): "Ninguém caminha sem aprender a caminhar, sem aprender a fazer o caminho caminhando, refazendo e retocando o sonho pelo qual se pôs a caminhar".

Referências

ALVES, Rubem. *O amor que acende a lua*. 15. ed. São Paulo: Papirus, 2003.

ARANHA, Maria Lúcia de Arruda. *História da educação*. São Paulo: Moderna, 1996.

BARBALHO, Célia Regina Simonetti. BERAQUET, Vera Silvia Marão. *Planejamento estratégico: para unidades de informação*. São Paulo: Polis/APB, 1995.

CAMPOS, V. Falconi. *Gerenciamento da rotina do trabalho do dia a dia*. 8. ed. Belo Horizonte: INDG Tecnologia e serviços Ltda., 2004.

FISCHMANN, Adalberto Américo. *Planejamento estratégico na prática*. 2 ed. São Paulo: Atlas, 2007.

FERREIRA, Naura Syria Carapeto & AGUIAR, Angela da S. (orgs). *Gestão da educação: impasses, perspectivas e compromissos*. 8. ed. São Paulo: Cortez, 2000.

GENTILI & TADEU DA SILVA (orgs.). *Neoliberalismo, Qualidade Total e Educação*. Visões críticas. 3. ed. Petrópolis, RJ: Vozes, 1995.

KOTLER, Philip. *Administração de marketing: análise, planejamento, implementação e controle*. 2. ed. São Paulo: Atlas, 1992.

KUNSCK, Margarida M. K.(org). *Relações Públicas e Comunicação Organizacional: Campos acadêmicos e aplicados de múltiplas perspectivas*. São Paulo: Difusão Editora, 2009.

MCLAREN, Peter. *Rituais na escola: em direção a uma economia política de símbolos e gestos na educação*. Petrópolis, RJ: Vozes, 1992.

MEZOMO, João Catarin. *Qualidade nas instituições de ensino – apoiando a Qualidade Total*. São Paulo: CEDAS, 1993.

OLIVEIRA, Djalma de Pinho Rebouças de. *Planejamento estratégico: conceitos, metodologias e práticas*. 20. ed. São Paulo: Atlas, 2004.

PARO, Vitor Henrique. *Educação como exercício do poder: crítica ao senso comum em educação*. 2.ed. São Paulo: Cortez, 2010.

QUINO, Joaquim Lavado. *Toda Mafalda*. São Paulo: Martins Fontes, 2008.

RAMOS, Cosete. *Excelência na educação: a escola de qualidade total*. Rio de Janeiro: Qualitymark, 1992.

Uma década para construir educação de qualidade. Presença Pedagógica. v.20-n.120-nov/dez.2014.

Diretas Já. Disponível em: <http://pt.wikipedia.org/wiki/Diretas_J%C3%A1> Acesso: 02/11/2014.

Educação. Disponível em: <http://www.ebah.com.br/content/ABAAAANd4AA/educacao> Acesso: 29/11/2014.

FREITAS, L. C. *Eliminação adiada: o ocaso das classes populares no interior da escola e a ocultação da (má) qualidade do ensino*. Educ. Soc., Campinas, v. 28, n. 100:965-987, out. 2007. Disponível em <http://www.scielo.br/pdf/es/v28n100/a1628100.pdf> acesso em 07/12/2014.

GADOTTI, Moacir. *Qualidade na educação: uma nova abordagem*. Disponível em: <http://

dspace.uevora.pt/rdpc/bitstream/10174/5171/1/A%20Filosofia%20de%20Deming%20e%20a%20Gest%C3%A3o%20da%20Qualidade%20Total%20no%20Ensino%20Superior%20Portugu%C3%AAs_final.pdf> acesso em:29/10/2014.

Gestão da Qualidade. Disponível em: <ftp://ftp.cefetes.br/cursos/CodigosLinguagens/EAildefonso/HIST%D3RIA%20DA%20QUALIDADE.pdf> Acesso: 31/10/2014.

Neoliberalismo. Disponível em: <http://www.suapesquisa.com/geografia/neoliberalismo.htm> Acesso: 15/11/2014.

Ousadia. Disponível em: http://www.aprenderaser.com.br/index.php?option=com_content&view=article&id=19:ousadia&catid=10:textos&Itemid=12. Acesso: 09/12/2014.

Plano de desenvolvimento da escola – PDE: Disponível em: <http://pdeescola.mec.gov.br/> Acesso: 01/12/2014.

Plano Nacional de Educação – PNE: Disponível em: <http://pne.mec.gov.br/> Acesso: 01/12/2014.

Planejamento participativo: Disponível em: <http://ww1.uft.edu.br/index.php/planejamento> Acesso: 01/12/2014.

Portal de olho nos planos: Disponível em: <www.deolhonosplanos.org.br> Acesso: 02/02/2015.

SARAIVA, Margarida. *A Filosofia de Deming e a Gestão de Qualidade Total no Ensino Superior Português.* Disponível em: <http://www.pmf.sc.gov.br/arquivos/arquivos/pdf/14_02_2013_16.22.16.85d3681692786726aa2c7daa4389040f.pdf> Acesso: 29/10/2014.

21

Modelo de Educação Escolar Potiguara

Hellen Cristina Picanço Simas &
Regina Celi Mendes Pereira

Hellen Cristina Picanço Simas

Possui doutorado em Linguística pela Universidade Federal da Paraíba – UFPB (2013). Professora efetiva do Instituto de Ciências Sociais, Educação e Zootecnia da Universidade Federal do Amazonas - UFAM. Líder do Núcleo de Estudos de Linguagens da Amazônia (Nel-Amazônia/CNPq). Atualmente desenvolve estudos relacionados ao levantamento sociolinguísticos dos índios urbanos da etnia Sateré-Mawé do Baixo Amazonas, além de estudos sobre gêneros textuais jornalísticos na perspectiva bakhtiniana e pecheutiana.

Contato
india.parintintins@gmail.com

Regina Celi Mendes Pereira

Possui doutorado em Letras pela Universidade Federal de Pernambuco (2005). Professora permanente do Programa de Pós-Graduação em Linguística (PROLING) da Universidade Federal da Paraíba. Editora da Revista Prolíngua e conselheira da Associação Nacional de Letras e Linguística (ANPOLL). Líder do grupo de pesquisa GELIT/CNPq/UFPB (Grupo de Estudos em Letramentos, Interação e Trabalho), integrante do GT de Gêneros textuais/ discursivos e membro do grupo ALTER-PUC/SP. Desenvolve pesquisas vinculadas à Linguística Aplicada com ênfase nos seguintes temas: gêneros, letramento, escrita, formação docente e processos de ensino-aprendizagem de produção textual. Desenvolve projetos de acompanhamento aos professores de língua portuguesa da rede pública e tem atuado em cursos de formação desses profissionais.

Contato
reginacmps@gmail.com

Introdução

Neste capítulo, discutimos o modelo de educação escolar desenvolvido na Escola Estadual Indígena Guilherme da Silveira, da comunidade potiguara do município de Rio Tinto, estado da Paraíba - PB e as transformações pelas quais foi passando ao longo dos anos.

Os dados aqui problematizados compõem parte dos resultados de nossa pesquisa de doutoramento realizada entre os anos de 2009 a 2013, na Universidade Federal da Paraíba (UFPB). Na oportunidade, analisamos o modelo de educação escolar e os principais fatores que dificultam a implementação da política linguística nacional na escola indígena da comunidade potiguara de Rio Tinto (PB) e na escola Yanomami da região de Maturacá, localizada no município de São Gabriel da Cachoeira (AM).

Assim, muito mais do que um levantamento inédito das condições sociogeográficas e estruturais da escola da comunidade potiguara, trazemos à tona uma temática sobre o que significa ressignificar uma educação escolar em um cenário em que a educação indígena por muitos anos foi silenciada.

O povo potiguara habita o estado da Paraíba, especificamente, os municípios de Baía da Traição, Marcação e Rio Tinto, distribuídos em 26 aldeias, numa área de 33.757 hectares. Segundo dados do Instituto Brasileiro de Geografia e Estatística - IBGE (2010), a população potiguara forma uma população de aproximadamente 11.452 habitantes. No século XVI, os Potiguara ocupavam o litoral do nordeste brasileiro, segundo Moonen (1992:93), eram mais de cem mil índios em idos de 1500. Eles estão em contato com o não-índio desde o início do processo colonizador em idos de 500, conforme comprovam relatos históricos, especificamente escritos de Américo Vespúcio de 1501.

1. Modelo Atual de Educação Escolar na Comunidade Potiguara

O modelo educacional da escola em estudo é problematizado a partir das características atribuídas à escola indígena, segundo Referencial Curricular para as Escolas Indígenas - RCNE/Indígena (1998:24-25): Comunitária, Bilíngue/Multilíngue, Específica/diferenciada e em relação aos itens currículo, calendário, professor, gestão escolar e material didático-pedagógico. Segundo o censo realizado pela Fundação Nacional do Índio local - FUNAI, a escola atendia, em 2009, a 328 alunos, sendo 43 da Educação Infantil; 252 do Ensino Fundamental e 33 da Educação de Jovens e Adultos.

A proposta de ensino na escola potiguara, antes de 2002, seguia o modelo assimilacionista, os alunos indígenas que frequentavam a escola não tinham sua identidade potiguara reconhecida, pois eram considerados índios integrados, de acordo com Ribeiro (1995), por haver muitas modificações nas suas manifestações culturais e por não falarem mais sua língua indígena. Esta visão fazia com que os próprios alunos indígenas não reconhecessem sua identidade ou a negassem, ao mesmo tempo em que se submetiam à aquisição do conhecimento escolar.

1.1 Calendário

O calendário da escola potiguara prevê atividades para datas comemorativas indígenas, como dia da Assinatura da portaria declaratória de Identificação da Terra Indígena Potiguara de Monte Mor (TI) pelo Ministro da Justiça, dia da Caminhada em Defesa das Terras de Monte Mor, Dia de São Miguel (Padroeiro dos Potiguara) e dia Cultural, e contempla também atividades para datas comemorativas não-indígenas, como Dia da Independência do Brasil, dia do Trânsito, Dia da Bandeira, entre outros.

Os professores potiguaras mantêm um movimento forte de mobilização para esclarecer os alunos sobre a luta potiguara pela demarcação de suas terras, o reconhecimento como povo etnicamente diferente e o respeito a sua identidade indígena. As datas comemorativas relacionadas ao povo potiguara presentes no calendário escolar são justamente para criar momentos de debate e atividades que promovam a discussão dos temas citados, a fim de mostrar aos jovens como seu papel é fundamental no movimento indígena e para o fortalecimento da cultura potiguara.

Por isso, é comum nas datas comemorativas indígenas, principalmente, convidar os alunos a executarem o ritual toré numa forma de incentivá-los a darem continuidade às manifestações culturais da comunidade e irem assumindo posição ativa dentro do momento indígena.

1.2 Professores Indígenas

A presença de professores indígenas é outro elemento que diferencia a escola intercultural potiguara das escolas não-indígenas. Não se pode precisar quando exatamente os potiguara assumiram a sala de aula das escolas em suas aldeias, pois antes do movimento de fortalecimento da identidade étnica, muitos potiguara já trabalhavam como professores nas escolas das aldeias, porém não assumiam sua identidade nativa. Foi a partir dos anos 90, quando o Estado paraibano começou a fazer o reconhecimento das escolas indígenas, que os potiguara, consequentemente, passaram a assumir sua identidade nativa, fazendo com que o Estado os reconhecesse como professores indígenas potiguara.

Em 2005, a rede escolar que atende aos potiguara dispunha de 195 professores indígenas com a seguinte formação: superior 82; Magistério 49; ensino médio 57; Supletivo 1. 1º. Grau 1; Ensino Fundamental 6. Deste total, tivemos acesso a informações mais detalhadas sobre a formação profissional de 32 deles, descritas a seguir:

Tabela 1: Formação dos Professores Potiguara em 2010

Formação dos professores potiguara	Quantidade	Área
Superior concluído	21	Pedagogia
	2	Letras
	1	História
	2	Geografia
Superior cursando	3	Pedagogia
	1	Biologia
	2	-
	0	-
Total	32	-

Fonte: Simas, 2013.

Os professores pesquisados não são concursados, e sim prestadores temporários de serviço, não tendo estabilidade no emprego. Todo final de ano, seus contratos são renovados. Muitos já atuam há 25 anos no magistério, outros começaram a carreira há pouco tempo, tendo apenas 1 ano de docência.

As instituições responsáveis pela formação superior dos citados professores são a Universidade Vale do Acaraú – UVA, Universidade Federal da Paraíba – UFPB, Universidade Estadual da Paraíba – UEPB, Instituto Moderno[1] – IM e Universidade Federal de Campina Grande – UFCG, que, em 2009, criou o curso de Licenciatura Indígena.

O Ministério da Educação, em parceria com o governo do Estado da Paraíba, desde 2001, tem promovido seminários, cursos de capacitação e oficinas para técnicos e professores. Nesse sentido, vêm sendo debatidos temas como Os Parâmetros Curriculares Nacionais para a Educação Escolar Indígena – RCNEI; os Fundamentos Legais da Educação Escolar Indígena; Letramento Indígena, Avaliação do cumprimento dos objetivos e metas referentes à Educação Escolar Indígena, objetivando-se entender a visão do povo potiguara sobre a educação escolar que desejam e necessitam, bem como abordar a realidade local de cada aldeia/escola no dia a dia, além de refletir sobre as leis vigentes que orientam a sua Educação Escolar.

A localização das aldeias potiguara em área urbana permitiu o acesso dos professores aos cursos superiores por iniciativa própria, fazendo com que, inicialmente, assumissem a sala de aula sem nenhuma ajuda do Governo e sem se assumirem indígenas. Quando o movimento indígena começou a se fortalecer, muitos professores saíram do silêncio e se juntaram à causa, levando o Estado a reconhecê-los como povo etnicamente diferente. Só a partir de então, o Estado adotou uma política diferente e, por isso, passou a contratar preferencialmente indígenas para atuarem nas escolas e investir na realização de cursos voltados para a temática indígena, até que, em convênio com a Universidade Federal de Campina Grande (UFCG), criou o curso de nível superior intitulado Licenciatura Indígena, assumin-

---

1 É uma instituição privada que desde o ano 2000, o Instituto Moderno mantém até o presente, com a UVA - Universidade Estadual Vale do Acaraú – CE, representada na Paraíba pela UNAVIDA, o curso de Pedagogia em Regime Especial, formando professores licenciados para lecionar do 1º ao 5º ano e depois do 6º ao ensino médio, bem como cursos de licenciaturas em várias disciplinas, realizando assim o sonho de muitos estudantes que não tinham oportunidade de cursarem o ensino superior na sua cidade. O Instituto Moderno também sediou turmas da Universidade Federal da Paraíba nos anos de 2006 a 2008 antes da UFPB instalar seu campus em Mamanguape. (http://institutomoderno.com.br/institucional/historia. Acesso: 12.07.12).

do definitivamente a responsabilidade de qualificar os potiguara para conseguirem conquistar autonomia no seu processo escolar.

Nesse contexto, os docentes sempre se fazem presentes e atuantes no movimento indígena para lutarem pelos seus direitos e pensarem a escola que desejam, tanto que muitos já assumiram a gestão de suas escolas.

1.3 Gestão Escolar

O gestor das escolas é quem toma as decisões administrativas a partir do que a secretaria de educação do Estado paraibano solicita e com base no que é decidido pela Organização dos Professores Indígenas Potiguara (OPIP).

A OPIP é o órgão por meio do qual a comunidade potiguara passou a tomar decisões coletivas a partir de intensos debates com a finalidade de conscientizá-los sobre o projeto de implantação, manutenção e desenvolvimento de uma educação escolar que garanta ao povo potiguara a autonomia e o fortalecimento da cultura e da identidade nativa. A gestão escolar, portanto, se faz a partir de encontros para o intenso e permanente diálogo, discussões e reflexões sobre a educação escolar indígena.

Os professores que trabalham sob o regime de contrato temporário são indicados pela comunidade. A Secretaria de Educação (SEDUC) os contrata mediante essa aprovação da comunidade à qual não estão sujeitos os efetivos.

Vale ressaltar que a gestão das escolas indígenas se diferencia das escolas não-índias pelo fato das decisões não serem tomadas unicamente pelo gestor, mas levadas a debate tanto pela comunidade escolar quanto pela comunidade indígena como um todo. Entre os potiguara, dependendo da importância do assunto, a OPIP é chamada a se reunir para deliberar. A característica marcante da gestão das escolas potiguara é a participação ativa dos gestores para solicitar melhorias para as escolas junto à Secretaria de Educação do Estado Paraibano.

1.4 Currículo

O componente curricular da escola potiguara é dividido em dois eixos, assim configurados: no primeiro, constam as disciplinas componentes da base nacional, a exemplo de Língua Portuguesa, Matemática, Ciências, Estudos Sociais, Educação Religiosa; o segundo se constitui por disciplinas que compõem a parte diversificada: Língua Tupi, Etnohistória do Povo Potiguara e Arte e Cultura do povo Potiguara.

A disciplina Etnohistória reúne os conhecimentos sobre a história e cultura do povo potiguara. A intenção da inserção da disciplina nas escolas potiguara é ensinar os jovens sobre o seu povo: falar sobre a terra indígena, sobre o ritual toré e sobre a história de contato dos potiguara com os colonizadores.

A disciplina Arte Indígena foi introduzida na escola para ensinar aos mais novos a pintura, a dança e o artesanato potiguara, objetivando recuperar o conhecimento tradicional esquecido no decorrer do processo colonizador.

A disciplina Língua Tupi foi introduzida depois que um grupo de professores potiguara terminou o curso de formação em língua tupi, ministrado pelo professor Eduardo Navarro – USP, em 2000. O objetivo era fazer as crianças aprenderem a língua tupi, formando-se uma geração de falantes de tupi, ao mesmo tempo, acreditava-se que os jovens, depois de terem aprendido a língua tupi, ensinariam seus familiares, vizinhos, amigos a falarem a citada língua e, assim, a comunidade voltaria a ser falante de uma língua indígena. Este objetivo demonstra que a comunidade decidiu adotar uma política linguística de Implantação de uma língua indígena, no caso a língua tupi. Assim nomeamos essa política pelo fato de os potiguara há mais de 250 anos serem monolíngues em língua portuguesa. Isto é, não podemos falar em política linguística de recuperação de língua nativa, pois não existem mais falantes vivos da língua tupi na aldeia potiguara em estudo a partir dos quais se poderia promover a recuperação da língua tupi. Para alguns professores, o ensino da língua tupi é fundamental para caracterizar a escola como indígena, se não houvesse essa disciplina, ela não seria de educação diferenciada, vejamos:

> É importante porque resumindo é a primeira língua, a língua como se chama de (pausa, pensando) a língua (tenta lembrar) que no ano, até mil oitocentos e, deixa eu ver, até 1837 aqui só falava tupi aí com o tempo foi perdendo essa cultura, mas quer queira quer não queira é importantíssimo tá porque se hoje em dia não tivesse gente que falasse tupi, alguns professores eu acho que aqui nem negócio de indígena não tinha. É fundamental esse negócio da língua tupi. E quer queira quer não queira vai ter uma, vai ser obrigado os professores indígenas com o tempo obrigado a falar tupi todos esses professores indígenas (PROFESSOR POTIGUARA, 2009, grifos nossos).

Os professores de tupi não são proficientes nesta língua, assim como ninguém na comunidade potiguara. Os docentes detêm os conhecimentos aprendidos durante o curso citado, os quais repassam em sala de aula, mas a língua tupi nas escolas não corresponde a uma L1 e nem L2, pois ela ainda não foi aprendida de fato por quem a ensina. Os professores possuem um conhecimento restrito de vocabulário de tupi, portanto, só são capazes de elaborar curtas e poucas sentenças. Logo, o ensino da disciplina Língua Tupi é uma tentativa de fazer a língua indígena tornar-se pelo menos L2. Diante disso, não podemos falar em ensino bilíngue/multilíngue entre os potiguara, mas monolíngue em Língua Portuguesa, uma vez que essa é a língua de instrução dos conteúdos por ser a L1 da comunidade. A língua tupi, então, entra no currículo da escola potiguara mais como símbolo de identidade potiguara do que por motivos pragmáticos e comunicacionais. O currículo, portanto, veio responder à necessidade do povo potiguara de fortalecer sua cultura e recuperar parte de sua memória perdida ou silenciada ao longo dos séculos de colonização.

Ressalta-se, todavia, que esses espaços para o estudo da cultura e da língua indígena, muitas vezes, só estão acontecendo discursivamente, pois, na prática, estuda-se somente a língua e o conhecimento do não-índio. Debora Freitas (2003) relata ter encontrado essa situação entre os makuxi:

> No discurso isto tudo parece bem arrumado: deve-se ter na escola um espaço para se estudar a língua e a cultura tradicional. Na prática, entretanto, não há o hábito de se usar a língua Makuxi, tudo é vivenciado em Português. O conflito surge: o que se quer e o que se faz, ou o que diz que se faz e o que realmente se faz. Freitas (2003:68)

Entre os potiguara tudo é vivenciado em língua portuguesa, porque, como já afirmamos, eles são monolíngues em língua portuguesa e a língua tupi existe enquanto memória, símbolo da cultura potiguara e não como língua falada.

Observa-se que as aulas da base diversificada do currículo constituem momentos para se fortalecer a cultura potiguara junto aos jovens, momento de reflexão sobre sua identidade étnica, pois o longo período de identidade negada faz muitos, ainda, terem vergonha, muitas vezes, de serem identificados como indígenas. Assim, as manifestações culturais do povo potiguara não aparecem em sala de aula como folclore, mas como marcas da identidade ética a ser recuperada, como elementos vivo que os ajuda a se diferenciarem do não-índio.

A língua tupi, apesar de comunicativamente não se fazer necessária e não estar apresentando bons resultados no aprendizado em sala de aula[2], melhorou a autoestima do grupo, pois podem responder à exigência da sociedade envolvente quanto ao fato de terem uma língua indígena, por mais que ela seja só uma disciplina no currículo. O ensino do tupi nas escolas municipais e estaduais tem uma repercussão grande e favorável à imagem dos potiguara[3].

1.5 Material Didático-pedagógico

São cinco os livros de ensino de tupi, os quais possuem o mesmo título: T'îa-Nhembo'e Potigûar-Ymûana Nhe'enga Resé: tupi antigo para o ensino fundamental, mas escritos em Língua Portuguesa. Foram elaborados exclusivamente por Eduardo Navarro (dois volumes) ou foram elaborados (três volumes) por três professores potiguara, a saber: Josafá Padilha Freire, Manuel Eufrásio Potiguasu e Pedro Eduardo Pereira, sob a orientação de Navarro. Inexiste gramática e dicionário da língua tupi para ajudar o professor a refletir e a entender a estruturação dessa língua.

Os potiguara têm a língua portuguesa como L1, logo, o material didático para as demais disciplinas são também em língua portuguesa, sendo os mesmos distribuídos nas escolas não-indígenas do Estado paraibano.

Apesar de haver diferentes livros de tupi, não existe uma mudança significativa no conteúdo deles, ou seja, apresentam pequenas histórias com diálogos curtos, ilustrações variadas com frases ou tão somente o nome do objeto das ilustrações (animais, frutas, locais, parte do corpo humano, cores etc.). Inclusive muitos textos, frases e objetos descritos repetem-se nas cinco edições. As cartilhas apresentam também o alfabeto da língua tupi, vocabulário e exercícios, que ilustraremos em seguida.

Ao analisarmos o material didático potiguara, encontramos o mesmo resultado apontado por Silvia L. B. Braggio junto ao kaigang (TOMMASINO, 1997:122), ou seja, a língua indígena é fragmentada em sílabas, palavras e sentenças isoladas sem nenhum contexto; a forma precede a função;

---

2 Consultar tese Educação Escolar Yanomami e Potiguara, 2013.
3 Idem.

a seleção dos textos não é orientada para o conteúdo abordar a realidade atual dos Potiguara; os desenhos mostram pessoas usando cocar, colar, pintura corporal, corte de cabelo antigo, porém, os potiguara atualmente não se vestem dessa forma; as imagens dos livros mostram um fenótipo de índio do passado, do início do processo de colonização; forma e decodificação têm primazia sobre o conteúdo; não há uma diversidade de textos que sejam usados como base para o ensino da língua tupi; as "histórias" não têm nenhuma relevância sociocultural; informações não são balanceadas com informações explícitas e implícitas. A língua tupi, portanto, nas cartilhas é ensinada de forma controlada e artificial, não possibilita o desenvolvimento das habilidades de escrita e de fala em língua tupi, tornando-se uma limitação ao processo de letramento dos potiguara.

As cartilhas são o único recurso que os professores de tupi dispõem, sendo, a cada ano, reimpressas pelo Estado e distribuídas nas escolas potiguaras. Novas cartilhas não foram produzidas, o Governo paraibano não recontratou o professor Navarro para continuar a formação dos potiguara em língua tupi. Os docentes que concluíram a primeira etapa do curso de tupi, e hoje ensinam a língua indígena nas escolas, afirmam que não têm conhecimento suficiente sobre tupi a ponto de darem continuidade à produção de material didático na citada língua, conforme nos relatou em comunicação pessoal um professor potiguara[4]:

> Eu mesmo sou professor de tupi e não vou dizer que consigo falar, que eu sei falar fluentemente, não. Sei, o pouco que sei dá pra repassar, mas que eu sei de tudo, não sei não. A cada dia a gente tá tentando se aperfeiçoar (PROFESSOR POTIGUARA, 2010).

A falta de conhecimento aprofundado sobre a língua tupi impede os professores de elaborarem novos materiais didáticos para o ensino da língua indígena, por isso, desde o início do processo de implantação da língua tupi, ou seja, há mais de 10 anos, os mesmos livros são usados em todas as séries, fazendo com que o ensino da língua seja repetitivo tanto porque todo ano os alunos estudam os mesmos conteúdos quanto porque os assuntos dos cinco livros de língua tupi são parecidos.

---
4 Registramos conforme a fala informal do professor, sem fazer alterações para linguagem formal.

Conclusão

Finalizamos este capítulo, retomando alguns aspectos centrais na caraterização do modelo escolar da educação Potiguara. Identificamos que parte dos professores é indígena e outra é não-indígena e, entre os indígenas, há um número expressivo de professores com formação superior. A gestão escolar é realizada por meio de associação – OPIP e através de gestores indígenas e não-indígenas. Não observamos nenhum modelo religioso de ensino presente na escola. O material didático-pedagógico é formado por livros escritos em língua portuguesa que é a L1 da comunidade, inclusive os de ensino de língua tupi. O currículo da escola potiguara possui as disciplinas Língua Tupi, Etnohistória e Arte cultura, as quais são diretamente ligadas à cultura potiguara. A primeira disciplina, apesar de não estar contribuindo para a comunidade se tornar bilíngue, contribui para marcar a identidade potiguara. A segunda disciplina trata da história do povo potiguara e por meio dela tentam repassar para os jovens esse conhecimento. A terceira disciplina possibilita o resgate da memória artística da comunidade indígena em estudo. A língua indígena tupi é exclusivamente língua objeto de estudo. O calendário prevê atividades relacionadas a datas da cultura potiguara e da sociedade envolvente.

As mudanças (professor indígena, gestão comunitária, disciplinas específicas e calendário específico), portanto, configuram as marcas da educação escola potiguara, porque no mais, assemelham-se às escolas nacionais. Juntos, formam a base que sustenta a educação escolar potiguara. Logo, o modelo de Educação Escolar na escola potiguara é o nacional pelo motivo de a escola fazer parte da cultura potiguara; seu funcionamento está em grande parte de acordo com os ideias de escola pensada pelos potiguara, o diferencial está em ela ser o local para se refletir sobre a identidade potiguara e espaço para possível reconhecimento de etnicidade potiguara.

Embora nessa comunidade tenha havido um intenso contato com o não-índio, fato que provocou uma descaracterização da cultura e dos costumes dos potiguara, busca-se, atualmente, ensinar às novas gerações sua origem indígena, a história, língua de seus antepassados, a fim de que esses jovens assumam sua descendência indígena, negada por muitas gerações devido ao intenso e contínuo processo de repressão por eles vividos.

Motivados pelo discurso de valorização do indígena, muitos potiguara passaram a se assumir como membros de um povo etnicamente diferente, a fim de usufruírem dos direitos garantidos a eles. Há um movimento para ressignificar a educação escolar, e construí-la a partir dos anseios e necessidade do povo potiguara, que é o de "recuperar" a cultura perdida durante o processo colonizador. Nessa perspectiva, um diálogo vem sendo construído com o Estado para, de fato, as mudanças acontecerem, e a escola tornar-se uma instituição que os ajude a criarem marcas que manifestem e expressem a cultura deles, para os diferenciar dos não-índios.

Referências
FREITAS, Déborah de Brito Albuquerque Pontes. *Escola makuxi: identidades em construção*. Tese de doutorado. Campinas, SP: [s.n.], 2003;
INSTITUTO MODERNO. *História*. Disponível em: http://institutomoderno.com.br/institucional/historia. Acesso: 12.07.12.
MINISTÉRIO DA EDUCAÇÃO, SECRETARIA DE EDUCAÇÃO CONTINUADA, ALFABETIZAÇÃO E DIVERSIDADE. *Referencial Curricular Nacional para as Escolas Indígenas*. Brasília: MEC/SECAD, 1998;
MOONEM, FRANS. MAIA, L.M. (Org.) *Etnohistória dos Índios Potiguara*. João Pessoa: SEC, 1996.
PROFESSOR POTIGUARA. Entrevista, Rio Tinto (PB): 2009.
_____. Entrevista, Rio Tinto (PB): 2010.
RIBEIRO, Darcy. *O Povo Brasileiro: a formação e o sentido do Brasil*. 2. ed. 3. reimp. São Paulo: Companhia das Letras, 1995.
SIMAS, Hellen C. P. *Educação Escolar Yanomami e Potiguara*. (Tese de doutorado). João Pessoa, 2013;
TOMMASINO, Kimiye. *Diretrizes para a Educação Escolar Indígena no Paraná: algumas considerações preliminares*. In: D'ANGELIS, Wilmar; VEIGA, Juracilda (Orgs). Leitura e Escrita em Escolas Indígenas. Campinas: SP, ALB: Mercado da Letras, 1997.

22

JANUSZ KORCZAK
- O Educomunicador

Ismar de Oliveira Soares &
Liana Gottlieb

Ismar de Oliveira Soares

Professor Titular Sênior da USP. Jornalista (Cásper Líbero). Mestre e Doutor em Ciências da Comunicação (ECA/USP), Pós-doutorado (Marquette University Milwaukee, USA. Preside a Associação Brasileira de Pesquisadores e Profissionais da Educomunicação. Autor de vários artigos e livros destacando-se Educomunicação: o conceito, o profissional, a aplicação (São Paulo: Paulinas, 2011).

Contatos
ismarolive@yahoo.com
Blog: www.abpeducom.org.br

Liana Gottlieb

Doutora em Ciências da Comunicação (ECA/USP), Mestre em Teoria e Ensino da Comunicação (UMESP), Pedagoga, Psicodramatista, Didata e Supervisora de Psicodrama pela FEBRAP, Consultora Organizacional e Educacional, Membro Fundador e do Conselho do Núcleo de Comunicação e Educação da ECA/USP, autora, coautora e organizadora de vários livros, destacando-se a Coleção Comunicação em Cena (São Paulo: Scortecci, 2012, 2013 e 2014).

Contato
liana.gottlieb@uol.com.br

> *Penso que o primeiro e indiscutível direito da criança é aquele que lhe permite expressar livremente suas ideias e tomar parte ativa no debate concernente à apreciação da sua conduta. Quando o respeito e a confiança que lhe devemos forem uma realidade, quando ela própria se tornar confiante, grande número de enigmas e de erros desaparecerão.*
>
> Janusz Korczak

Educomunicação e Korczak

O conceito da Educomunicação vem ganhando legitimidade, no Brasil e na América Latina, a partir do início do século XXI, mobilizando profissionais da educação, da comunicação, bem como gestores de políticas públicas nas áreas educacionais e culturais, em todo o país. O termo é usado para identificar práticas na interface entre a Comunicação e a Educação, tanto no âmbito da produção midiática quanto no da educação formal e não formal. Tem como referências fundamentais o direito universal à comunicação e a gestão participativa no manejo das tecnologias da informação.

O fenômeno ocorre devido ao crescente interesse das comunidades educativas em trazer a ação comunicativa dialógica para o centro de suas preocupações, movidas pelo sucesso alcançado por experiências em desenvolvimento, em todo o país. O avanço das tecnologias não é determinante, mas colabora significativamente para o estabelecimento deste processo.

Trata-se, na verdade, de um movimento que busca canalizar as práticas comunicativas na direção de causas pelas quais se faz urgente lutar. Entre tais causas está o direito das crianças e dos jovens de se transformarem em ativos artífices de um mundo que os adultos teimam em colocar a serviço de seus interesses imediatos, movidos por mitos e ideologias pouco nobres. No caso, a prática da Educomunicação casa-se com a pedagogia de projetos em torno a temas como sustentabilidade, convivência, solidariedade, combate à violência e a todo tipo de discriminação.

O empoderamento comunicativo das gerações que terão a seus cuidados a condução dos destinos do mundo, em algumas décadas, só será possível, contudo, se for viabilizada, hoje, uma adequada aproximação entre os paradigmas da comunicação participativa e as práticas educativas identificadas como dialógicas e progressistas. Por isso, a Educomunicação – um conceito ainda em construção - vem buscando, ao longo das últimas décadas, nas práticas sociais e na ação de pioneiros, exemplos que apontem, em diferentes situações e contextos, para os possíveis caminhos de convergência entre o manejo da comunicação e os projetos educativos voltados para ações civilizatórias indutoras do diálogo social, a partir do cotidiano da vida em comunidade.

É justamente isso o que encontramos na vida e obra de Janusz Korczak, por convicção e estratégia, um gestor de processos comunicacionais, ou, como denominamos, aqui, um autêntico educomunicador. O criador da República Livre das Crianças, em Varsóvia, ainda na primeira metade do século XX, pode, na verdade, ser considerado um pioneiro europeu da prática que o NCE- Núcleo de Comunicação e Educação passou a denominar como Educomunicação, após pesquisa efetuada sobre as ações de comunicação alternativa, popular e dialógica, empreendidas por setores do movimento social latino-americano, em sua luta pelo direito de expressão, ao longo da segunda metade do século XX (SOARES, 1999).

O primeiro sinal do perfil educomunicativo do trabalho de Janusz Korczak vamos encontrar na atmosfera de responsabilidade compartilhada e de autogestão, definida como regra nos espaços educativos do orfanato por ele criado e dirigido, envolvendo educadores e educandos num esforço permanente de mútua colaboração. Sua pedagogia assumia ser indispensável que cada um – educador e educando - comunicasse suas próprias opiniões e ficasse sabendo o que os outros tinham a dizer a respeito de tudo. Para propiciar esse intercâmbio, a pedagogia do orfanato previa a realização de reuniões frequentes para discutir e decidir temas de interesse comum e, até mesmo, de plebiscitos, envolvendo todos os habitantes do ecossistema formado pelo Lar das Crianças,

A convivência com os meios de comunicação com relevância no início do século XX, especificamente a imprensa e o rádio, foi, por outro lado, uma constante na vida de Korczak. Ele os considerava uma mediação indispensável para atingir seus objetivos educacionais. Para ele, a mídia não deveria ser uma realidade estranha e distante do cotidiano escolar. Por isso, transformou seus educandos em autênticos comunicadores. Para tanto, a comunidade dispunha não apenas de um, mas de dois jornais, produzidos com a participação dos membros da comunidade educativa (Singer, 1998). O primeiro chamava-se A Pequena Supervisão. Era patrocinado pelo próprio Korczak, que pagava às crianças por sua colaboração, sendo que além da participação dos membros do orfanato, o jornal recebia ainda cartas de crianças de toda a Polônia. O jornal oficial, no entanto, era O Semanário, que trazia todos os acontecimentos importantes ocorridos durante a semana na república, e colaborações de professores e alunos.

Apesar da enorme importância de sua obra, a pedagogia de Korczak não mereceu grande destaque nos livros de história da educação. Korczak foi efetivamente um formador inteiramente dedicado à prática, despreocupando-se com possíveis filiações a correntes do pensamento pedagógico vigentes em sua época. O fato não surpreende. Korczak não se filiou a uma corrente específica da pedagogia porque ele próprio estava – juntamente com outros pioneiros ao redor do mundo, como Célestin Freinet, na França, Mario Kaplún, na América Latina, e Paulo Freire, no Brasil – construindo, com sua praxis pioneira, uma nova teoria na interface entre a comunicação e a educação, a que hoje denominamos como Educomunicação.

O presente texto convida o leitor a aproximar-se da biografia deste pioneiro, num exercício de reconstrução de sua identidade, na expectativa de que a leitura colabore para iluminar novas práticas de valorização da criança e do jovem como comunicadores, numa sociedade em transformação.

Médico e educador

Janusz Korczak era um dos pseudônimos de Henryk Goldszmit. Ele o usou, pela primeira vez, em 1898, quando era estudante e participou da competição literária I. Paderewski. A peça em quatro atos com que concorreu chamava-se Któredy? (De que modo?) (Lewowicki, 1998). Korczak recebeu uma menção honrosa com este trabalho.

Igor Newerly (1978), que foi seu secretário e amigo, conta que na hora da entrega dos originais da peça para o concurso Henryk viu sobre a mesa o livro de Karshaski, A Vida de Janasz Korczak e a Filha do Cavaleiro Bonito, e adotou o nome do herói da história. A pessoa que recebeu e registrou seu trabalho enganou-se e trocou a letra a pela letra u, e foi responsável, então, pelo pseudônimo que nascia naquele momento e pelo qual ele se tornaria conhecido.

Diferente de suas outras publicações, seus escritos médicos são usualmente assinados com seu nome real - Henryk Goldszmit.

Korczak nasceu em Varsóvia, em julho de 1878 ou 1879. Não se conhece precisamente o ano, pois seu pai demorou para registrá-lo (fato que era comum entre os judeus na época).

Sua família, assimilada à cultura polonesa, era composta por judeus liberais, que mantinham uma intensa atividade comunitária. Seu avô participara do movimento iluminista judaico, além de ter praticado a medicina. Seu tio, irmão de seu pai, era advogado e jornalista. Seu pai era um conceituado advogado, e sua mãe vinha de uma família progressista. Korczak tinha uma irmã chamada Anne.

Segundo Singer (1998), Korczak sonhava ser escritor, mas, pela insistência de seu pai, inscreveu-se no curso de medicina da Universidade de Varsóvia (façanha rara, face o preconceito de que eram vítimas os judeus na Polônia). No mesmo ano em que ingressava no nível superior, seu pai veio a falecer, depois de um longo período atormentado por uma doença mental que consumiu todas as economias da família. Para ajudar sua mãe, e sustentar-se, Korczak passou a dar aulas particulares.

Em 1901, empreendeu uma viagem a Zurique, na Suíça, com o objetivo de aprofundar seus estudos sobre a obra de Johann Heinrich Pestalozzi (educador suíço da virada do século XVIII para o XIX, que dirigiu quatro instituições voltadas para as populações carentes). Korczak já se interessava pelas crianças carentes. Data de 1901 seu livro As Crianças de Rua. Em 1900 já publicara uma série de sete artigos denominada "Crianças e Educação". Em Zurique, ele conheceu Stefa (Stefânia) Wilczynska, estudante de pedagogia, filha de uma família judia aristocrática de Varsóvia. Influenciado por Stefa começou a frequentar a faculdade de pedagogia, onde entrou em contato com as obras dos pensadores da Escola Nova, então em voga na Europa. Um dos pioneiros desse movimento foi o escritor russo Leon Tolstói, que Korczak já conhecia e admirava. Antes de retornar à Varsóvia, Korczak fez uma especialização em pediatria em Berlim, para depois assumir um posto em um hospital pediátrico em sua cidade e concluir seus estudos em medicina (Singer, 1998).

Entre 1898 e 1904, estudou medicina. Costumava ir para a cidade velha de Varsóvia, que era o bairro conhecido como sendo da pobreza e da marginalidade. Lá era conhecido como amigo dos pobres, o professor de crianças. Em 1904 publicou o livro A Criança do Salão (seu primeiro romance), e começou a ocupar um lugar de destaque na literatura polonesa. Ainda em 1904 foi chamado a servir no exército russo na guerra contra o Japão, num hospital de campo na Manchúria. Após retornar da guerra, viajou para se especializar, passando meio ano em Paris e um mês em Londres. Voltou a Varsóvia e abriu uma clínica particular, na qual cuidava dos pobres sem cobrar. Entre 1908 e 1912 trabalhou também em colônias de férias para crianças (Newerly, 1978).

O trabalho como educador numa colônia de férias para crianças judias e em outra para crianças católicas forneceu-lhe um novo terreno de observações, sistematizadas em Moski, Joski i Srule (prenomes judeus) e Joski, Kaski i Franski (prenomes poloneses), livros lançados em 1910 e 1911 (Singer, 1998).

Em 1909, Korczak foi preso pela polícia czarista, acusado de pertencer ao movimento de libertação polonês (Newerly, 1978).

Korczak empenhou-se em várias formas de popularização do conhecimento no Instituto Filantrópico de Varsóvia, em salas de leitura gratuitas, e por intermédio da Sociedade de Higiene de Varsóvia. Desde 1900 ele esteve associado à Universidade do Ar, uma escola pós-secundária clandestina que funcionava em Varsóvia durante a ocupação russa. Em 1905-1906, a escola foi legalizada sob o nome de Sociedade para Cursos Acadêmicos. Mais tarde (depois de 1915), foi fundada a Universidade Polonesa Livre, com a qual Korczak esteve envolvido durante alguns anos (Lewowicki, 1998).

Um lar para as crianças (pobres)

Após concluir o curso de pedagogia, sua amiga Stefa criou um orfanato para crianças pobres em Varsóvia. Em 1911, Korczak deixa o seu trabalho no hospital e se junta a Stefa. Aos poucos, Korczack transforma o orfanato em uma república de crianças, organizada sob os princípios da justiça, da fraternidade e da igualdade de direitos e obrigações. Em suas viagens por alguns países da Europa, com a finalidade de conhecer experiências com orfanatos, ele se decepcionou com tudo o que viu, e junto com Stefa resolveu projetar o ambiente do orfanato (Singer, 1998), que denominou de "arquitetura estilo criança".

Das instalações iniciais, que se compunham de duas salas, o orfanato mudou-se para a rua Krochmalna, local em que viviam judeus pobres de Varsóvia. Os judeus ricos do país é que providenciaram os fundos para a aquisição do imóvel sito no número 92. A República das Crianças (Lar das Crianças) foi inaugurada no dia 15 de abril de 1912. O seu público-alvo eram as crianças judias carentes (Singer, 1998). Korczak vivia no sótão da ampla construção.

Em 1914, Korczak foi convocado para os serviços de pediatria de dois hospitais e para a inspeção de três orfanatos em Kiev. Durante os quatro anos da Primeira Guerra Mundial, Stefa dirigiu sozinha o Lar das Crianças. Logo ao regressar, Korczak retomou a direção do lar mas, já nacionalmente conhecido, foi convidado pelo marechal Pilsudski (que governou a Polônia por vinte anos) a auxiliar na direção de outro orfanato, o Instituto Educacional Nasz Dom (Nosso Lar), católico, em Pruzkow, perto de Varsóvia. Quando essa instituição se mudou para Varsóvia, alguns anos mais tarde, ele continuou colaborando com sua administração. Seu contrato com o Nasz Dom continuou até 1936. Além do Lar, Korczak se dedicava também a assessorar o Nosso Lar, escola interna de filhos de operários e patrocinada pelos sindicatos (Lewowicki, 1998).

Ele exerceu o magistério na faculdade de educação e era convidado como especialista em crianças no tribunal de Varsóvia.

Em 1934, visitou a Palestina a convite de ex-alunos. Retornou à Palestina, em 1936, lá permanecendo por seis semanas, das quais quatro no kibutz (colônia agrícola coletiva) Ein Harod. Ele ficou entusiasmado com o que lá viu, e até pensou em transferir o Lar das Crianças para a Palestina. Só que não teve tempo hábil para isso, pois em 1º de setembro de 1939 teve início a Segunda Guerra Mundial. Ele tentou se alistar, mas não o aceitaram por causa da idade. O orfanato, por sua vez, foi transferido para o gueto de Varsóvia, rua Chlodna, número 33, em novembro de 1940.

Seu último livro, o Diário do Gueto (publicado entre nós pela Editora Perspectiva, em 1986), começou a ser escrito em maio de 1942. Ele escrevia à noite, dando o testemunho daqueles dias terríveis. O Diário foi enterrado nas ruínas do gueto de Varsóvia e salvo por Igor Newerly, que o encontrou depois da guerra (Hotimsky e Hotimsky, 1993).

A marcha final

No dia 5 de agosto de 1942, Korczak, Stefa e os professores do orfanato acompanharam as duzentas crianças do orfanato em sua marcha final. De quatro em quatro, vestindo suas melhores roupas, elas marcharam pelas ruas de Varsóvia até o Umschlagplatz (aonde entraram no trem da morte que os transportou para o Campo de Concentração de Treblinka), hasteando a bandeira verde do Rei Mateusinho (uma das peças de teatro de Korczak) com a estrela de David, em amarelo, em seu verso. A pequena procissão andava em silêncio e com dignidade e até os policiais nazistas se impressionaram, pois não estavam batendo e empurrando o grupo como de costume.

Tanto o trabalho como as atitudes de Korczak não só contrastavam como também se opunham ao nazismo. De um lado, a institucionalização da violência, a destruição da sociedade civil e o racismo, a aceitabilidade do extermínio, enfim, a brutalidade generalizada. Do outro lado, a ética na educação e na vida, a luta contra o preconceito e contra qualquer forma de violência, a valorização de cada manifestação de vida, de cada detalhe, enfim, a delicadeza. O último registro em seu diário, no dia anterior à deportação, foi o seguinte:

> Rego as flores. A minha careca na janela. Que alvo esplêndido.
> Ele tem um fuzil. Por que ele fica assim, olhando tranquilamente?
> Ele não recebeu ordens para atirar.
> E talvez ele fosse um professor de uma aldeia enquanto civil, ou um escrivão, um varredor de rua em Leipzig, um garçom em Colônia?
> O que ele faria se eu lhe fizesse um sinal com a cabeça?
> Um gesto amigável com a mão?
> Talvez ele nem saiba que as coisas são como são.
> Ele pode ter chegado apenas ontem, de um lugar muito distante...
> [Korczak não renunciou à sua condição humana.
> (Hotimsky e Hotimsky, 1993).}

Precursor dos direitos da criança

> A lei cruel mas franca da Grécia e da Roma antigas autorizou a matar uma criança. Na Idade Média, os pescadores achavam em suas redes cadáveres de bebês afogados nos rios. Na Paris do século XVII vendiam-se crianças pequenas a mendigos e sobre o adro da Nôtre Dame se livravam dos pequeninos por nada. E isto não faz tanto tempo. Ainda hoje são abandonados quando são demais. O número de crianças ilegítimas, abandonadas, negligenciadas, exploradas, depravadas, maltratadas, aumenta dia a dia. De certo, elas são protegidas pela lei, mas suficientemente? Num mundo que evolui, as velhas leis precisam ser revistas.
> (Korczak, Direito da criança ao respeito:46)

Gadotti (1997) se aproximou da obra de Korczak no início dos anos oitenta, motivado pela crítica que alguns pedagogos faziam à amorosidade na educação. Diziam, ironicamente, que "quem sabe, ensina, e quem não sabe, ama". Defendendo uma posição contrária a esse desvio tecnicista, ele foi buscar argumentos na história da educação. Foi quando entrou em contato mais de perto com a obra de Korczak que valorizava o papel da afetividade na educação e na construção do conhecimento.

Sensibilizou-o o compromisso de Korczak com a criança de rua e a sua proposta de autogestão pedagógica.

Segundo Gadotti, em sua obra Como amar uma criança, Korczak descreve questões concretas como a amamentação, o crescimento dos dentes, os primeiros passos, a recusa de comer, a imitação do adulto, a brincadeira, o choro etc, enfim, o cotidiano da criança e o cansaço do educador, a paulatina quebra do seu entusiasmo, as contradições, a insatisfação, a rejeição, o fracasso do educador etc, numa linguagem simples e direta. Em Korczak a realidade é sempre mais viva do que a teoria. Korczak é um pensador solitário, à margem das ideologias e correntes científicas da sua época. Não polemizava, preferindo escrever o que sentia e o que sentia era um profundo amor pelas crianças, assunto de toda a sua paixão. A linguagem de Korczak é poética, literária, contrastando com o atual tecnicismo. Cita mais poetas e romancistas que pedagogos. Ele não tem medo de dizer que ama a criança, confessa abertamente esse seu amor, mas dizia: Não basta amá-las, é preciso respeitá-las, compreendê-las a partir do seu referencial e não em nome de um futuro hipotético que elas não compreendem ainda. Korczak se preocupava com o fato de o adulto mentir muito para as crianças, mesmo quando mente em nome do amor que tem por elas.

Gadotti faz coro com tantos admiradores de Korczak quando reconhece que ele é um precursor dos direitos da criança e do adolescente, e cita uma passagem do seu livro Como amar uma criança, escrito entre 1914 e 1915 (a seguir excertos do texto):

> Faço um apelo à magna charta libertatis, ou seja, a carta magna dos direitos da criança.
> 1. O direito da criança de viver sua vida de hoje;
> 2. O direito da criança a ser o que ela é;
> 3. O direito de expressar suas ideias;
> 4. O respeito pela ignorância;
> 5. O respeito pela busca do saber;
> 6. O respeito pelas lágrimas;
> 7. O respeito pelo transtorno do crescimento.

É importante compreender bem o sentido desses direitos, a fim de permitir às crianças aproveitá-los, sem cometer erros em demasia. Erros, haverá sempre, mas o que é preciso é ter coragem para enfrentá-los; a criança saberá corrigi-los com a condição de não enfraquecermos nela essa preciosa faculdade que é o instinto de autodefesa.

Nós lhe damos leite demais para beber ou um ovo que não está muito fresco para comer? Ela vomita. Nós lhe passamos uma informação que ultrapassa o seu entendimento? Não compreende. Um conselho sem valor? Não o escuta. Não falo apenas por falar ao dizer que é uma sorte para a humanidade não podermos obrigar as crianças a obedecer os métodos educativos que vão contra seu bom senso ou sua saudável vontade.

Segundo Gadotti, Korczak escreveu isso em 1915. Mais tarde, fez o seguinte comentário à margem, na edição de 1929:

> Depois, estas ideias tendo se cristalizado no meu espírito, penso que o primeiro e indiscutível direito da criança é aquele que lhe permite expressar livremente suas ideias e tomar parte ativa no debate concernente à apreciação da sua conduta e também na punição. Quando o respeito e a confiança que lhe devemos forem uma realidade, quando ela própria se tornar confiante, grande número de enigmas e de erros desaparecerão.

Voltar a ser criança

A obra do educador polonês mais conhecida entre nós é o livro *Quando eu voltar a ser criança* (Summus, 1981). Tatiana Belinky assim se expressa na apresentação da edição brasileira: "o livro, que é uma espécie de ficção psicológica, está escrito na primeira pessoa, como o relato de um professor primário que, cansado dos seus problemas de mestre-escola e adulto, se lembra com saudade da decantada 'aurora da minha vida' - e magicamente volta à infância; volta a ser criança, mas sem perder a memória de adulto". Korczak revive aí a sala de aula, a vida em família, as humilhações sentidas no contato com os adultos, os sustos diante de tantas coisas desconhecidas e de um ambiente feito para os adultos.

Korczak diz que a criança é uma "classe oprimida":

> Nós vivemos como um povo de pigmeus, subjugados por sacerdotes gigantes que detêm a força dos músculos e a ciência secreta. Somos uma classe oprimida que vocês desejam manter viva às custas do menor esforço e com o mínimo de sacrifício. Somos criaturas extremamente complexas, fechadas, desconfiadas e camufladas; e nem a bola de cristal nem o olho do sábio lhes dirão qualquer coisa a nosso respeito, se vocês não tiverem confiança em nós e identificação conosco.

Gadotti lembra que Korczak chamava essas crianças de rua de "proletários de calças curtas", e ele mesmo era chamado de "Karl Marx das crianças".

Jayme Murahovschi analisa em seu texto "Pediatra Janusz Korczak: 'O Bom Doutor'" (1998), a contribuição de Korczak aos conceitos pediátricos, expressos há quase 90 anos e tão atuais. A seguir alguns dos temas que o preocupavam e sobre os quais emitiu pareceres: controle da natalidade; a relação mãe do recém-nascido com o pediatra; a importância da hereditariedade; a importância da imunização e da imunidade; amamentação; quando e com o que suplementar a alimentação da criança; quando deve comer uma criança?; a importância de evitar a onipotência do pediatra; advertência contra o "comércio da saúde"; a reconciliação da medicina com a valorização da pediatria social; a higiene mental; psicologia comportamental; o amor; treinar o médico também em instituições educativas, e em 1915, a instituição da Carta Magna dos Direitos da Criança.

Precursor da educação libertária (autogestionária)

Lembramos da importância - para a sustentação de um trabalho como o de Korczak - de se promover uma adequada aproximação entre os paradigmas da comunicação participativa e as práticas educativas identificadas como dialógicas e progressistas.

No caso específico do trabalho em estudo, estas práticas progressistas respondem pela designação de "Pedagogia Libertária", ou de "Tendência Progressista Libertária", descrita por Libânio, em artigo para o livro Filosofia da Educação (Luckesi, Cortez, 1990) [1], com as seguintes características:

Papel da escola - A escola deve exercer uma transformação na personalidade dos alunos num sentido libertário e autogestionário. A ideia básica é introduzir modificações institucionais, a partir dos níveis subalternos que, em seguida, vão "contaminando" todo o sistema. A escola instituirá, com base na participação grupal, mecanismos institucionais de mudança (assembleias, conselhos, eleições, reuniões, associações etc), de tal forma que o aluno, uma vez atuando nas instituições "externas", leve para lá tudo o que aprendeu. Há, portanto, um sentido expressamente político, à medida que se afirma o indivíduo como produto do social e que o desenvolvimento individual somente se realiza no coletivo. A autogestão é, assim, o conteúdo e o método; resume tanto o objetivo pedagógico quanto o político.

Conteúdos - As matérias são colocadas à disposição do aluno, mas não são exigidas. São um instrumento a mais, porque importante é o conhecimento que resulta das experiências vividas pelo grupo, especialmente a vivência de mecanismos de participação crítica.

Métodos de ensino - É na vivência grupal, na forma de autogestão, que os alunos buscarão encontrar as bases mais satisfatórias de sua própria "instituição", graças à sua própria iniciativa e sem qualquer forma de poder. Tra-

---

[1] Para desenvolver a abordagem das tendências pedagógicas, Libâneo utiliza como critério a posição que cada tendência adota em relação às finalidades sociais da escola. Sendo assim ele organiza o conjunto das pedagogias em dois grupos, como vemos a seguir: 1. Pedagogia Liberal - Tradicional; Renovada-Progressivista; Renovada Não-Diretiva; Tecnicista. 2 Pedagogia Progressista - Libertadora; Libertária; Crítico-Social dos Conteúdos.

ta-se de "colocar nas mãos dos alunos tudo o que for possível: o conjunto da vida, as atividades e a organização do trabalho no interior da escola (menos a elaboração dos programas e a decisão dos exames que não dependem nem dos docentes, nem dos alunos) (sic)".

Relação Professor-Aluno - A pedagogia institucional visa "em primeiro lugar, transformar a relação professor-aluno no sentido da não-diretividade, isto é, considerar desde o início a ineficácia e a nocividade dos métodos à base de obrigações e ameaças". O professor é um orientador e um catalisador, ele se mistura ao grupo para uma reflexão em comum.

Apesar de Lukesi desconsiderar Korczak como possível representante desta abordagem, o educador de Varsóvia, com sua ação, demonstrou a viabilidade do casamento entre a comunicação participativa e a pedagogia libertária, tendo agregado a esta interação educomunicativa uma instância afetiva singular.

Autogestão

Vejamos, a seguir, como Korczak via o educador e como organizou a sua República Livre das Crianças, trabalhando com crianças de rua, órfãos e filhos de lares destruídos. Para tanto, apoiamo-nos nas lembranças de Zalman Wassertug que, quando jovem, trabalhou com Korczak e escreveu o livro Janusz Korczak - Mestre e Mártir, em que descreve com todos os detalhes o orfanato da Rua Krochmalna 92, e sua autogestão.

Na construção do orfanato, Korczak e Stefa projetaram e desenharam nos mínimos detalhes cada cômodo. Eles também teriam seus quartos, pois viviam com as crianças. O orfanato foi inaugurado em 1914. Era uma construção ampla e muito confortável.

O orfanato era uma verdadeira república de crianças, onde elas viviam sua vida própria. Uma república com sua constituição, um parlamento e um tribunal com seus juízes, além de contar com seus próprios jornais. As crianças executavam, voluntariamente, trabalhos importantes, sem pressão ou ameaça por parte dos educadores. Korczak era o coordenador de toda a experiência, contando com a colaboração de jovens estudantes entusiastas, muitos dos quais se transformariam em professores e futuros mestres, pois, para eles, trabalhar sob a inspeção do Dr. Korczak era um grande privilégio. Havia também a "sala do silêncio", que era uma sala de estudo, com bonitos quadros na parede, e um aquário com peixinhos dourados. Ali era proibido falar alto e reinava um silêncio absoluto. Quebrar o silêncio desta sala era o maior "pecado", pelo qual se devia apresentar queixa ao tribunal.

A liberdade que Korczak aspirava para a criança era aliviar a sua vida, para ela pudesse viver bem a sua infância, mas também com disciplina e obrigações. Foi este o espírito e a finalidade da administração autônoma. A criança adquiria aqui o sentido do trabalho social, e isso era uma boa escola para o futuro. Essa administração autônoma das crianças era o produto de muito esforço educacional, e ao mesmo tempo um valoroso instrumento educacional. Cada dia trazia consigo novas dificuldades e perguntas complicadas e, dessa forma, as crianças que dirigiam as instituições do orfanato adquiriam cada vez mais prática, mais compreensão e aperfeiçoavam-se. As principais instituições de administração autônoma eram: o Tribunal e o Parlamento.

O papel do Educador

Antes de especificarmos essas duas instituições, pontuaremos a visão que Korczak tinha do educador.

Wassertzug confessa que foi graças a sua incompetência que teve possibilidade de trabalhar com Korczak. Ele lembra que a opinião de Korczak sobre os homens que se intitulam competentes, não era muito elevada. Para ele, um homem competente era uma pessoa já diplomada, e não bem-sucedida. Quanto às pessoas não competentes, deveriam, ainda, sempre estudar, pesquisar e se esforçar.

Ele relata um episódio que viveu com Korczak:

> Eu era estudante, num seminário para professores judeus, onde o Dr. Korczak dava um curso de psicologia infantil. Um dia, pegando-me de surpresa, ele perguntou:
> — Em qual matéria de ensino o senhor é péssimo aluno?
> E eu com toda minha sinceridade lhe respondi:
> — Em matemática.
> Ele, então, todo contente disse:
> — O senhor vai ensinar matemática às crianças.

Korczak acreditava que para ensinar algo a alguém era preciso esclarecer o assunto a si próprio primeiro, e ensinaria melhor quem tivesse dificuldade naquilo.

O principal trabalho dos educadores no orfanato não era ensinar a criança, mas observá-la. Em geral, era essa a obrigação da maioria dos educadores, pois para cada cinco crianças havia um educador. As crianças do orfanato frequentavam as escolas primárias governamentais.

Para Korczak:

> A criança quando frequenta uma escola entra em contato com outras crianças e com outras pessoas em geral, com um mundo diferente do orfanato, e isso proporciona à criança a satisfação de viver algumas horas em outro ambiente. E isso faz bem a ela, que vive quase sempre uma vida monótona e disciplinada. Entrar em contato com crianças, de vida familiar normal, alarga os horizontes do órfão. Em todos os aspectos isso para ela é uma novidade e provoca saudades, anseios, pensamentos e lembranças.

A seu ver o educador

> é uma criança adulta, e com mais experiência, uma criança que leu mais livros, viajou mais, e viu mais coisas, mas não é lógico ele querer mandar, e fazer o papel de autoridade que sabe tudo. Se ele quer se vangloriar da sua sabedoria, então a criança também tem seu campo, no qual ela é mais competente e mais hábil do que o seu educador. Por exemplo: a criança sabe assobiar mais alto, correr mais depressa, correr de joelhos em baixo da mesa, jogar botões e toda essa sabedoria custou-lhe muito esforço para poder dominá-la... A principal qualidade do educador era a compreensão e os meios, que lhe seriam úteis na educação da criança, o seu comportamento... O educador não deve se abaixar até a criança, mas elevar-se a ela, e ao seu modo de ver e compreender as coisas.

O Tribunal e o Parlamento, para democratizar as relações

Em sintonia com o perfil inerente à figura de um professor que ama e assiste seus educandos, a proposta de Korczak previa a experiência coletiva da vivência democrática mediada pela autogestão das relações, no âmbito do orfanato, definido – como já afirmamos - como uma autêntica "república" de crianças". É nesse contexto que práticas espelhadas no ordenamento jurídico das nações modernas ganhavam sentido pedagógico no espaço educativo, como ocorria com o Tribunal e o Parlamento.

O objetivo do Tribunal – que se reunia todos os sábados - era o de proteger todo habitante do orfanato, principalmente os direitos do mais fraco, para que o mais inteligente não se aproveitasse do menos esperto e o maior não explorasse o menor. Wassertzug afirma que o Tribunal era o mais importante setor da gestão do orfanato, pois abordava a vida diária da casa. Todos os habitantes, tanto as crianças como os adultos - os educadores e os funcionários - eram submetidos à instituição do Tribunal. Havia o Código, como se fosse uma Carta Magna - Constituição - que regia toda a vida do orfanato. O interessante é que havia itens em branco no Código à espera de serem preenchidos, como fruto da experiência. Fato raro podia acontecer neste Tribunal: muitas vezes uma criança, ou mesmo um educador, apresentava queixa pelas suas próprias culpas ou faltas que cometeram. Esses casos demonstravam o alto nível de cultura, e a atmosfera reinante nesta República exemplar.

Outra função do Tribunal era a de preservar a ordem e a higiene, cuidar dos pertences da propriedade, assim como do jardim, do pátio, das portas e paredes, das escadas e dos móveis, não quebrá-los, estragá-los ou sujá-los. O mesmo se referia ao vestuário, louça, livros, cadernos etc. Para dar queixa no Tribunal o queixoso devia inscrever seu nome, e o nome daquele contra quem ele queria dar queixa, num cartaz pendurado na sala de refeições. A escolha dos juízes era democrática. Mas só podia ser juiz quem não tivesse um processo contra si. Todo o código era a favor e no espírito do perdão.

Quanto ao Parlamento, era composto por 20 deputados, mais Korczak como presidente honorário, e um secretário, e escolhia uma comissão legislativa de cinco membros e um vice presidente, que era a câmara superior do Parlamento, o Senado. O Parlamento decidia sobre todas as normas da instituição, que eram regularizadas pela Constituição.

Toda criança tinha o direito de se candidatar, sempre que tivesse a certeza de contar com cinco votos a seu favor. Nem todas as crianças demonstravam, contudo, ambição de participar do Parlamento, pois se ser deputado representava uma grande honra, trazia, em contrapartida, muita responsabilidade, exigindo da criança muita energia. Um dos obstáculos a ser enfrentado era o tempo a ser dedicado à função: as reuniões do Parlamento eram à noite, momento em que as crianças costumavam se apressar em ir para seus dormitórios, onde os educadores contavam bonitas histórias ou tocavam músicas suaves para elas adormecerem.

Produção midiática

Lewowicki (1998) lembra o trabalho jornalístico e literário de Korczak. O levantamento mais recente dos trabalhos publicados revela a produção de cerca de mil títulos, incluindo 24 livros. Sua produção jornalística consistia, em grande parte, de breves colunas e notas humorísticas, surpreendentes quanto à variedade, amplitude e multidimensionalidade de assuntos.

Um breve cronograma de sua produção literária nos leva aos seguintes eventos:

- Entre 1896 e 1904, colaborou, ainda jovem, com o jornal Kolce (Farpas), um periódico parcialmente satírico. Korczak escrevia sobre comportamento social e costumes; assuntos gerais de Varsóvia; críticas à moralidade burguesa, à pretensão, à hipocrisia, à educação de crianças e adolescentes, em especial das meninas, atentando para as falhas das escolas e outras deficiências da educação. Falava muito sobre os distritos pobres.
- De 1899 a 1901, escreveu artigos, muitos de caráter científico-popular, no Czytelnia dla Wszystkich (Leitor Universal), publicação semanal voltada à cultura e ao bem-estar social.
- De 1904 a 1905, passou a escrever para Glos - Tygodnik Naukowo-Literacki, Spoleczny i Polityczny (A Voz - Semanário Científico, Literário, Social e Político). Foram cerca de 60 artigos sobre assuntos sociais, políticos e educacionais. Dedicou espaço para as crianças de Varsóvia. Parte do material correspondeu a textos escritos na frente de batalha da Guerra Russo-Japonesa.
- Depois de 1906, passou a publicar em Przeglad Spoleczny (Revista Social) e Spoleczenstwo (Sociedade), revistas fundadas quando Glos encerrou suas atividades.
- Nas décadas de 1920 e 1930, conforme foi adquirindo experiência pedagógica, passou a escrever mais sobre assuntos educacionais além de obras diretamente voltadas para as crianças. Dedicou-se, ainda, à poesia e ao relato de experiências em forma de novelas, como a que descrevia as colônias de férias - atividade instituída por ele para as crianças do orfanato. Produzida nessa época, pelo menos uma peça infantil sua já foi encenada, com sucesso, no Brasil. Trata-se de Rei Mateusinho I, representada na cidade de São Paulo.

Ainda neste período, Korczak colaborou com o periódico W Sloncu (No Sol) bem como com o periódico infantil Maly Przeglad (Pequena Revista), fundado por ele, e que, mais tarde, foi editada conjuntamente por crianças e adolescentes, transformando-se em encarte no jornal popular Nasz Przeglad. Em 1931 escreveu e encenou uma peça teatral para adultos, com o título de Senado dos Loucos. Outros temas de sua preferência foram a higiene, a pediatria e a medicina social (vale lembrar que também era professor na faculdade de medicina). Em suas duas visitas à Palestina publicou artigos em jornais de lá. Toda a sua obra continua a ser publicada cada vez mais em outras línguas, e começa a chegar com interesse ao Brasil.

Conversas com o Velho Doutor

De 1935 a 1939, a participação de Korczak na Rádio Polonesa tornou-se uma constante, transformando-se num acontecimento cultural em toda a Polônia. Testemunhas da época afirmam que crianças e adultos ouviam com entusiasmo e a respiração suspensa as palestras do "Velho Doutor", transmitidas pela rádio de Varsóvia. Eram histórias contadas com humor e graça, num estilo muito próprio. Com o aumento do antissemitismo, a rádio não divulgava seu nome, mantendo o programa com o título "Conversa com o velho doutor". Ele contava histórias e dava aconselhamento para os pais. Parte desses conselhos foi publicada em *Pédagogie avec humour* (Pedagogia com humor), de 1939. Mas, o diretor da rádio foi obrigado a suspender o programa por ordem dos nazistas, logo que eles invadiram a Polônia.

Referente ao rádio e suas possibilidades, Korczak enunciava já em 1926: "Procuro estilo, como o rádio o procura. Claro, precisa ser diferente (...) e algo mais; (...). Estás pequeno - escutas pequeno, não compreenderás tudo. (...) O rádio criará preguiçosos ou exigirá esforços. Aqui não podemos mimar."

No outono de 1935, o "Velho Doutor" reconhecia publicamente o potencial do rádio para a educação: "As audições são ampliadas e enriquecidas, e aparecem audições para as escolas". Questionava-se, na sequência: "Esta intrusão das vozes do rádio dentro de todos os lares, na vida íntima, na alma e no coração humano representa uma enorme, quase apavorante responsabilidade". Hoje, passados 80 anos, temos notícia de, pelo menos, uma experiência em curso, na BBC de Londres, que leva ao ar, ao longo do dia, inserções rápidas contendo ideias e comentários de Korczak.

...Porque somos todos irmãs e irmãos

A principal homenagem, pós-morte, que Korczak recebeu foi prestada por Andrzej Wajda, cineasta polonês, reconhecido internacionalmente, ao dedicar ao médico e educador do orfanato de Varsóvia o Oscar honorário que havia recebido da Academia de Artes e Ciências Cinematográficas de Hollywood, no ano de 2000.

Wajda foi o produtor do filme As 200 crianças do dr. Korczak, apresentado, hors-concours, no Festival de Cannes de 1990. Sobre o filme, assim se expressou o "Caderno 2" do jornal O Estado de S.Paulo:

> Wajda usou branco e preto, granulado, estilo documentário, para contar a impressionante saga do Dr. Korczak, um médico, escritor e educador polonês que virou uma lenda viva no gueto de Varsóvia, cuidando de um orfanato de 200 crianças. É um daqueles filmes-requisitórios antinázi que mobiliza a capacidade de indignação do mais cínico dos ocidentais (exceto alguns cretinos críticos franceses). É um filme do fundo do coração de Wajda, que participou ativamente da resistência polonesa. O Dr. Korczak e suas 200 crianças foram cremados(sic) vivos em Treblinka.

Na verdade foram asfixiados na câmara de gás.

Durante a noite de apresentação do filme, em Cannes, entre as muitas atividades culturais, especialistas foram convidados a dar palestras para crianças. Um deles, Zylberberg, professor de história e literatura judaica, lembrou a figura de I.L.Peretz, escritor, professor e autor de um poema intitulado "Irmãos", que havia sido transformado em canção popular, na Polônia. Zylberberg comentou que as crianças haviam gostado tanto deste poema-canção que Korczak havia proposto que se tornasse o hino do orfanato. A seguir o texto do poema/hino:

> Branco e Marrom, negro e amarelo,
> Misture as cores umas com as outras.
> Somos todos irmãs e irmãos,
> De um só pai e uma só mãe,
> E Deus criou a todos nós.
> O mundo inteiro é nossa pátria.
> Somos todos irmãs e irmãos,
> É isso que precisamos compreender.

O amor pela humanidade, o amor pelas crianças e um compromisso sem trégua com uma comunicação democrática e compartilhada! Essa é a essência do pensamento educomunicativo. Uma lição que Janusz Korczak deixa para os educomunicadores contemporâneos. Uma lição que não nos será permitido esquecer.

Referências

ABRAHAM, Ben. Janusz *Korczak: Coletânea de Pensamentos*. São Paulo: Associação Janusz Korczak do Brasil, 1986.

DALLARI, Dalmo de A.e KORCZAK, Janusz. *O direito da criança ao respeito*. São Paulo: Summus, 1986.

GADOTTI, Moacir. *Korczak, precursor dos direitos da criança*, in: Boletim nº 4 - 1997, Associação Janusz Korczak do Brasil, São Paulo.

GOTTLIEB, Liana. *Mafalda vai à Escola – A Comunicação Dialógica de Buber e Moreno na Educação, nas tiras de QUINO*. Iglu Editora e Núcleo de Comunicação e Educação do CCA - Departamento de Comunicações e Artes da ECA-USP, São Paulo, 1996.

GOTTLIEB, Liana e VIGNERON, Jacques. *Diálogos sobre Educação... e se Platão Voltasse?* Iglu Editora, São Paulo, 1989. 2ª tiragem encomendada pela Secretaria da Educação do Município de São Paulo, em 2002. Transformado em áudio livro pela Universidade Falada, em 2010.

GOTTLIEB, Liana. *Da Leitura Crítica dos Meios de Comunicação à Educomunicação*, in Revista digital Trama Interdisciplinar, da Pós-Graduação da Universidade Mackenzie, Ano 1, Volume 2, 2010:97-113.

GOTTLIEB, Liana. *O Educomunicador JANUSZ KORCZAK*, publicado na Revista IMES Comunicação, Ano II, nº 3, julho-dezembro/2001, pelo Centro Universitário Municipal de São Caetano do Sul.

GOTTLIEB, Liana e SOBREIRA, Celina. *A obesidade nas Histórias em Quadrinhos. Vivência com a Metodologia Psicodramática*, capítulo do 4º Volume da Coleção Comunicação em Cena:73-93, 2014, São Paulo: Scortecci.

HOTIMSKY, Sonia N. e HOTIMSKY, Sílvio. *Janusz Korczak e a República das Crianças*, in Boletim nº 3 - Dezembro de 1993, da Associação Janusz Korczak do Brasil, São Paulo.

KORCZAK, Janusz. *Quando eu voltar a ser criança*. São Paulo: Summus, 1981.

_____. *Como Amar uma Criança*. Rio de Janeiro: Paz e Terra, 1983.

_____. *O direito da criança ao respeito*. São Paulo: Perspectiva, 1984.

_____. *Diário do Gueto*. São Paulo: Perspectiva, 1986.

LEWOWICKI, Tadeusz. *Perfil de Janusz Korczak*, in: Janusz Korczak. São Paulo: Edusp, 1998.

LUCKESI, Cipriano C. *Filosofia da Educação*. São Paulo: Cortez, 1990.

MURAHOVSCHI, Jayme. *O Bom Doutor*, in: Janusz Korczak. São Paulo: Edusp, 1998.

NEWERLY, Igor. Preface, in: KORCZAK, Janusz. *Ghetto Diary*. New York: Holocaust Library, 1978.

SINGER, Helena. *Lições de Janusz Korczak*, in: Janusz Korczak. São Paulo: Edusp, 1998.

SOARES, Ismar de Oliveira. *Comunicação e Educação: a emergência de um novo campo e o perfil de seus profissionais*, Contato, Brasília, ano 1, n.2, jan./mar. 1999. p.19-74.

SOARES, Ismar de Oliveira. *Educomunicação: um campo de mediações*. In Comunicação & Educação, São Paulo, ECA/USP-Editora Segmento, Ano VII, set/dez. 2000, nº 19:12-24.

SOARES, Ismar de Oliveira. *Gestão comunicativa e educação: caminhos da educomunicação*, In Comunicação & Educação, São Paulo: ECA/USP - Editora Segmento, Ano VIII, ja./abr.. 2002, no. 23:16-25. 3

SOARES. Ismar de Oliveira. *Planejamento de projetos de Gestão Comunicativa*, in COSTA, Cristina (org). *Gestão da Comunicação, Projetos de Intervenção*. São Paulo: Paulinas: 2009:27-54.

SOARES. Ismar de Oliveira. *Educomunicação: o conceito, o profissional e a aplicação*. São Paulo: Paulinas, 2011.

SOARES, Ismar de Oliveira. *Educomunicação: as múltiplas tradições de um campo emergente de intervenção social na Europa, Estados Unidos e América Latina* , in LIMA, João Claudio G. & MARQUES DE MELO, José (Orgs). Panorama da Comunicação e das Telecomunicações no Brasil, 2012-2013, Memória, Brasília, IPEA-SOCICOM, vol. 4, pg. 171-204. Acessível em: http://www.ipea.gov.br/portal/images/stories/PDFs/livros/livros/livro_panoramadacomunicacao2012_2013_vol04.pdf

SOBREIRO. Marco Aurélio. *Célestin Freinet e Janusz Korczak, precursores do jornal escolar,* s/d. Acessível em < http://www.usp.br/nce/wcp/arq/textos/145.pdf >

WASSERTZUG, Zalman. *Janusz Korczak: Mestre e Mártir*. São Paulo: Summus, 1983.

23

Trajetória, Desenvolvimento e Perspectivas do Vestibular e dos Cursos Pré-vestibulares no Brasil

Pedro Sérgio Pereira

Pedro Sérgio Pereira

46 anos, é Professor de História Geral e História do Brasil (Ensino Médio, Pré-vestibular e Cursos preparatórios para Concurso), Professor palestrante (temas ligados à História, Sociologia e Ciência Política), Professor de Criatividade em Comunicação, História da Comunicação e Teoria da Comunicação (Ensino Superior na área de Comunicação Social). Trabalha com cursos pré-vestibulares desde 1995. Atuou nas redes Objetivo, Universitário, Hexag Medicina-Mackenzie e atualmente ministra aulas no cursinho COC, além de manter-se no ensino médio e no ensino superior. Bacharel e Licenciado em História pela FFLCH-USP, Especialização em Comunicação Social pela Fundação Cásper Líbero. É consultor de pesquisa histórica para a TV Record, professor orientador para alunos de Universidades norte-americanas que realizam intercâmbio na PUC-SP e na FGV-SP, orientador em estudos do meio (centro de São Paulo, cidades históricas de Minas Gerais). Atuou como coordenador pedagógico e é autor de materiais didáticos.

Contato
pedrosergio20@gmail.com

> *Está chegando para muitos o momento terrível do vestibular,*
> *quando vão ser obrigados por uma máquina, do mesmo jeito*
> *como o foram Gandhi e Casturbai (era esse o nome de sua esposa),*
> *a escrever num espaço em branco o nome da profissão que vão ter.*
> *Do mesmo jeito não: a situação é muito mais grave. Porque casar e*
> *descasar são coisas que se resolvem rápido. Às vezes, antes de se descasar*
> *de uma ou de um, a pessoa já está com uma outra ou um outro.*
> *Mas, com a profissão não tem jeito de fazer assim. Pra casar, basta amar.*
>
> Rubem Alves

Introdução

A sociedade brasileira vem levantando importante discussão nos últimos anos: será o nosso concurso vestibular o modelo ideal de ingresso dos candidatos ao curso superior? Se não utilizarmos mais o vestibular, o que colocaríamos no lugar?

Quem disser que sabe a resposta exata para essas perguntas deveria ser candidato ao Nobel de Educação, mas como todos nós sabemos tal prêmio não existe...

Mas podemos fazer algumas ponderações. Sabemos que há uma razoável distância entre o que o vestibular significa hoje e o que representou no passado. De uma fórmula quase inquestionável por apoiar-se na dita meritocracia dos candidatos, o concurso vestibular vem sofrendo críticas, cada vez mais fortes e contundentes por se acreditar atualmente que tal prova tornou-se um perpetuador do caráter elitista das universidades brasileiras. É provável que a maior dificuldade nessa discussão esteja no fato de que, para muitos, a universidade deve sim ser elitista e a ela não cabe qualquer ideia de democratização do acesso. Entendem essas pessoas que apenas o ensino fundamental justifica políticas estatais inclusivas. A universidade seria o espaço da pesquisa e do desenvolvimento científico, portanto, os concursos para ingresso garantiriam a presença de alunos merecedores das vagas nas faculdades. Neste caso, a palavra "elite" seria bem-vinda ao significar "os melhores" num "bom sentido". Do outro lado, estão aqueles que vislumbram no curso superior um mecanismo de redução das distâncias entre ricos e pobres. Para eles, se o acesso aos mais pobres for viabilizado, o estudante poderá levar esse exemplo vencedor para sua família, seu bairro e, quem sabe, estimular que outros sigam seu caminho, abreviando uma transformação social que levaria séculos. Refletir sobre essa temática é o que nos propomos neste texto.

O desenvolvimento do Vestibular

Segundo Alves (2007), "a palavra vestibular vem do latim vestibulum, que significa entrada. Antigamente usava-se a expressão 'exame vestibular' (exame de entrada), e com o passar do tempo passou-se a usar apenas 'vestibular' para designar esse tipo de prova".

O vestibular nasceu em 1911, criado pelo ministro Rivadávia da Cunha Correa, da Justiça e dos Negócios Interiores (o Ministério da Educação só seria criado em 14 de novembro de 1930 por Getúlio Vargas, chefe do governo provisório após a revolução). Até aquele momento, o critério para ingressar nos cursos superiores em nosso país era a escola de origem desde que a mesma tivesse prestígio, como por exemplo, o Colégio Pedro II no Rio de Janeiro ou o Ginásio do Estado de São Paulo.

Como manter-se nessas escolas até formar-se já era seletivo, ou seja, nem todos os alunos concluíam os estudos, o número de candidatos às faculdades era menor que o número de vagas. Mas a realidade mudou no início do século XX por vários fatores, principalmente a imigração e o crescimento das capitais, responsáveis pelo aumento do número de habitantes e, claro, pessoas aptas a cursar faculdades, além, é claro, da pequena quantidade de cursos superiores no país e a inexistência de universidades.

Apesar de cada instituição ter autonomia para criar seus próprios mecanismos de acesso, havia um ponto em comum: um conjunto de provas, geralmente de línguas (nacional e outra estrangeira, além de latim e grego) e ciências (matemática, física e química). Era comum que algumas instituições, para promover uma seleção ainda mais rigorosa, colocassem na prova questões referentes aos temas trabalhados já no primeiro ano da faculdade! A alternativa foi preparar-se com professores especializados.

Na década de 1960, as instituições de ensino superior adotavam uma prova de múltipla escolha que permitia a aprovação daqueles que tivessem uma nota mínima. Em poucos anos, o número de alunos que tirava a nota mínima era superior às vagas disponíveis. "Estoura o movimento de alunos excedentes, candidatos aprovados com média mínima, porém, sem vagas. Para solucionar o problema é criada a Lei nº 5540 que passa a instituir o sistema classificatório por nota máxima" (disponível em http://presrepublica.jusbrasil.com.br/legislacao/109783/lei-5540-68). Até a atualidade, outras mudanças processaram-se como a criação da Comissão Nacional para o Vestibular, a organização da Fundação para o Vestibular (FUVEST) e a unificação das provas para o ingresso nas universidades estaduais paulistas (USP, UNICAMP E UNESP).

Durante todo esse processo, poucos questionavam a existência do vestibular em si. A discussão concentrava-se na fórmula adotada para elaborar as questões, o grau de dificuldade e, pouco a pouco, consolidava-se a ideia de que a prova deveria ser o mais difícil possível, pois isso garantiria a aprovação dos mais capazes. Não podemos separar essa visão do modelo pedagógico da época uma vez que a repetência era um instrumento consagrado na vida escolar e o fato de alunos desistirem da vida escolar era visto como um fracasso individual. Era o auge do chamado "modelo tradicional".

Podemos verificar as mudanças no vestibular ao longo da história brasileira observando a tabela abaixo.

1808 - São instituídos os exames preparatórios para os cursos superiores existentes no Brasil, mas o ingresso torna-se privilégio de colégios de elite apenas a partir de 1837.
1911 - Lei cria a obrigatoriedade do exame de admissão.
1915 - As provas passam a ser chamadas de "vestibulares", de acordo com o decreto nº.11530.
1964 - É criada a Fundação Carlos Chagas para seleção dos candidatos a vestibulares em São Paulo. Os exames ganham questões de múltipla escolha, processadas em computadores.
1968 - Estoura o movimento de excedentes, candidatos aprovados com média mínima, porém, sem vagas. Para solucionar o problema é criada a Lei nº. 5540 que passa a instituir o sistema classificatório por nota máxima.
1970 - É criada a Comissão Nacional do Vestibular Unificado, para organizar o sistema no país.
1976 - A USP unifica o seu vestibular com a criação da FUVEST. A primeira prova é realizada no ano seguinte, avaliando também candidatos de duas outras instituições estaduais, a Unicamp e a UNESP.

1994 - A FUVEST altera suas provas, ampliando a fase de Conhecimentos Gerais. A primeira fase passa a ser eliminatória.
1996 - Aprovada a Lei de Diretrizes e Bases. O ingresso ao ensino superior passa a ser feito via processo seletivo a critério de cada escola.

Os Cursinhos Pré-Vestibulares

Nos anos 1960, os vestibulares consolidaram-se, assim como os cursinhos pré-vestibulares, que eram um espaço frequentado em sua maioria por egressos das classes média e alta. Os cursinhos seguiam um modelo que estimulava a competição entre os próprios alunos com turmas formadas a partir de notas obtidas em simulados internos. Dessa forma, quem fazia parte da Turma A deveria manter suas notas altas ao longo dos meses, caso contrário, seria "rebaixado" para a turma B e assim por diante.

Os cursinhos mais conhecidos também competiam entre si, assim como qualquer outra empresa de um mesmo segmento. Havia uma disputa até mesmo quando se mobilizavam para anular questões dos vestibulares mais concorridos. Nada mais natural, afinal, se um curso preparou o aluno para resolver a questão e na hora da prova o estudante não conseguiu, uma boa propaganda era convencer que o erro fora da banca que elaborou a questão. Era uma forma de demonstrar que o aluno poderia confiar no cursinho e, por que não, efetivar uma nova matrícula caso não passasse na prova. Os professores não vinham da rede de ensino convencional. Médicos davam aula de Biologia, engenheiros de grandes empresas davam aula de Matemática e ganhavam pequenas fortunas como docentes. Por vários anos, ser professor de cursinho era sinal de status e objetivo de muitos que pretendiam ingressar no magistério como sendo o ponto alto da carreira.

Podemos dizer que, de maneira geral, as pessoas se habituaram com esse quadro:

1. O número reduzido de vagas na Universidade era visto como parte natural do modelo educacional, pois só assim seria garantida a qualidade no ensino.
2. O vestibular seria baseado na meritocracia, portanto, quem tirasse as melhores notas eram, notoriamente, os melhores alunos.
3. A universidade é um espaço nobre e se pessoas de baixa renda

desejam frequentá-la devem enfrentar a competição como qualquer outro candidato.

Esse quadro, de uma universidade excludente, branca e elitizada começou a ser questionado mais diretamente apenas nos últimos 30 anos, mas há farta bibliografia sobre isso. É quase um consenso entre educadores que:

1. Há necessidade de tomarmos medidas que democratizem o acesso à universidade.
2. O vestibular precisa ser revisto; há até mesmo quem defenda sua extinção.

Durante os governos do presidente Fernando Henrique Cardoso, o ministro da Educação, Paulo Renato, tomou medidas no sentido de ampliar o número de vagas no ensino superior e várias instituições foram abertas. Em 1996, o número de universidades privadas mais que triplicou em relação à década anterior. Dois anos mais tarde, em 1998, foi criado o ENEM (Exame Nacional do Ensino Médio) com o objetivo de avaliar o desemprenho dos estudantes que estavam concluindo o Ensino Médio.

O governo FHC, com uma visão mais liberal a respeito do papel do Estado, foi substituído a partir de 2003 por Luís Inácio Lula da Silva, claramente um intervencionista. Foi assim que o governo resolveu realizar modificações no ensino superior que ainda provocam muita discussão. O ENEM, de instrumento para verificar o desempenho dos estudantes colegiais, foi transformado num exame com função de vestibular, mas com outro perfil. Em vez de privilegiar a memorização, o ENEM busca cobrar dos candidatos uma série de habilidades e competências e as questões provocaram um verdadeiro terremoto nos outros vestibulares. Para aumentar ainda mais a importância do ENEM, ele passou a ser utilizado como mecanismo de ingresso em instituições superiores públicas do governo federal e também pode servir como classificatório para que alunos venham a estudar em instituições privadas com bolsa paga pelo governo, o chamado PROUNI. Enquanto a FUVEST já teve o título de vestibular mais concorrido com seus mais de 150 mil inscritos, o ENEM passa da casa de 6 milhões de participantes!

Aí é que entra a discussão de cunho pedagógico: seria o ENEM uma prova mais "fácil"? Essa não seria uma maneira de aumentar de maneira artificial o número de estudantes no ensino superior? Não corremos o risco de "baixar a qualidade" das universidades públicas do Brasil?

Nenhuma dessas perguntas é fácil de responder, uma vez que tais medidas são recentes e para termos um quadro mais próximo da realidade são necessárias mais pesquisas; lembrando que a essa altura temos poucas turmas que ingressaram na universidade por esse novo mecanismo e a amostragem seria superficial.

Mesmo assim, tentaremos trazer aqui nossa reflexão para o problema proposto.

O que é uma prova fácil? Nas últimas décadas, nos acostumamos com a ideia de que se elaboramos uma prova e um grupo reduzido de pessoas é capaz de respondê-la, essas pessoas são as mais inteligentes. Se mais pessoas são capazes de responder às questões de uma prova o diagnóstico é de que as questões são mais fáceis. Mas que tipo de pergunta cai numa prova dessas? Se formos honestos, reconheceremos que as perguntas são muito difíceis e se é necessário fazer um curso preparatório para nos sairmos bem no teste deveríamos, no mínimo, desconfiar dessa prova. Se um aluno que passou três anos numa escola com bons professores e boa estrutura não é capaz de acertar as questões, devemos desconfiar dessa prova. Se alunos que sempre foram reconhecidos como inteligentes por seus professores não conseguem ser aprovados, devemos desconfiar dessa prova. Ou devemos desconfiar de nós mesmos por termos criado esse quadro, já que as questões dessa prova não são criadas em outra dimensão e sim por pessoas formadas nesse modelo educacional.

O educador Rubem Alves (1995:31) dizia que o vestibular é uma aberração. Sobre o ENEM e os vestibulares de maneira geral, afirmava:

> As coisas que estão acontecendo são burocráticas, não têm a ver com educação. O Enem é muito parecido com o vestibular, que eu detesto. Gastei muito tempo da minha vida lutando para acabar com o vestibular. Veja bem: se eu fizer vestibular ou Enem, serei reprovado. Todos os reitores das universidades seriam reprovados. Há uma frase que repito e acho importante: a educação acontece depois que o esquecimento fez o seu trabalho. De modo que eu gostaria que o exame fosse feito somente um ano depois de o aluno terminar seus estudos, para saber realmente o que ficou. E o que sobra do ensino médio hoje, em geral, é nada.
>
> A coisa mais importante para mim não é o exame em si, mas o que esses exames fazem com tudo que vem antes. As crianças já começam a ser moldadas para passar no vestibular, que é a ideia que passou a ser dominante em nossa educa-

> ção, assim como colocá-las em escolas ditas fortes.
> Os pais são os maiores inimigos da educação porque não sabem o que ela é. Acham que é preparar para os exames. E aí você elimina a poesia, as artes, tudo aquilo que faz parte da verdadeira educação, mas que é eliminado pelos próprios exames.

Constatar com os vestibulares o quanto não percebemos como avaliamos mal os que pretendem ingressar nas universidades, equivale a passarmos tantos anos vendo os cursinhos como algo positivo e seus professores como referência de bom magistério, o que nos demonstra o quanto precisamos discutir nosso modelo educacional, principalmente o ensino médio.

Perspectivas para o futuro

Desde a gestão de Fernando Haddad no Ministério da Educação, os cursos superiores brasileiros passaram por transformações nas quais podemos perceber a intenção do Estado brasileiro de aumentar o número de estudantes em instituições públicas. As principais medidas tomadas nesse sentido foram:

1. Transformar o ENEM no maior vestibular do país. (É necessário destacar que a grandiosidade do evento implicou em falhas no processo de aplicação como roubo das provas, vazamento de questões, alunos que postavam a prova nas redes sociais, etc. Tudo isso levou o ministro a sofrer duras críticas e a credibilidade da prova foi posta em dúvida.)
2. A introdução de políticas de ações afirmativas, como cotas para egressos de escolas públicas que, em algumas instituições, chega a 50% das vagas.
3. Adoção de cotas para negros e indígenas, em ambos os casos, dentro do grupo de alunos que estudaram em escolas públicas. (neste caso, se um aluno se autodeclara negro, mas estudou em escola privada, então, não tem direito à ação afirmativa.)
4. Expandir os programas PROUNI (no qual o governo paga bolsas de estudo) e o FIES (financiamento pelo qual o estudante estuda com empréstimo do governo e pagará depois de formado).

Ainda é cedo para afirmar o quanto esses programas foram eficazes, mas sem dúvida é uma mudança que pode mudar o quadro elitista do ensino superior. Outra coisa que se verifica é a clara decadência dos cursinhos. Alguns, tradicionais no passado, já encerraram suas atividades ou recebem um número muito menor de alunos. Curioso destacar que o maior adversário dos cursinhos é a maior facilidade para ingressar numa universidade.

Não se pode afirmar que essas políticas são corretas, muito menos que têm o apoio de todos. Muitos acham que o governo apela para medidas de cunho populista e que pode comprometer a qualidade das universidades brasileiras.

Sabemos muito pouco sobre este tema que é tão importante para a nossa sociedade. Mas para um país que pretende discutir a educação dentre de uma perspectiva de desenvolvimento de longo prazo, não há como fugir da questão sobre o papel da universidade e o processo de ingresso no espaço acadêmico.

Esperamos que estas linhas colaborem para a ampliação desse debate.

Referências

ALVES, Rubem. Estórias de quem gosta de ensinar — O fim dos Vestibulares, editora Ars Poetica — São Paulo, 1995, pág. 31.

Da internet

CALDERÓN, Adolfo Ignácio. UNIVERSIDADES MERCANTIS, a institucionalização do mercado universitário em questão, 2000. Disponível em: http://www.scielo.br/scielo.php?pid=S0102-88392000000100007&script=sci_arttext&tlng=es

DINIZ, Janguiê. O Futuro do Vestibular, 2008. Disponível em: http://www.blogdojanguie.com.br/o-futuro-do-vestibular/

http://vestibular.brasilescola.com/especial/a-origem-vestibular-no-brasil.htm

http://educacao.estadao.com.br/noticias/geral,vestibular-nasceu-no-brasil-em-1911,1090702

http://www.mundovestibular.com.br/articles/16381/1/Conheca-a-Historia-e-Evolucao-do-Vestibular-no-Brasil/Paacutegina1.html

http://www.passeiweb.com/estudos/sala_de_aula/diversos/vestibular

http://www.vestibular1.com.br/novidades/nov42.htm

24

Práticas Educomunicativas no Estudo de Sociologia com a Produção de REAs

Zildete Maria de Araujo

Zildete Maria de Araujo

É formada em Ciências Sociais pela Universidade Metodista de São Paulo – UMESP, Pós-graduanda em Planejamento, Implementação e Gestão da EAD pela Universidade Federal Fluminense – UFF. Realizei extensões Universitárias em Educação Midiática e Práticas Educomunicativas pela USP, Sociedade e Tecnologias Digitais pela UNIFESP, Docência EAD pelo Centro Universitário SENAC/SP. Atuou na Área de Inclusão Digital em projetos Nacionais como: Telecentros.Br na função de Supervisora de Tutoria do Polo São Paulo/Coletivo Digital e Casa Brasil como Supervisora do Telecentro Casa Brasil Cidade Tiradentes . No âmbito Estadual atuou como Formadora de Agentes de Inclusão dos CID's Osaco e TeleCidadania Guarulhos. Atualmente é professora de Sociologia da Rede Estadual de São Paulo, e elabora práticas Educomunicativas em Sociologia neste ambiente.

Contato
zildetemary@gmail.com

> *Que os vossos esforços desafiem as impossibilidades. Lembrai-vos de que as grandes coisas do homem foram conquistadas do que parecia impossível.*
>
> Charles Chaplin

Introdução

Há algumas décadas, o uso de Tecnologias da Informação e Comunicações (TICs) vem fomentando uma educação diversificada com o uso e produção de materiais educacionais em diferentes mídias e tecnologias digitais. Segundo Barros (1997:30), torna-se cada vez mais aceita a noção de que a formação cultural dos seres humanos nas sociedades contemporâneas passa pelas intermediações do cotidiano marcadas por um contexto de complexidade. Intermediações que ocorrem através da comunicação interpessoal, grupal e massiva e que se ampliam com a incrementação de novas tecnologias.

O processo educacional pode ser ampliado quando são utilizadas tecnologias e diversos Recursos Educacionais Abertos (REAs), disponíveis na Cultura Digital, sobretudo o compartilhamento de materiais através de licenças livres do tipo *Creative Commons*[1].

Os fazeres educacionais vem sendo desenvolvidos aliando-se diversas mídias ao processo de ensino-aprendizagem. Busca-se, dessa forma, promover um ecossistema comunicativo aberto e dialógico, sendo denominado como Educomunicação[3]. Esse processo também dissemina

---

1 Creative Commons é uma organização não governamental, voltada a expandir a quantidade de obras criativas disponíveis, por meio de suas licenças que permitem a cópia e compartilhamento com menos restrições que o tradicional e com todos direitos reservados. Para esse fim, a organização criou diversas licenças, conhecidas como licenças Creative Commons. Fonte: https://br.creativecommons.org/licencas.
2 O conceito da educomunicação propõe a construção de ecossistemas comunicativos abertos, dialógicos e criativos, nos espaços educativos, quebrando a hierarquia na distribuição do saber, justamente pelo reconhecimento de que todas pessoas envolvidas no fluxo da informação são produtoras de cultura, independentemente de sua função operacional no ambiente escolar. A Educomunicação. NCEUSP-Núcleo de Comunicação e Educação da Universidade de São Paulo. Disponível em: http://www.usp.br/nce/aeducomunicacao.

a produção e autoria de materiais e técnicas educacionais diferenciadas. Dessa maneira, vê-se a possibilidade de desenvolvimento de um processo educacional comunicativo, construtivo, cooperativo, imaginativo e autoral. Logo, os profissionais da educação necessitam cada vez mais aliar as tecnologias às suas práticas educacionais.

É nesse sentido que se insere a produção de práticas Educomunicativas, com seu uso consciente, educativo e transformador sob o formato de Recursos Educacionais Abertos (REAs), sobretudo, nas aulas de Sociologia, para favorecer a democratização do acesso à informação e comunicação, a troca de informações, de experiências, a compreensão crítica da realidade e o desenvolvimento humano, social, cultural e educacional.

A nova lógica comunicacional e educacional.

Na sociedade contemporânea têm ocorrido mudanças significativas em todos os âmbitos, e não seria diferente na área da Educação: podemos verificar uma grande mudança no comportamento tanto dos docentes quanto dos discentes.

Com as tecnologias digitais, a nova lógica comunicacional e educacional é reformulada. O desafio principal é garantir o pleno desenvolvimento dos alunos, uma vez que se constituem em grupos heterogêneos. Ao utilizar as Tecnologias da Informação e de Comunicação há o favorecimento da criação de práticas Educomunicativas que propiciem uma educação mais abrangente e que promovam, ao mesmo tempo, ensinar e aguçar a busca pelo conhecimento e comunicação.

Os processos interativos de comunicação, colaboração e criatividade vêm se convertendo em fatores cada vez mais indispensáveis ao profissional da educação. A era digital propicia que a prática docente seja transformada e se torne mais abrangente, colaborativa, comunicativa e principalmente construtiva. Nessa busca de novas formas de trabalho e novas perspectivas de ensino-aprendizagem, alia-se a esses processos a elaboração das práticas Educomunicativas, transformando o professor em autor, sobretudo de REAs.

Uma escola inovadora precisa contemplar a instrumentalização dos diversos recursos disponíveis, em especial as redes de informação e comunicação e as diversas mídias. Cabe aos docentes empreenderem projetos que contemplem uma relação dialógica, na qual, ao ensinar, aprendam; e os alunos, ao aprenderem, possam ensinar (Freire, 1996:77).

Vivemos em uma era em que o conhecimento é constantemente oferecido em tempo real através da internet, por meio de recursos como computadores, *smartphones* e *tablets*. O docente deve estar ciente que sua atividade precisa ser pautada no princípio da informação, comunicação, conhecimento e cultura, pois são elas que propiciam a liberdade e o desenvolvimento humano. Segundo Benkler (2006), essa nova liberdade traz grandes promessas práticas:

> [...] como uma forma de liberdade individual; como uma plataforma para melhor participação democrática; como um meio de fomentar uma cultura mais crítica e auto-reflexiva; e, numa economia global cada vez mais dependente da informação, um mecanismo para obter melhorias no desenvolvimento humano em todo lugar.

Para Benkler (2006), as tecnologias digitais podem propiciar uma maior "produção individual e cooperativa de informação e cultura fora do sistema de mercado".

O processo de produção, licenciamento e autoria

As produções educacionais têm um contexto descentralizador, que expande a informação e o conhecimento, surgindo disso um novo conceito sobre a "economia da informação" ou até "a economia das redes na era da informação". Para entender melhor essa questão mercadológica da produção de informação, ou seja, da propriedade intelectual, precisamos entender o conceito Copyright e Direitos Autorais. Essa compreensão é fundamental para que autores de obras de naturezas diversas tenham o discernimento necessário para classificá-las como patrimônio público ou privado.

Há classificações de utilização que diferem e divergem entre si, principalmente quando abordados os propósitos comerciais que regem a sociedade. De acordo com a lei brasileira nº 9.610, de 1998, o direito do autor sobre a sua obra no quesito moral ou patrimonial (o direito autoral) é pertencente à Propriedade Intelectual, a qual se classifica como uma obra *sui generis* e, portanto, passível de estabelecer a reserva de direitos sob qualquer aspecto ou circunstância. (BRASIL..., 1998, *online*).

É preciso tomar cuidado com todo material que se deseja produzir, uma vez que as referências bibliográficas utilizadas devem ser sempre citadas e devidamente referenciadas para não incidir em plágio.

No quesito licenciamento livre do tipo *Creative Commons*, é preciso conhecer suas modalidades e suas condições para classificação das obras de acordo com o desejo do autor. A fundação Getulio Vargas, do Rio de Janeiro criou um site institucional da *Creative Commons* no Brasil, e nele demonstra, sob forma de imagens (logos), a distinção das licenças que compõem as condições que restringem ou flexibilizam a utilização de obras classificadas como públicas e livres. Mas isso não significa que o(s) autor (es), deverá(ão) abrir mão dos "direitos autorais", conferindo à sua obra o caráter de "domínio público". Eles podem utilizar licenças livres que deixam suas obras também livres para serem utilizadas e remixadas, dando, porém, o crédito ao autor original.

A sociologia, a educomunicação e sua produção de REAs

Sendo um autor de REAs, o docente, sobretudo o professor de Sociologia, insere-se na sociedade da informação, não apenas por ter acesso à Tecnologia de Informação e Comunicação (TIC), mas principalmente por saber utilizar essa tecnologia para a busca e seleção de informações que permitam a elaboração de materiais que permitam a seus alunos resolver problemas do cotidiano, compreender o mundo e atuar na transformação de seu contexto social. Ele pode, assim, promover uma rede de conhecimentos e favorecer a democratização do acesso à informação e comunicação, bem como a troca de informações e experiências, a compreensão crítica da realidade e o desenvolvimento humano, social, cultural e educacional.

Para refletir sobre os processos de elaboração e criação de práticas Educomunicativas é preciso que os docentes entendam o que é produção. Segundo o dicionário MICHAELIS (2014), produzir algo é: "Dar existência, gerar, fornecer, fazer, realizar, criar pela imaginação, originar, etc.". Portanto, quando se produz um novo conjunto de materiais, mesmo que ele seja de diferentes mídias, o professor está sendo autor de um novo conjunto de informações que pode se transformar em conhecimento. Segundo Freire (2011:81): "Não há criatividade, não há transformação, não há saber. Só existe saber na invenção, na reinvenção, na busca inquieta, impaciente, permanente, que os homens fazem do mundo, com o mundo e com os outros. Busca esperançosa também.".

Nesse sentido, o professor autor estará quebrando esse paradigma, promovendo uma educação mais reflexiva, com materiais adaptados para a realidade dos seus alunos, fugindo do método genérico dos materiais educacionais existentes no mercado. O uso das tecnologias digitais na escola possibilita um amplo acesso ao conhecimento, à comunicação e a informação, ampliando essa ação transformadora. A educação só pode ser viável se for uma educação integral do ser humano, como afirma Edgar Morin (2007:11),

> O conhecimento do conhecimento, que comporta a integração do conhecedor em seu conhecimento, deve ser, para a educação, um princípio e uma necessidade permanente. [...] Devemos compreender que, na busca da verdade, as atividades auto-observadoras devem ser inseparáveis das atividades observadoras, as autocríticas, inseparáveis das críticas, os processo reflexivos, inseparáveis dos processos de objetivação.

O desenvolvimento de REAs prioriza a universalidade e a diversidade cultural, colocando o humano do centro do processo. Morin (2007:47) postula que a condição humana é um dos fatores primordiais para o novo aprender e se torna parte principal de todo sistema educacional.

Com a utilização das tecnologias digitais, o professor se torna o agente principal e um elemento que integra uma rede de diferenças que construirão saberes e a comunicação sem barreiras. O professor Nelson Preto (2008) afirma:

> É fundamental pensar a educação enquanto forte articulação entre os conhecimentos de todas as áreas, culturas e saberes – todos num plural pleno. Isso, de forma a termos como princípio básico a capacidade coletiva de enaltecer diferenças, e podermos contribuir para que prevaleça a solidariedade, a camaradagem e o fortalecimento da democracia, sempre baseada no respeito às minorias. (p. 37).

Quando o professor se dispõe em elaborar e compartilhar os REAs como práticas Educomunicativas e de pesquisa em vários formatos e mídias, as quais estejam sob domínio público ou licença aberta, ele propicia uma discussão importante sobre a relação das tecnologias e a educação, tal como a importância da formação dos docentes, da criação colaborativa, da ligação da Escola com o mundo em seu conceito.

Assim, é importante pensar em formas de produção de conhecimento com riqueza do ato de produzir, e acima de tudo, estabelecer um diálogo com o conhecimento histórico produzido pela humanidade e o conhecimento de cada cidadão na sua relação com o outro e com o seu próprio conhecimento

– esse é o foco da Sociologia. Portanto, elaborar e ter acesso aos REAs traz uma maior flexibilidade no ensino-aprendizagem. O foco do REA é:

> [...] disponibilizar e compartilhar várias partes ou unidades do saber, que podem ser remixadas, traduzidas e adaptadas para finalidades educacionais, como as peças de um grande quebra-cabeça, transformando a forma como a educação e pensada e desenvolvida. (SANTANA, 2012:40).

Considerando o caráter do REA, afirma Santana (2012:13):

> É aberto porque é livre; como liberdade, é aberto porque permite outras vozes, outras produções, é aberto porque permite a remixagem, e em última instância, é aberto porque entende a diferença como um valor a ser enaltecido e não simplesmente aceito ou considerado.

Assim, os materiais educacionais e práticas Educomunicativas que se tornam em bem comum e público, ou seja, seu consumo não reduz sua disponibilidade para o consumo de outros, ninguém é excluído do uso deste recurso. Logo, ele se torna em um benefício para todos, principalmente para quem não tem condições de comprar ou não dispõe de apoio educacional para adquirir conhecimento.

Com essa ferramenta, é possível viabilizar que práticas educacionais cresçam e se multipliquem por diversas regiões, para diversos tipos de utilizações. Sua adoção possibilita, principalmente, que tais práticas sejam construídas de forma compartilhada e colaborativa com licenças flexíveis, como Creative Commons, podendo, assim, proporcionar um grande potencial de compartilhamento de conhecimento tanto entre autores como entre simples leitores, sem a preocupação de infringir a Lei de Direitos Autorais.

O papel do docente é fundamental em todo esse contexto, pois é ele quem irá transformar a Escola em um espaço de criação, e não de reprodução do conhecimento. Adotar o REA pode promover a superação da passividade, modificar a atuação dos professores e dinamizar a atuação dos alunos. Essa mediação do educador e dos agentes educativos, como a escola, é que irão utilizar os recursos num contexto realmente aberto e democrático nesse processo de ensino formal, sendo um processo educomunicativos, ou seja, conjunto de práticas Educomunicativas.

É possível transformar a educação, tornando-a criativa, participativa, compartilhada, Charles Leadbeater (2009, p29) afirma:

> As pessoas querem oportunidades significativas para participar e contribuir, para adicionar seus pedaços de informações, pontos de vista e opiniões. Elas querem formas viáveis de compartilhar, pensar e trabalhar paralelamente com seus pares. Elas estão à procura de formas colaborativas de resolver problemas. Quando estes três se juntam – participar, compartilhar e colaborar -, se criam novos caminhos de nos organizar que são mais transparentes baratos e menos de 'cima para baixos' estruturados, livremente associados.

O processo educacional se tornará mais dialógico/comunicativo, os alunos se tornarão instigados em aprender, terão novas ideias. Assim, o professor incorpora um pouco de si e dos seus alunos no material, e todos se tornam autores diretos ou indiretos de novos recursos educacionais e de todo o processo educativo que os envolve. Segundo Pretto (2008, p82):

> [...] as possibilidades de organização em rede, com apropriação criativa dos meios tecnológicos de produção de informação, acompanhado de um forte repensar de valores, práticas e modos de ser, pensar e agir da sociedade implica na efetiva possibilidade de transformação social.

É preciso continuar a reflexão sobre o assunto para que a prática de elaboração, criação e compartilhamento dos REAs seja adotada, o que ampliará a produção dessas práticas Educomunicativas com o uso correto das licenças disponíveis para sua utilização.

O fomento, a construção e a busca por novas formas de produzir materiais, e, acima de tudo, a disseminação do conhecimento, proporcionam novas perspectivas para o meio educacional e, sobretudo, para o melhoramento da sociedade através do conhecimento, da comunicação e da educação, tornando-os acessíveis a todos. Não é somente um dever da escola formal, reduzido ou confinado a esse ambiente, pois promove-se uma relação aberta com todos os agentes educacionais e sociais em prol da mudança de paradigmas e de uma sociedade mais igualitária, produtiva e próspera.

Referências
A Educomunicação.NCEUSP-Núcleo de Comunicação e Educação da Universidade de São Paulo. Disponível em: http://www.usp.br/nce/aeducomunicacao/, Acesso: 20/08/2015.
ASSEMBLEIA Legislativa do Estado de São Paulo. Projeto de Lei 989/2011. *Institui política de disponibilização de Recursos Educacionais comprados ou desenvolvidos por subvenção da administração direta e indireta estadual.* Disponível em: http://goo.gl/xBqwYS. Acesso: 30/08/2015.

BARROS, Laan Mendes de. *Comunicação e educação numa perspectiva plural e dialética. Nexos – Revista de Estudos de Educação e Comunicação*. São Paulo: Univ. Anhembi-Morumbi:19-38, 2o. sem, 1997.
BENKLER, Yochai. A Riqueza das Redes – *Como a produção social transforma os mercados e a liberdade*. London: Yale University, 2006. Versão em Português em processo de tradução: Disponível em: http://goo.gl/3S4Aaj. Acesso em: 30/08/2015
BRASIL. Ministério da Cultura. Lei nº 9.610 de 19 de Fevereiro de 1998. *Altera, atualiza e consolida a legislação sobre direitos autorais e dá outras providências*. Disponível em: <http://planalto.gov.br/ccivil_03/leis/19610.htm>. Acesso: 7/12/2014.
CARVALHO, Lejeune Matos Grosso de (org.). Sociologia e ensino em debate: experiências e discussão de sociologia no ensino médio. Ijuí: Ed. Unijuí, 2004.
CASTELLS, Manuel. *A Galáxia da Internet: reflexões sobre a Internet, os negócios e a sociedade*. Trad. Maria Luiza X. de A. Borges. Rio de Janeiro: Zahar, 2003.
CASTELLS, Manuel. A sociedade em rede. 8ª.ed. São Paulo: Paz e Terra, 1999. 647p. CREATIVE Commons. *About the Licenses*. Disponível em: http://creativecommons.org/licenses/. Acesso: 8/12/2014.
CREATIVE Commons Brasil. *As licenças*. Disponível em: http://creativecommons.org.br/as-licencas/. Acesso: 8/12/2014.
FAGUNDES, Lea; HOFFMAN, Daniela. A informática educacional na escola pública Disponível em: http://goo.gl/UoYkd0. Acesso: 30/08/2015.
FREIRE, Paulo, *Pedagogia da autonomia* / São Paulo, Paz e Terra, 1996.
FREIRE, Paulo. *Pedagogia do Oprimido*. Rio de Janeiro: Paz e Terra, 1987.
ILLICH, Ivan. *Sociedade sem escolas*. Petrópolis: Vozes, 1985.
LEI DE DIRETRIZES E BASES, LEI Nº 9.394, DE 20 DE DEZEMBRO DE 1996. http://www.planalto.gov.br/ccivil_03/leis/l9394.htm. Acesso: 10/11/2013.
LEVY, Pierre. Cibercultura. São Paulo: Ed. 34, 1999.
MORIN, Edgar. *Os sete saberes do futuro*. São Paulo : Cortez ; Brasília, DF : UNESCO, 2000, 2ª Ed., 118p.
PRETTO, N. DE L. Cultura digital e educação: Redes já! In: PRETTO, N. L.; SILVEIRA, S. A. (Org.). *Além das redes de colaboração: internet, diversidade cultural e tecnologias do poder*. Salvador, Edufba, 2008.
REA. Recursos Educacionais Abertos. Disponível em: http://www.rea.net.br/site. Acesso: 20/08/2015.
RÜDIGER, Francisco. *As teorias da Cibercultura: perspectivas, questões e autores*. Porto Alegre, 2011.
SANTANA, Bianca; ROSSINI, Carolina; PRETTO, Nelson de Lucca (org.). *Recursos Educacionais Abertos: práticas colaborativas políticas públicas*. Salvador: Edufba; São Paulo: Casa da Cultura Digital. 2012.
SANTANA, Bianca. *Texto: Recursos digitais na escola: repensando caminhos*. Disponível em: http://cetic.br/media/docs/publicacoes/6/Panorama_Setorial_8.pdf . Acesso: 2/12/2014.
SOARES, Ismar de Oliveira. *Educomunicação: o conceito, o profissional, a aplicação: contribuições para a reforma do ensino médio*. São Paulo: Paulinas, 2011.

PRODUÇÃO AUDIOVISUAL
O BRASIL NA TELA

25

Samba, jongo, religião e hip hop: o hibridismo cultural no curta-metragem Tia Dita - no raiar da aurora

Alessandra Rios &
Andrea Paula dos Santos Oliveira Kamensky

Alessandra Rios

É graduada em Comunicação Social com habilitação em Publicidade e Propaganda pelo Centro Universitário Belas Artes de São Paulo, pós-graduada em Teorias e Práticas da Comunicação pela Faculdade Cásper Líbero e mestranda do curso de Ensino, História e Filosofia das Ciências e Matemática na Universidade Federal do ABC. Atua como docente do Programa de Aprendizagem Profissional no Senac (SP) e como fotógrafa social. Possui experiência corporativa nas áreas de Comunicação Interna e Marketing Institucional adquirida em empresas como a multinacional International Paper e a brasileira Rossi Residencial. É coautora do 3º volume da coleção Comunicação em Cena, organizado por Liana Gottlieb, com artigo publicado sob o título "Uma analogia entre o não lugar em *As Cidades Invisíveis* e no branding da *Coca-Cola*".

Contato
alessandrarios@gmail.com

Andrea Paula Kamensky

Graduada em História [Bacharelado (1994) e Licenciatura (1999)] pela USP, mestrado em História Social (1998), doutorado em História Econômica (2003), pela USP, e pós-doutorado em História da Ciência (2010), no Centro Simão Mathias de Estudos em História da Ciência/ Programa de Pós-Graduação em História da Ciência da Pontifícia Universidade Católica de São Paulo (PUC/SP). Desde 2010, é professora adjunta da Universidade Federal do ABC (UFABC/SP). Tem experiência nas áreas de História, Ciências Sociais e Artes, Pesquisa sobre diversidades culturais, de gênero, sexuais, étnicas, geracionais e socioeconômicas. É autora do livro Ponto de Vida: cidadania de mulheres faveladas (São Paulo: Loyola, 1996); e coautora dos livros Vozes da Marcha pela Terra (São Paulo: Loyola, 1998); Patrimônio Natural dos Campos Gerais do Paraná (Ponta Grossa: Eduepg/Fundação Araucária, 2007); da Coleção História em Projetos de livros didáticos de Ensino Fundamental (4o vol., São Paulo: Ed. Ática, 2007) pela qual é ganhadora do Prêmio Jabuti de Literatura em 2008.

Contato
andrea.santos@ufabc.edu.br

Nesta reflexão, procuramos evidenciar algumas das hibridizações culturais no curta-metragem Tia Dita – no raiar da aurora. O tema é um recorte da pesquisa de mestrado (de Alessandra Rios) realizada no curso de Ensino, História e Filosofia das Ciências e Matemática da UFABC, intitulada "Produção de conhecimentos e linguagem audiovisual na contemporaneidade: um estudo de caso sobre o projeto Oficinas Tela Brasil".

A sociedade contemporânea caracteriza-se por uma série de complexidades. A globalização, movimento que, por um lado, segrega e causa uma série de desigualdades, e por outro, aliada à indústria cultural, contribui para a interculturalidade, em que o tradicional e o moderno se misturam em cruzamentos socioculturais inéditos é uma delas. A este fenômeno, Canclini (2013) chama de "hibridismo cultural".

Os interesses de Canclini e de diversos outros cientistas contemporâneos, (HALL, 2001; BAUMAN, 2009; SEVCENKO, 2004; AUGÉ, 2013) em compreender as características deste tempo e de que forma elas condicionam a formação da cultura, convergem justamente na investigação sobre como se dão os processos globalizantes, dando destaque à cultura visual e audiovisual como principais formas culturais em curso na contemporaneidade.

Já em 1930, Benjamin apontava para a condição de reprodutibilidade técnica, fato que possibilitou às pessoas situadas às margens da sociedade a apropriação dos equipamentos de captação e registro do audiovisual na narração de suas próprias subjetividades e histórias, transportando-as do estado passivo ao ativo nos processos de construção de mensagens audiovisuais, como expressão simbólica e forma de mediação das relações humanas (BENJAMIN, 2012). Mais do que isso: modificou-se a forma como as pessoas percebem a sua própria realidade. (DUARTE, 2009:17).

Com a popularização destes equipamentos (alguns inclusive com acesso direto à internet) a partir do século XXI, qualquer acontecimento pode ser transformado em um evento a ser divulgado, apropriado e ressignificado por pessoas conectadas aos canais do ciberespaço (LÉVY, 2010). Os novos usos da linguagem audiovisual – considerada híbrida por permitir a combinação de imagens e sons na produção de mensagens (NAPOLITANO, 2010) –, bem como a possibilidade de troca de experiências por meio das redes virtuais têm papel significativo nos processos de hibridização cultural (CASTELLS, 2001).

Outra questão é o investimento de organizações públicas e privadas em projetos de patrocínio cultural como ferramenta de marketing cultural[1]. Fatores que, não podemos deixar de observar, contribuem para o movimento das engrenagens da indústria cultural e, consequentemente, da globalização.

Tia Dita - no raiar da aurora[2] é título do curta-metragem realizado em 2009, na cidade de Cotia (SP), por meio da iniciativa Oficinas Tela Brasil – um projeto de oficinas itinerantes de audiovisual patrocinado via Lei Rouanet[3], tendo como principal local de divulgação os canais virtuais de exibição e compartilhamento de vídeos. O documentário, de dez minutos, conta uma história da mineira dona Benedita Cândida da Silva, uma senhora que se descobriu escritora e compositora de letras de samba aos setenta anos de idade, além de líder de um grupo de jongo em Embu das Artes (SP). No raiar da aurora é o nome de uma letra de música composta pela personagem principal do curta.

A produção em questão evidencia diversas possibilidades de hibridismo cultural. Do sertão à cidade urbana; da música caipira ao samba, e do povo negro escravizado na América Portuguesa ao cidadão negro do século XXI, encontramos diferentes referências cruzando entre si, conectando-se, desconectando e reconectando, criando novas expressões culturais e refazendo o próprio sentido de cultura.

[1] Marketing cultural: modalidade de marketing institucional que se realiza por meio do patrocínio ou apoio a atividades culturais, por parte da empresa (MOREIRA, PASQUALE, DUBNER:278, 2009).
[2] *Tia Dita – no raiar da aurora:* curta-metragem produzido na cidade de Cotia (SP), em 2009 por meio do projeto Oficinas Tela Brasil. Disponível em: <http://www.telabr.com.br/oficinas-itinerantes/2009/03/14/tia-dita-no-raiar-da-aurora/>. Acesso em 27 de julho de 2015.
[3] Lei Rouanet: Lei Federal de Incentivo à cultura (nº 8.313 de 23 de dezembro de 1991). Institui políticas públicas para a cultura nacional, como o Programa Nacional de Apoio à Cultural (PRONAC). Disponível em: <http://www.planalto.gov.br/ccivil_03/leis/l8313cons.htm>. Acesso em 27 de julho de 2015.

Tia Dita é apresentada ao espectador por meio de três personagens: por seu filho, o compositor e professor Mestre Gil; pelo poeta, compositor e cantor Jean Garfunkel, e pela pesquisadora do Instituto de Estudos Brasileiros da USP Rosa Haruco:

Imagem 1 – Print das cenas iniciais do curta-metragem Tia Dita – no raiar da aurora, em que a personagem principal é apresentada, da esquerda para a direita por: Jean Garfunkel, Mestre Gil e Rosa Haruco. Vídeo disponível em: <http://www.telabr.com.br/oficinas-itinerantes/2009/03/14/tia-dita-no-raiar-da-aurora/>. Acesso em 27 de julho de 2015.

Vejamos a fala da pesquisadora sobre a personagem principal, em que poderemos evidenciar os primeiros traços de hibridismo cultural:

"No sertão, a gente tem... não é o hábito, mas... costumeiramente, a gente escuta viola caipira, é um 'forrozinho', é um 'sanfonão'... e, de repente, ela leva o samba."

Nesta fala há duas hibridizações possíveis. Primeiro, Haruco se refere ao sertão como "interior". Segundo, o fato de a personagem principal ter nascido e vivido no interior e não ter, necessariamente, o hábito de ouvir músicas típicas de viola caipira e sanfona. Aqui, notamos, respectivamente, a extensão do termo "sertão" para denominar cidades do interior de forma geral e a superação dos limites geográficos, questões que acabam por dificultar a segmentação de tradições musicais por região.

Em cenas posteriores do curta-metragem, Tia Dita fala sobre si:

Imagem 2 – Print de uma das cenas do curta-metragem *Tia Dita – no raiar da aurora*, na qual a personagem principal conta a sua versão da história. Vídeo disponível em: <http://www.telabr.com.br/oficinas-itinerantes/2009/03/14/tia-dita-no-raiar-da-aurora/>. Acesso em 27 de julho de 2015.

"Na roça, quando tinha um baile, quando era a sanfona, eles falavam: 'tem forró em tal lugar'. Agora, se tinha só cavaquinho, violão, pandeiro e 'batesse muito na colher', era 'função'. Acabava se dançando quase tudo a mesma coisa. Eram os arrasta-pés daqui, arrasta-pés dali, e não se falava em samba. Eu nem conhecia samba. Morava na roça, não havia rádio, não havia luz elétrica, não havia nada. Vim conhecer em Piquete... que é interior de São Paulo [...]"

"Função" é o termo usado para tratar do estilo de música conhecido oficialmente como "cururu", muito comum em regiões interioranas do Sudeste, Centro-Oeste e Nordeste do Brasil, (ou como "samba de roça" na Bahia), caracterizado pelo repente – uma espécie de disputa poética em forma de trova (NEPOMUCENO, 1999). O "bater na colher" corresponde ao ato de "raspar" a colher em um prato, panela ou tampa de panela, utilizado para marcar o ritmo da música. Interessante é notar que Tia Dita refere-se à função como "quase a mesma coisa" que o samba, dada a semelhança do ritmo, da dança e dos instrumentos utilizados.

Outra questão a ser notada diz respeito à afirmação da personagem de que seu desconhecimento com relação ao samba devia-se ao fato de não haver energia elétrica, nem rádio na roça. A ausência dessas tecnologias em cidades menores denota o descompasso temporal e geográfico dos processos de globalização e as consequentes limitações de acesso a outras expressões e linguagens culturais.

Ela continua:

"Eu acho que o... jongo é precursor... do samba. Porque o samba mesmo veio depois... muita gente, até hoje, ainda acredita que... jongo é candomblé... mas não é. Pode ser parecido... mas não é.".

Também conhecido como caxumbu, o jongo teve origem na região do Congo-Angola e foi trazido ao Brasil pelos descendentes da etnia bantu, na época da colonização do país pelos europeus, compreendido como forma de "reclamar" seus sofrimentos por meio da expressão artística.

No "jongo de antigamente", como dizem os veteranos para se referirem à prática realizada pelos seus ancestrais, apenas adultos e idosos podiam participar. Isso se devia ao fato desta manifestação cultural estar ligada a certos rituais de umbanda e candomblé, tais como: a reverência ao tambú (instrumento musical) no jongo, similar à reverência ao atabaque nas sessões de umbanda; o respeito com a terra (tido pelas religiões africanas como local sagrado) e os próprios cantos, como forma de se dirigir aos antigos espíritos (no candomblé se reverenciam os "pretos velhos"). Também há o costume de se rezar o terço (ritual católico) em festividades, antes das apresentações de jongo.

Como forma de garantir a sobrevivência do jongo enquanto patrimônio cultural, a questão religiosa, por ainda despertar uma série de preconceitos, costuma ser ocultada durante apresentações públicas atuais (PENTEADO, 2010). Percebemos aqui alguns cruzamentos culturais interessantes: canto e dança (formas de expressão artística) próprios do jongo (manifestação cultural que representa diferentes contextos históricos da realidade do povo negro e sua luta no país) interligados às religiões afro-brasileiras e cristãs, admitindo, na atualidade, a participação de diferentes gerações.

Mestre Gil também faz referência ao jongo como o "hip hop da senzala", por representar "a voz do negro na senzala". O hip hop, gênero musical originário dos subúrbios de Nova York na década de 1970, inicialmente fazia crítica aos problemas sociais vigentes – semelhante ao jongo. O personagem traz, de forma híbrida e atemporal, dois tipos de manifestações que se aproximam pelas semelhanças: na forma de construção dos versos; no canto/pronúncia destes (o refrão quase sempre não é melódico, pois é falado). O maior ponto em comum, entretanto, está no fato de ambas terem origem na reivindicação popular dos que se sentem oprimidos pelas diversas condições de injustiça, muitas delas oriundas dos processos desiguais de globalização.

Por fim, longe de encerrar as diversas possibilidades de análise sobre o curta-metragem, trazemos uma última reflexão: os processos globalizatórios, assim como os famosos pares contrapostos sugeridos, no século passado, pelas ciências sociais acerca do objeto de estudo "cultura" (tradicional versus moderno, global versus local) não podem ser vistos como uma série de movimentos que ora fragmentam, ora integram. A globalização é, em sua complexidade, uma coisa e outra, ao mesmo tempo. E, por estar situada num contexto onde as fronteiras entre a segregação e integração tornam-se ora visíveis ora invisíveis, devemos considerar que as próprias fragmentações também criam, contraditoriamente, condições propícias à hibridação cultural.

Referências

ACADEMIA MUSICAL. *Como criar beats de hip hop*. Disponível em: <http://www.academia-musical.com.pt/tutoriais/como-criar-beats-de-hip-hop/>. Acesso em 01 de agosto de 2015.

AUGÉ, M. Não lugares. *Introdução a uma antropologia da supermodernidade*. Campinas: Papirus, 2013.

BAUMAN, Z. *Modernidade Líquida*. São Paulo: Zahar, 2009.

BENJAMIN, W. *A obra de arte na era de sua reprodutibilidade técnica*. São Paulo: Brasiliense, 2012.

CANCLINI, N. *Culturas híbridas. Estratégias para entrar e sair da modernidade*. São Paulo: Edusp, 2013.

CASTELLS, M. *A galáxia da internet*. Rio de Janeiro: Jorge Zahar Editor, 2001.

DUARTE, R. *Cinema e educação*. Autêntica: Belo Horizonte, 2009.

HALL. S. *A identidade cultural na pós-modernidade*. Rio de Janeiro: DP&A Editora, 2001.

LEI ROUANET: *Lei Federal de Incentivo à cultura (nº 8.313 de 23 de dezembro de 1991). Institui políticas públicas para a cultura nacional, como o Programa Nacional de Apoio à Cultural (PRONAC)*. Disponível em: <http://www.planalto.gov.br/ccivil_03/leis/l8313cons.htm>. Acesso em: 27 de julho de 2015.

LÉVY:*Cibercultura*. São Paulo: Editora 34, 2010.

MOREIRA, J; PASQUALE P; DUBNER A. *Dicionário de termos de marketing*. São Paulo: Atlas, 2009.

NAPOLITANO, M. et al. *Fontes Históricas. A história depois do papel*. São Paulo: Contexto, 2010.

NEPOMUCENO, R. *Música caipira: da roça ao rodeio*. São Paulo: Editora 34, 1999.

PENTEADO, W. *Jongueiros do Tamandaré. Devoção, memória e identidade social no ritual do jongo em Guaratinguetá, SP*. São Paulo: Annablume, 2010.

PORTAL TELA BRASIL. *Tia Dita – no raiar da aurora*. Disponível em: <http://www.telabr.com.br/oficinas-itinerantes/2009/03/14/tia-dita-no-raiar-da-aurora/>. Acesso em 27 de julho de 2015.

SEVCENKO, N. *A corrida para o século XXI: no loop da montanha russa*. Companhia das Letras: São Paulo, 2004.

26

Mude de canal: Telejornais e os benefícios da felicidade

Gaya Machado

Gaya Machado

Mestre em Comunicação, Pós graduada em Comunicação Jornalística e graduada em Jornalismo e Rádio e Televisão. *Coach* com certificações nacionais e internacionais, especialista em Psicologia Positiva e Desenvolvimento do Potencial Humano.

Contatos
www.facebook.com.br/coisasdegaya
gaya@comunicacaoconectada.com.br
(11) 98666-0668

Psicologia Positiva

Historicamente, a Psicologia, em seu propósito original, tinha como missão curar doenças mentais, identificar talentos e tornar a vida das pessoas mais preenchida e realizada.[1] Porém, após a Segunda Guerra Mundial, com a necessidade de se tratar os veteranos, o foco positivo foi deixado de lado e os esforços se voltaram apenas para o estudo e tratamento das desordens psicológicas.

Foi somente em 1998, quando o professor Martin Seligman (Ph.D, autor dos *best-sellers* Felicidade Autêntica, Aprenda a ser Otimista e Florescer) assumiu o cargo de Presidente da *American Pychological Association* (Associação Americana de Psicologia), nos Estados Unidos, que a Psicologia passou a se voltar para o estudo dos aspectos positivos dos seres humanos, com o surgimento da Psicologia Positiva.

Esse novo campo da Psicologia tem como objetivo concentrar-se no que há de positivo na experiência humana e se dedicar a compreender e alimentar as forças e virtudes humanas para prevenir e não somente tratar patologias.

Segundo Seligman, o tema da Psicologia Positiva é o aumento do bem-estar, e seu principal critério de mensuração é o florescimento.[2] Não se trata apenas de uma felicidade percebida de forma momentânea através de sensações de prazer. A definição científica de felicidade é uma "(...) experiência de emoções positivas – prazer combinado com um senso mais profundo de sentido e propósito. A felicidade implica um estado de espírito positivo e uma perspectiva positiva para o futuro".[3]

Para ele, a felicidade pode ser dividida em três componentes mensuráveis: prazer, envolvimento e senso de propósito, e aqueles que buscam apenas o prazer, vivenciam apenas uma parte do que a felicidade pode

---

1 SELIGMAN, Martin, Felicidade Autêntica, Rio de Janeiro: Objetiva, 2009.
2 SELIGMAN, Martin E.P., Florescer: uma nova compreensão sobre a natureza da felicidade e do bem-estar, Rio de Janeiro: Objetiva, 2011: 23.
3 ACHOR, Shawn, O Jeito Havard de ser feliz: o curso mais concorrido de uma das melhores universidades do mundo, São Paulo: Saraiva, 2012: 52.

oferecer; em contrapartida, quem adiciona ao prazer o envolvimento e o senso de propósito encontra, de fato, uma vida plena.[4]

Os Benefícios da Felicidade

O especialista em potencial humano Shawn Achor, que por anos foi professor assistente da disciplina de Felicidade na Universidade de Harvard, afirma que, ao contrário da ideia popularmente difundida, sucesso não vem antes de felicidade, e sim o contrário – a felicidade precede o sucesso, e não resulta dele.

Achor descobriu, através de pesquisas com 1600 alunos de Harvard e em dezenas de empresas da lista Fortune 500 ao redor do mundo, que esperar a felicidade restringe o potencial do cérebro para o sucesso e, em contrapartida, cultivar a positividade estimula a motivação, eficiência, resiliência, criatividade e produtividade, o que melhora nosso desempenho e dá uma vantagem em direção ao sucesso.

Segundo ele, nossa interpretação da realidade altera nossa experiência dessa mesma realidade, de forma que uma atitude mental positiva ou negativa pode ser o ponto chave para que alguém se destaque e seja bem-sucedido. Ele cita, por exemplo, que vendedores otimistas fecham 56% mais vendas do que aqueles que são pessimistas, e que médicos que fazem um diagnóstico com um estado de espírito positivo demonstram, comprovadamente, quase três vezes mais inteligência e criatividade do que médicos que desempenham a mesma função em estado neutro. Eles também chegam a diagnósticos precisos 19% mais rapidamente.[5] Isso acontece porque "nosso cérebro é naturalmente configurado para apresentar o melhor não quando está negativo ou neutro, mas quando está positivo".[6]

A Psicologia convencional tem a tendência histórica de estudar o comportamento humano partindo de resultados médios ou abaixo da média, focados no negativo, refletindo o comportamento geral de nossa sociedade. Se olharmos para os noticiários, em especial o tema deste texto, para os televisionados, notaremos que a maior parte do tempo, de todas as transmissões de telejornais que se propõem a retratar um resumo dos acontecimentos do dia ou do período em questão, é dedicada a

---

4 SELIGMAN, 2011:35-40.
5 ACHOR, 2012: 13-26.
6 ACHOR, 2012:26.

temas com foco no negativo, como crise econômica, violência, doenças e desemprego. E não estamos nos referindo aos programas noticiosos, mas aos que, abertamente, abordam apenas esses temas, e dedicam todo o seu tempo de transmissão para repercutir tragédias, crimes ou desastres.

Sobre Imprensa, Jornalismo e Informação

Bucci chama de imprensa "a instituição constituída pelos veículos jornalísticos, seus profissionais e seus laços com o público", referindo-se aos jornais, revistas, emissoras de rádio e televisão, além de *sites* da internet. Ele destaca que a ética da imprensa "deve primar pela busca da verdade factual, da objetividade, da transparência, da independência editorial e do equilíbrio".[7]

Kunczik, cintando Koszyk e Pruys[8], afirma que "Jornalismo é considerada a profissão principal ou suplementar das pessoas que reúnem, detectam, avaliam e difundem as notícias, ou que comentam os fatos do momento". Heródoto Barbeiro e Paulo Rodolfo de Lima acrescentam que o critério para que uma reportagem jornalística vá ao ar deve ser o interesse público[9]; já Ciro Marcondes Filho afirma que o Jornalismo não se caracteriza somente por vender fatos e acontecimentos, que para ele seriam puramente o valor de uso da informação, mas "ao transformá-los em mercadoria, explorar e vender sua aparência, o seu impacto, o caráter explosivo associado ao fato. Isso constrói a sua aparência de valor de uso." (Marcondes Filho, 1986:30)[10]

Em Discurso das Mídias, Patrick Charaudeau, explica que "se, numa primeira aproximação, informar é transmitir um saber a quem não o possui, pode-se dizer que a informação é tanto mais forte quanto maior é o grau de ignorância, por parte do alvo, a respeito do saber que lhe é transmitido"[11]. Para ele, "a informação é essencialmente uma questão de linguagem, e a linguagem não é transparente ao mundo, ela apresenta sua

---

[7] BUCCI, E. *Na TV, os cânones do jornalismo são anacrônicos*. In: BUCCI, e. KEHL, M.R. Videologias: ensaios sobre televisão. São Paulo: Boitempo, 2004. p. 127.

[8] KUNZCZIK, Michael; tradução *Rafael Varela Jr. Conceitos de jornalismo: norte e sul: Manual de comunicação*. 2 ed.. 1. reimpr. - São Paulo: Editora da Universidade de São Paulo, 2002. Citando Koszyk e Pruys, 1976, pg 146.

[9] BARBEIRO, Heródoto; DE LIMA, Paulo Rodolfo. *Manual de Telejornalismo*. Rio de Janeiro: Elsevier, 2002 – 3ª reimpressão. Pgs 20-21

[10] MARCONDES FILHO, Ciro. *O capital da notícia: jornalismo como produção social de segunda natureza*. São Paulo: Ática, 1986:30.

[11] CHARAUDEAU, Patrick, *Discurso das Mídias*, Tradução Angela S. M. Corrêa. 2ª reimpressão. São Paulo: Contexto, 2009:18-19.

própria opacidade através da qual se constrói uma visão, um sentido particular do mundo"[12]. Desta forma, a informação seria uma transição de um saber que, com a ajuda de uma determinada linguagem, "produziria um ato de transmissão que faria com que o indivíduo passasse de um estado de ignorância a um estado de saber, que o tiraria do desconhecido para mergulhá-lo no conhecido" (CHARAUDEAU, 2009:33).

Apesar de se tratar da transmissão de informações, a definição de notícia não é apenas um conjunto de informações, mas informações que se relacionam "a um mesmo espaço temático, tendo um caráter de novidade, proveniente de uma determinada fonte e podendo ser diversamente tratado"[13]. As escolhas dos acontecimentos que serão tratados pelas mídias acontecem "em função de dados mais ou menos objetivos na relação com o tempo, o espaço e a hierarquia que convertem o acontecimento em notícia"[14].

Para Ramonet, "Hoje em dia a informação televisada é essencialmente um divertimento, um espetáculo"[15].

Telejornais e o Recorte da Realidade

Um artigo publicado pelo jornalista e sociólogo Venício A. Lima no portal Observatório da Imprensa[16] relata e analisa um trabalho desenvolvido por um grupo de pesquisa do Departamento de Ciência da Computação (DCC) da Universidade Federal de Minas Gerais em torno da "análise de sentimento" que relaciona o sucesso das notícias com sua polaridade, negativa ou positiva.

O artigo, apresentado em conferência internacional sobre *weblogs* e mídia social na Universidade de Oxford, Inglaterra, apresentou uma pesquisa feita com a utilização de programas de computador desenvolvidos pelo DCC-UFMG na qual foram identificadas, coletadas e analisadas 69.907 manchetes veiculadas em quatro sites noticiosos internacionais ao longo de oito meses de 2014: The New York Times, BBC, Reuters e Daily Mail. As notícias foram agrupadas em cinco grandes categorias: negócios e dinheiro, saúde, ciência e tecnologia, esportes e mundo.

---

12 Idem, Ibidem:19.
13 Idem, Ibidem:132.
14 Idem, Ibidem:133.
15 RAMONET, Ignacio, A tirania da comunicação, Petrópolis: Vozes, 2001:101.
16 LIMA, Venício A., Outras razões para a pauta negativa, Observatório da Imprensa, 19.05.2015. disponível em http://observatoriodaimprensa.com.br/jornal-de-debates/outras-razoes-para-a-pauta-negativa/

Após o mapeamento, os pesquisadores concluíram que cerca de 70% das notícias diárias estão relacionadas a fatos que geram "sentimentos negativos" – tais como catástrofes, acidentes, doenças, crimes e crises. Os textos das manchetes foram relacionados aos sentimentos que elas despertam, em uma escala de menos 5 (muito negativo) a mais 5 (muito positivo). A pesquisa constatou que o sucesso de uma notícia, medida pelo número de vezes em que é "clicada" pelo eventual leitor, está fortemente vinculado a esses "sentimentos" e que os dois extremos – negativo e positivo – são os mais "clicados". As manchetes negativas, no entanto, são aquelas que atraem maior interesse dos leitores. Também foi mapeado que os comentários postados por eventuais leitores tendem a ser sempre negativos, independentemente do "sentimento" provocado pelo conteúdo da notícia.

Lima destaca no artigo que, embora realizado com base em manchetes publicadas em sites internacionais – não brasileiros – os resultados do trabalho dos pesquisadores do DCC-UFMG nos ajudam a compreender a predominância deste tipo de cobertura jornalística na grande mídia brasileira.

Na opinião do sociólogo, além da partidarização seletiva das notícias, parece haver também uma importante estratégia de sobrevivência empresarial influindo na escolha da pauta negativa:

> Os principais telejornais exibidos na televisão brasileira, por exemplo, estão se transformando em incansáveis noticiários diários de crises, crimes, catástrofes, acidentes e doenças de todos os tipos. Carrega-se, sem dó nem piedade, nas notícias que geram sentimentos negativos. Mais do que isso: os (as) âncoras dos telejornais, além das notícias negativas, se encarregam de editorializar (fazer comentários) invariavelmente críticos e pessimistas reforçando, para além da notícia, exatamente os aspectos e consequências funestas de toda e qualquer notícia.[17]

O conceito de relatividade desenvolvido por Einstein em sua teoria tem aplicações que vão muito além da Física. Se, como sugere a Programação Neurolinguística, considerarmos que o mundo é um "território", e a forma como cada um o vivencia acontece através de um "mapa" particular, podemos entender que a realidade que vivenciamos nada mais é que um recorte pessoal, ou seja, a forma como cada um percebe o mundo se dá de acordo com a sua própria interpretação. Neste sentido a realidade nada mais é que um entendimento que nosso cérebro tem de acordo com a forma que vi-

---

17 IDEM

venciamos o mundo, e toda vez que mudamos a forma como vivenciamos o mundo, nossa percepção e perspectiva podem ser alteradas.

Quando somos bombardeamos, diariamente, por notícias de um mundo violento e caótico, temos a tendência de perceber a nossa realidade de forma distorcida, através das lentes de aumento daquilo a que damos mais atenção.

Charaudeau alerta que essa ideologia de "selecionar o que é mais surpreendente" faz com que se construa uma imagem fragmentada do espaço público, a qual, ainda que seja uma visão adequada aos objetivos das mídias, mostra-se bem afastada de um reflexo fiel. Para ele, as mídias não são mais do que um espelho deformante, "mesmo deformando, mostram, cada uma a sua maneira, um fragmento amplificado, simplificado, estereotipado do mundo".[18]

> Os jornalistas têm "óculos" especiais a partir dos quais veem certas coisas e não outras; e veem de certa maneira as coisas que veem. Eles operam uma seleção e uma construção do que é selecionado.
> O princípio da seleção é a busca do sensacional, do espetacular. A televisão convida à dramatização, no duplo sentido: põe em cena, em imagens, um acontecimento e exagera-lhe a importância, a gravidade, e o caráter dramático, trágico. (...) Com palavras comuns não se faz "cair o queixo do burguês", nem do "povo". É preciso palavras extraordinárias.[19]

Quando o telejornal concentra a maior parte de sua programação no sensacional e negativo no dia a dia da sociedade que se propõe a retratar, cria uma visão estereotipada da realidade. Por estereótipo entende-se um conhecimento imediato e superficial que ganha em tempo o que perde em profundidade. Não se trata de negar as mazelas ou tragédias, mas de questionar a forma como estes problemas são destacados em detrimento de outros fatos da rotina das cidades, de modo a incentivar uma distorção estereotipada da realidade por parte do telespectador, caso este não dedique tempo adicional para refletir que se trata apenas de um recorte da realidade, e não dela como um todo. Para Martino, essa representação, quando utilizada por um grande número de pessoas, tende a ganhar *status* de verdade. "Os estereótipos explicam o que está diante dos olhos, permitindo formulação rápida de estratégias de ação em uma situação. A ausência de estereótipos implicaria um gasto considerável de tempo até a compreensão dos acontecimentos". (MARTINO, 2009:21).

Já a Psicologia Positiva, apoiada por diversos estudos de Neurociência, defende que o objeto ao qual dedicamos nosso tempo e concentra-

---

18 CHARAUDEAU, 2009:20.
19 BOURDIEU, Pierre, 1930 – Sobre televisão / Pierre Bourdieu: tradução, Maria Lúcia Machado. - Rio de Janeiro: Jorge Zahar Ed. 1997. p. 25-26.

mos nossa energia mental pode transformar a nossa realidade. Durante grande parte do século XX a ciência defendeu que, após a adolescência, o cérebro humano se tornava fixo e inflexível, mas uma pesquisa com taxistas londrinos começou a transformar estes conceitos e apontar a existência de uma neuroplasticidade que indica que o cérebro humano é maleável e pode mudar ao longo da vida, de acordo com a forma com a qual é estimulado, nossas ações e circunstâncias.[20] Hoje, a neuroplasticidade[21] é comprovada por rigorosas pesquisas no campo da Neurociência e prova, através da plasticidade estrutural do cérebro, que o potencial de crescimento intelectual e pessoal humano é maleável.

Ao destacar os benefícios de predispor o cérebro com pensamentos positivos, Achor esclarece que a felicidade também nos proporciona uma vantagem química concreta.

> Emoções positivas inundam nosso cérebro com dopamina e serotonina, substâncias químicas que não apenas nos fazem sentir bem como também sintonizam os centros de aprendizado do cérebro em um patamar mais elevado. Elas nos ajudam a organizar informações novas, mantêm estas informações por mais tempo no cérebro e as acessam com mais rapidez no futuro. E nos permitem criar e sustentar mais conexões neurais, o que, por sua vez, nos possibilita pensar com mais rapidez e criatividade, ser mais hábeis em análises complexas e na resolução de problemas e enxergar e inventar novas maneiras de fazer as coisas.[22]

Em sua obra, Achor aponta, com pesquisas científicas, que o ambiente físico tem um enorme impacto no nosso estado de espírito. Ele sugere que podemos injetar positividade em nosso ambiente evitando emoções negativas, e inclui em suas recomendações, dedicar menos tempo à programação televisiva que destaca apenas pontos negativos da vida.

> Estudos demonstram que, quanto menos programação negativa assistimos na TV, especialmente programas violentos, mais felizes somos. Isso não significa se isolar do mundo real ou ignorar os problemas, tapando o sol com a peneira. Psicólogos descobriram que pessoas que assistem menos TV na verdade são capazes de julgar com maior precisão os riscos e as recompensas da vida do que aquelas que se expõem a histórias envolvendo criminalidade, tragédias e morte exibidas diariamente no

---

20 MAGUIRE, E; GADIAN, D.; JOHNSRUDE, I; GOOD, C; ASHBURNER, J; FRACKOWIAK, S; FRITH, C, *Navigation-related structural change in the hippocampi of taxi drivers. Proceedings of the National Academy of Sciences.* USA: 97(8), 2000. P.4.398-4.403.
21 DOIDGE, N; *The brain that changes itself*, New York: Penguin, 2003.
22 ACHOR, 2012:56.

noticiário. Isso acontece porque essas pessoas se expõem menos a fontes de informações sensacionalistas ou parciais e, dessa forma, têm mais chances de ver a realidade com mais clareza.[23]

Conclusão

Esta reflexão não poderá dar conta de tantos conceitos comprovados pela Psicologia Positiva que, cientificamente, demonstram que cultivar a positividade tem efeitos que ultrapassam os benefícios emocionais e afetam nossas relações pessoais e profissionais, nossa saúde e até mesmo promovem longevidade.

Seu objetivo é fazer um convite, não no sentido de negar os problemas, mas de apontar os benefícios de atentarmos para o fato de que podemos ser realistas em relação ao presente e condicionar nossa mente a perceber e valorizar os aspectos positivos da vida, potencializando nossas forças e virtudes de forma a cultivar atitudes e comportamentos que promovam sucesso e realização, de forma a criar um futuro com mais perspectivas e possibilidades.

Referências
ACHOR, Shawn. *O Jeito Havard de ser feliz: o curso mais concorrido de uma das melhores universidades do mundo*. São Paulo: Saraiva, 2012.
BARBEIRO, Heródoto; DE LIMA, Paulo Rodolfo. *Manual de Telejornalismo*. Rio de Janeiro: Elsevier, 2002, 3ª reimpressão.
BOURDIEU, Pierre, 1930. *Sobre televisão*. Tradução, Maria Lucia Machado.-Rio de Janeiro: Jorge Zahar, 1997.
BUCCI, E. *Na TV, os cânones do jornalismo são anacrônicos*. In: BUCCI, e. KEHL, M.R. Videologias: ensaios sobre televisão. São Paulo: Boitempo, 2004.
CHARAUDEAU, Patrick. *Discurso das Mídias*. Tradução Angela S. M. Corrêa. 1 ed. 2ª reimpressão. São Paulo: Contexto, 2009.
DOIDGE, N. *The brain that changes itself*, New York: Penguin, 2003.
KUNZCZIK, Michael; tradução Rafael Varela Jr. *Conceitos de jornalismo: norte e sul : Manual de comunicação*. 2 ed.. 1. reimpr. São Paulo: EDUSP de São Paulo, 2002. Citando Koszyk e Pruys, 1976:146.
LIMA, Venício A. *Outras razões para a pauta negativa, Observatório da Imprensa*, 19.05.2015. disponível em http://observatoriodaimprensa.com.br/jornal-de-debates/outras-razoes-para-a-pauta-negativa/
MAGUIRE, E; GADIAN, D.; JOHNSRUDE, I; GOOD, C; ASHBURNER, J; FRACKOWIAK, S; FRITH, C, *Navigation-related structural change in the hippocampi of taxi drivers*. Proceedings of the National Academy of Sciences. USA: 97(8), 2000. p.4.398-4.403.
MARCONDES FILHO, Ciro. *O capital da notícia: jornalismo como produção social de segunda natureza*. São Paulo: Ática, 1986.
RAMONET, Ignacio. *A tirania da comunicação*, Petrópolis: Vozes, 2001.
SELIGMAN, Martin. *Felicidade Autêntica*. Rio de Janeiro: Objetiva, 2009.
_____.*Florescer: uma nova compreensão sobre a natureza da felicidade e do bem-estar*. Rio de Janeiro: Objetiva, 2011:23.

23 ACHOR, 2012:63.

27

Na Moral – Programas de Entretenimento e o Processo de Construção do Imaginário Religioso

Marcelo da Silva Figueiredo

Marcelo da Silva Figueiredo

Graduado em Publicidade e Propaganda pela Universidade Metodista de São Paulo (2009) e em Jornalismo pela Universidade Anhembi Morumbi (2013), Especialista em Mídia, Informação e Cultura pela Universidade de São Paulo (2011) e em Jornalismo pela Faculdade Cásper Líbero (2013). Atualmente é Pesquisador Bolsista do Conselho Nacional de Desenvolvimento Científico e Tecnológico (CNPq) vinculado ao Programa de Pós-graduação em Comunicação Social da Universidade Metodista de São Paulo em nível de Mestrado e membro do Grupo de Pesquisa Mídia, Religião e Cultura (MIRE) na mesma instituição.

Contato
marcelo.figueiredo@hotmail.com

Introdução

Nesta reflexão investigamos como o "Na Moral", um programa de auditório da Rede Globo, exibido semanalmente às quintas-feiras, às 23h45, durante uma "temporada" pré-determinada (com início no mês de julho) e comandado pelo experiente jornalista Pedro Bial, contribui para a construção do imaginário religioso dos telespectadores brasileiros.

O programa possui um formato de debate liderado pelo jornalista Pedro Bial, que tenta, de forma "bem-humorada", mediar seus convidados - anônimos ou "famosos" - que expõem diferentes posicionamentos sobre diversos temas num "bate-papo" informal que não tem "pretensão de ditar regras nem de levar a conclusões fechadas ou simplistas".

Compreender como o "Na Moral" contribui para o processo de construção do imaginário religioso dos telespectadores, apontando o papel dos programas de entretenimento nessa dinâmica, identificar as temáticas apresentadas e sua relevância, e verificar o perfil dos convidados e seu papel dentro do movimento representado, são os objetivos deste trabalho.

Uma breve reflexão sobre imaginário, cultura e entretenimento nos processos comunicacionais midiáticos (especificamente televisivos), observados sob as perspectivas teóricas de pesquisadores brasileiros, auxiliará na compreensão deste fenômeno da contemporaneidade que desempenha importante função na dinâmica social brasileira.

A análise exploratória do programa "Na Moral" exibido no dia 01 de agosto de 2013, sob o título de "Pedro Bial e seus convidados debatem sobre Estado Laico", complementou a abordagem teórica, contribuindo para uma avaliação mais detalhada acerca do papel dos programas de entretenimento no processo de construção do imaginário religioso dos telespectadores.

Imaginário e Entretenimento

Dos tradicionais programas dominicais de auditório aos programas de humor, o entretenimento sempre ocupou um lugar de destaque nas grades de programação das grandes emissoras de televisão do Brasil. Como tal, desempenharam um importante papel no processo de construção do imaginário popular, elevando apresentadores ao status de ídolos praticamente intocáveis e moldando comportamentos sociais. Atualmente, com o crescimento do "Infotenimento", os programas de entretenimento têm aberto espaço para o debate de temas diretamente ligados a sociedade civil.

Isso se dá principalmente porque cada vez mais as pessoas têm destinado parte do seu tempo ao lazer, como forma de fugir do cotidiano, como afirmam Brenner; Dayrell e Carrano:

Na prática do lazer, os indivíduos buscam realizar atividades que propiciem formas agradáveis de excitação, expressão e realização individual. As atividades de lazer criam uma certa consciência de liberdade ao permitir uma fuga temporária à rotina cotidiana de trabalho e obrigações sociais. (2008:30).

As diversas transformações proporcionadas pelo advento da sociedade da informação atribuíram ao entretenimento, especialmente oferecido por meios de comunicação, como TV, cinema, internet, entre outros, a função de também informar, como observa Dejavite: "A aceitação do entretenimento como um valor emergente e tão relevante quanto a informação na atual fase histórica está calcada nas transformações ocorridas em diversos fatores e setores da sociedade.". (2006:28).

Em meados da década de 40' do século XX, os teóricos Adorno e Horkheimer, representantes da famosa "Escola de Frankfurt", desenvolveram o importante conceito de "Indústria Cultural". Esse termo foi resultado de uma reflexão sobre as relações entre arte, cultura e sociedade e a modernidade (MARTINO, 2009, 47).

Na indústria cultural a única coisa que importa é o lucro, fator que orienta a produção e elimina o espaço da criação individual em virtude da lógica da produção coletiva (MARTINO, 2009:49). Logo, essa lógica de ação típica do capitalismo moderno influência toda a mídia, que produz informação e entretenimento única e exclusivamente sob a perspectiva do lucro.

Assim, o entretenimento assume o papel de um mero produto da indústria cultural, conforme Castro e Rocha:

> Assim, compreendemos... o consumo do entretenimento em particular, como uma ação simbólica que ultrapassa um mero exercício de gostos, caprichos ou adesões irrefle-

tidas, mas que implica em todo um conjunto de processos e fenômenos socioculturais complexos, mutáveis, através dos quais se realizam a apropriação e os diferentes usos de produtos e serviços. (2009:3).

Dessa maneira, o mix de produtos midiáticos oferecidos pelos meios de comunicação de massa desempenha uma importante função no processo de construção do imaginário popular acerca dos mais diversos campos da vida. Os programas de entretenimento se apresentam como uma alternativa à pratica de lazer e assumem o papel de informar, usando esse espaço para disseminar ideias sobre diversos temas. Assim, a crise de identidade proporcionada pela cultura do consumo permite que os produtos culturais moldem a sociedade de acordo com o seu interesse, como afirma Slater:

> A cultura do consumo explora duplamente a crise de identidade em massa ao propagar que seus bens, seus serviços e suas experiências são a panaceia para os problemas de identidade, ao mesmo tempo em que dissemina a incerteza, por meio do sistema de moda e da obsolescência social planejada, do que pode ser, hoje, a "escolha correta", "in", "fashion", em contraste à da semana passada ou à da próxima. (2002, 88-89, apud FILHO, 2003:75).

Imaginário e entretenimento são elementos que se relacionam diretamente na sociedade da informação e proporcionam um rico campo para o estudo dos fenômenos comunicacionais.

"Pedro Bial e seus convidados debatem sobre Estado Laico"

Diante da proposta apresentada pelo presente trabalho, a edição do "Na Moral"[1] escolhida para servir de base para a análise do papel dos programas de entretenimento no processo de construção do imaginário religioso foi a exibida em 01 de Agosto de 2013. No programa em questão, Pedro Bial dirigiu um debate destinado a reflexão sobre o conceito de "Estado Laico" e para isso contou com convidados representantes de diferentes religiões, e a até mesmo um ateu. A atração chamou a atenção por acontecer em um período onde cada vez mais a religião ganha desta-

---

1 Na Moral - Programa de 01/08/2013, na íntegra, disponível em: <http://globotv.globo.com/rede-globo/na-moral/v/na-moral-programa-de-01082013-na-integra/3389848/>. Acesso em: 30 ago. 2015.

que no campo político, com clérigos exercendo cargos públicos, "bancadas" com viés religioso, entre outras iniciativas, sendo o estudo do caso uma importante ferramenta para a compreensão da relação entre mídia, religião e política.

Como o próprio nome do programa diz, a discussão realizada durante a referida edição tratou a respeito da "moral religiosa", afetada pelo reconhecimento e ascensão de minorias como mulheres, homossexuais, ateus, etc. Sob esse cenário e tentando manter o tom "descontraído", mesmo diante de um assunto polêmico, o apresentador Pedro Bial introduz a temática principal da atração: o "Estado Laico". Em seguida são apresentados os convidados: Padre "Jorgão" (Igreja Católica Apostólica Romana), Pastor Silas Malafaia (Igreja Assembleia de Deus Vitória em Cristo), Daniel Sottomaior (Associação Brasileira de Ateus e Agnósticos - ATEA) e Ivanir dos Santos (Religiões Afro-brasileiras).

Bial levantou durante o programa uma série de questões ligadas ao Estado Laico, entre as principais estão a relação de argumentos religiosos e sistema jurídico, ensino religioso em escolas públicas e a presença de símbolos religiosos em repartições públicas. Para embasar ou exemplificar esses pontos, foram exibidos depoimentos do Ministro Aires Brito, ex-presidente do Supremo Tribunal Federal (STF), de Siel Vieira, estudante, e de Carlos Roberto Lopes, Vereador na cidade de João Monlevade (MG).

Análise

O papel dos programas de entretenimento na construção do imaginário fica claro a partir do momento em que temas e personagens são escolhidos para atender um determinado interesse, o de quem financia o meio de comunicação. Os assuntos apresentados não são aprofundados para mostrar o real debate político-religioso existente hoje no Brasil, muito menos levam o telespectador a alguma reflexão profunda sobre essa conjuntura. Do mesmo modo, os convidados não falam em nome de uma instituição, tão pouco da totalidade das religiões ou grupo que representam, sendo o resultado apenas a exposição de opiniões pessoais sem validade institucional.

"Argumentos religiosos e sistema jurídico", "ensino religioso em escolas públicas" e a "presença de símbolos religiosos em repartições públicas", são apenas três temas ligados ao debate sobre o "Estado Laico". A organização institucional somada a ação política para suprimir direitos civis baseados em princípios éticos e morais da religião talvez oferecesse mais opções de reflexão em torno do tema. Assim, o telespectador é convidado a ouvir "mais do mesmo", com argumentos rasos e opiniões pessoais de personagens que nem sempre mostram domínio sobre o assunto.

A escolha dos convidados do programa parece ter atendido mais a uma noção de popularidade, do que propriamente conhecimento sobre a temática ou relevância dentro do grupo representado. "Padre Jorjão", o "jovem", Silas Malafaia, o "polêmico", Daniel Sottomaior, o "anti-religião" e Ivanir dos Santos, o "ativista", não podem ser apresentados como maiores representantes do Catolicismo, do Protestantismo, do Ateísmo ou das Religiões "Afro", respectivamente. Em nenhum momento da apresentação é deixado claro que os mesmos estão ali apenas como convidados, sem nenhuma relação de liderança com os grupos representados.

A explicação sobre o conceito de "Estado Laico", apresentada pelo Ministro Aires Brito, ex-presidente do Supremo Tribunal Federal (STF), embora concisa, é pouco aproveitada dentro da apresentação. O caso de intolerância ilustrado pelo estudante Siel Vieira, embora condenável, parece estar longe da realidade de perseguição religiosa sofrida por muitas pessoas em diversos países do mundo. Já a ação do vereador Carlos Roberto Lopes (João Monlevade - MG), de solicitar a retirada de símbolos religiosos da câmara municipal baseado na constituição, também é pouco aproveitada no debate.

De fato, se o objetivo do programa era debater o conceito de "Estado Laico", foi trocado por uma série de discursos de autodefesa religiosa, algumas vezes substituídos por acaloradas acusações e discussões. O imaginário proposto pela atração foi o debate raso sobre temas importantes para a constituição de um Estado Laico e o reforço de determinados personagens como representantes "máximos" de suas religiões no Brasil, quando não o são. No fim, parece que o real objetivo da edição era apenas o de discutir sobre a tolerância religiosa.

Considerações Finais

É inegável o papel que os programas de entretenimento têm no processo de construção do imaginário, principalmente quando assumem a pretensão de debater temas relevantes para a sociedade civil. Quando esse objetivo está condicionado pelos interesses mercadológicos do meio de comunicação que exibe a atração, o interesse público tende a ser colocado em segundo plano. A análise do programa "Na Moral" (01/08/2013), da Rede Globo, evidencia isso a partir do momento que demonstra o tratamento dado aos assuntos e os critérios utilizados na escolha dos personagens no debate.

A referida edição do programa se propõe a debater o conceito de "Estado Laico", mas em nenhum momento parece oferecer uma reflexão acerca do tema, muito menos aprofundar questões como ação política-religiosa e garantia de direitos. Os temas são tratados de forma superficial, assim como os testemunhos apresentados para embasar ou exemplificar determinado dado. Já os personagens foram escolhidos mais por sua "popularidade", do que propriamente por sua importância dentro do grupo representado, o que resultou num apanhado de opiniões pessoais.

Apesar do tratamento dado ao tema e do critério utilizado para a escolha dos convidados, o programa "Na Moral", exibido em 1º de Agosto de 2013, é um rico material para pesquisadores da relação entre Mídia, Religião e Política.

Referências

BRENNER, A. K.; DAYRELL, J.; CARRANO. *Juventude brasileira: cultura do lazer e do tempo livre*. In: BRASIL. Ministério da Saúde. Fundação Oswaldo Cruz. Um olhar sobre o jovem no Brasil. Brasília: Editora do Ministério da Saúde, 2008.

CASTRO, Gisela G. S.; ROCHA, Rose de Melo. *Consumindo o entretenimento: dimensões comunicacionais de um processo sócio-cultural*. XVIII Encontro da Compós, na PUC-MG, Belo Horizonte, MG, em junho de 2009.

DEJAVITE, Fábia Angélica. *INFOtenimento. Informação + entretenimento no jornalismo*. São Paulo: Sepac, 2006.

FILHO, João Freire. *Mídia, consumo cultural e estilo de vida na pós-modernidade*. ECO-PÓS -v.6, n.1, janeiro-julho de 2003, pp. 72-97.

MARTINO, Luís Mauro Sá. *Teoria da Comunicação: ideias, conceitos e métodos*. São Paulo: Vozes, 2009.